アメリカ映画の文化副読本

A Glimpse of American Culture Through Film

渡辺将人
Masahito Watanabe

日本経済新聞出版

はじめに　本格派の深煎りで愉しむアメリカ映画とドラマ

　ハリウッド映画には不思議な矛盾がある。これだけ世界的に消費されていながら、脚本や撮影・編集は徹頭徹尾アメリカ国内で見せて面白いものを意識していることだ。そのアメリカ臭さを抜くべく〈あらすじ〉紹介は外国人が読んでも感情移入できるように一般化される。「中年女性がもう一度自分らしさを求め、生き生きと輝こうとする感動ドラマ」とか「孤独を感じながらも社会とのつながりを模索する若者たちの友情と愛を描く青春群像」とか、日本でも想像がつくように「丸めて」表現される。アメリカ産ドラマのことを「海外ドラマ」と呼んでいたのも、ある種の「アメリカの棚上げ」である。だが、どんなに「丸めて」もアメリカはアメリカだし、「文化の漂白」をやりすぎると作品の産地の暗黙の了解から遠ざかる。

　暗黙の了解のニュアンスは、珈琲の「カフェイン」のようなものである。なかには「カフェイン」が薄い作品もある。歴史巨編、アクション、ホラーなどは文化云々があまり気にならない。「デカフェ」で飲んでも十分楽しめる。

だが、本格派を味わうには「カフェイン」入りで飲んでみたい。「カフェイン」抜きでは喜怒哀楽に直結する本来の風味に欠けるのがドラマやサスペンス、特にコメディだ。「笑い」はステレオタイプを利用した「ローカル」な効果だからだ。日本未公開作品の大半がコメディに集中している。

コメディはじつに字幕翻訳家泣かせだ。「正確」に字数内で伝えるのはどだい無理で、日本人にわかる別の意味で代用するかスルーするしかない。ドラマでも「設定」の荒唐無稽さは字幕では表現できない。字幕翻訳家にその責をすべて負わせるのは酷である。

ネット動画配信の簡易化で、日本国内でのアメリカの映画ドラマ消費は、質量ともに新たなフェイズに突入している。映画館やレンタルビデオ店に足を運ぶことなく、オンデマンドで視聴できる手軽さのなか、消費が飛躍的に伸びている。「配信革命」とも言える波のなかで、映画ドラマ好きの目はますます肥えつつある。ざっくりしたストーリー消費に飽き足らず、キャラや設定の背景も知りたい人が増えていることを肌で感じるようになった。

映画やドラマをめぐってアメリカ文化へのトリビア的な質問に加え、「現実ではどのくらいあり得ることなのか」という変化球の問いかけを耳にするようになったのはその一つだ。

ネットフリックスの日本上陸の黎明期に、オリジナルドラマ『**ハウス・オブ・カード　野望の階段**』の魅力を伝えるコラムをタイアップ先の版元サイトに寄稿したことがある。

アメリカ政治サスペンスのこの作品について各方面から寄せられた質問は共通していた。「面白そうなのだが、どこまでアメリカの政界の現実なのか」。

リアリティショーで有名になったタレント的な不動産王がアメリカ大統領になってしまう時代だ。どこまでがリアルなアメリカ政界を反映しているのか、どこからが非現実的なのか。風刺的な社会派ドラマなのか、エイリアンに地球が攻撃される類の「政治SF」なのか。

殺人鬼のように邪魔者を次々に消していくのはフィクションならではだが、政治的駆け引きや記者を利用した情報操作などは下手なドキュメンタリーよりもはるかにリアルである。この位置付けや空気感がわかればドラマに入り込みやすい。

映画でアメリカを学ぶためのテキストは豊富に揃っている。しかし、アメリカ映画を愉しむのに役立つ知識、それも辞書的ではない盲点に焦点を絞り込んだ解説はまだあまりない。

そもそも映画ドラマと文化は表裏一体だ。医療ドラマ『ドクターX』（テレビ朝日）では、主人公の外科医の破天荒な手術も報酬の請求額も非現実的である。だが、患者が抱える不安や医局の空気感には現実のエッセンスも皆無ではない。『釣りバカ日誌』（松竹）を見た外国人に「日本ではサラリーマンが社長と釣りに行く」と思い込まれても困るが、趣味の世界では立場の上下が逆転するからこそ面白い。『北の国から』（フジテレビ）は東京や札幌という都市、富良野の農村の対比で、学歴や職業をめぐる誇りや偏見など赤裸々なモチーフが胸に突き刺さる。ドラマでしかあり得ない設定がリアルな家族愛や恋愛劇と溶け合っているから泣けるし笑える。

ハリウッドの映画やドラマでもこの「泣き笑い」を心から愉しみたいという視聴者が増えて

いる。見えない文化差はビジネスや生活習慣に遍在するやっかいな代物だが、押さえておけば映画ドラマを数倍愉しめる。自己啓発書やビジネス書など海外発の翻訳書の「読み方」にもメリハリがつく。「スタンフォード流」「ハーバード流」など、アメリカ人著者が「彼らの文化」だけを前提にしたベストセラーでも、「文化変換」の回路を通すことで日本の生活や仕事に役立てる工夫の手がかりにも近づける。

文化の「カフェイン」入りの本格派で堪能するお手伝いができないか。そう考えてアメリカの映画ドラマについての「文化ネイティブ」へのジャンプシューズないしは3Dメガネの企画を練った。しかも、自文化との「差分」も二段階でエンジョイできるのは我々外国人だけの特権的ボーナスでもある。初回はアメリカ文化を意識しないで視聴するのも一興。文化を知ってから味わうと「なるほど」感や面白さも格別だ。

本書では、〈7つの文化〉を紐解いていく。章末ではテーマに関連した作品をレビュー形式で紹介した。著名な作品から日本では劇場未公開の作品まで幅広く推薦している。巻末には映画ドラマの「脱線エッセイ」も加えた。つまみ食い的に乱読していただければ本望である。

それではご一緒に、アメリカの映画ドラマの旅へ！

＊注　本文では物語の核心となる「ネタバレ」は避けていますが、各章末尾「Movie Tips」には「ネタバレ」が含まれている場合があります。作品を視聴してみたい方は「Movie Tips」の該当欄は読み飛ばしてください。本文中の作品名は邦題で統一していますが巻末作品に原題を付しました。未公開作品は独自訳です。

目次

はじめに 3

I

都市と地域 Location, Location, Location... 15

アメリカ映画とドラマの都市をめぐる地政学 16
「州」という絶対単位 18
公共交通の貧弱　3つの理由 22
自動車社会アメリカ 26
ニューヨーク　「天然のスタジオ」 30
マンハッタン　4つのゾーンに住んで 32
河の向こうの「下町」ニューヨーク 36
『ゴシップガール』の「アッパーイースト」 38

「富」「未来」「バイオレンス」の西海岸 41
「意識高い系」の聖地としてのベイエリア 44
[Movie Tips] #1-1 『シンプル・ライフ』(The Simple Life) 2003〜07年 48
[Movie Tips] #1-2 『ニュー・イン・タウン』(New in Town) 2009年 52

II 社交と恋愛 Social and Love Life

社交と恋愛 Social and Love Life 55
「マッチドットコム」日本版から削除された項目 56
アメリカの恋愛マニュアル 「シリアス」とは 58
曜日に関する暗黙のルール 60
絶え間ない交際が美徳の「同伴文化」 62
ダイニングキッチンで階層を表現する 63
些細だが意外な生活習慣の違い 67
州でさまざま、組織でさまざま 休みではない「祝日」 71
アメリカの帰省シーズンは感謝祭 73
「母の日」本と『アリー my Love』フェミニスト論争 74
親がどこまで子どもに干渉するか 77
レズビアンの子どもたち、そして伝説の怪作『ルームメイト』 80

スクールナイトと個室文化 82
カフェ文化とスターバックス 84
[Movie Tips] #2-1 『ソーシャル・ネットワーク』(The Social Network) 2010年 89
[Movie Tips] #2-2 『ラブ・ハード』(Love Hard) 2021年 93
『ユー・ガット・メール』(You've Got Mail) 1998年 95

III 教育と学歴 School and Education

教育と学歴 School and Education 97
義務教育が高校までのアメリカの「幼馴染みの友情」 98
学園青春ものをめぐる「お約束」 100
大統領に必須の「ポピュラー」要素 103
大学4年間に「学部」はない? 106
大学別の試験のない大学受験制度 108
すべてがAO入試? 111
「推薦状」と課外活動 114
スポーツ競技のような「ディベート」 117
ホームスクーリングというもう1つの方法 119
アメリカの習い事と「ボーイスカウト」 121

「制服」を経験しない社会……125
「夏休み」とサマーキャンプ……127
［Movie Tips］#3-1『ペーパーチェイス』（The Paper Chase）1973年……130
『殺人を無罪にする方法』（How to Get Away with Murder）2014～20年……133
［Movie Tips］#3-2『ハイスクール白書 優等生ギャルに気をつけろ！』（Election）1999年……135

IV

信仰と対抗文化 Faith and Counter-Culture

信仰と対抗文化 Faith and Counter-Culture……139
国民的家族ドラマが「7番目の天国」？……140
アメリカの政教分離……142
無宗教と不可知論……144
宗教とエスニシティ……147
ジェンダー・セクシュアリティは宗教問題……149
「美」の世界とゲイ文化……152
対抗文化としての悪魔崇拝？……156
「突き抜けたラディカル」……159
薬物とパーティの文化論……161

[Movie Tips] #4-1 『ジーザス・キャンプ』(Jesus Camp) 2006年 165
[Movie Tips] #4-2 『アメリカン・ビューティー』(American Beauty) 2000年 169
[Movie Tips] #4-3 『刑事ジョン・ブック　目撃者』(Witness) 1985年 172
『大富豪、大貧民』(For Richer or Poorer) 1997年 174
『フォロー・ユア・ハート』(Follow Your Heart) 2020年 175

V 人種と民族 Race and Ethnicity

人種と民族 Race and Ethnicity 179
移民社会アメリカと「英語名」 180
広東や台湾そのもの　アメリカのなかの中華社会 184
「理解不能な世界」としてのチャイナタウン 187
『グレムリン』のモグワイ(悪魔怪物) 189
ブルース・リー伝説から『カラテ・キッド』再ブームまで 191
世界最高峰の「ガチ中華」とアメリカ版「偽中華料理」 194
アメリカ映画ドラマの中国語 196
「中華系アメリカ人」と教育で成功する移民への賛歌 199
ブルース・リーはアメリカ人か香港人か 201
パキンスタン系のコメディ映画 202

黒人映画 「文化」としての人種を共有するということ …… 204
アメリカのなかの外国「ハワイ」の映画 …… 208
[Movie Tips] #5-1 『ブルワース』(Bulworth) 1998年 …… 212
[Movie Tips] #5-2 『ファン家のアメリカ開拓記』(Fresh off the Boat) 2015〜20年 …… 215
『ファンの世界』(Huang's World) 2016〜17年 …… 217

VI 政治と権力 Politics and Power

…… 219
アメリカの大統領映画ドラマ …… 220
ホワイトハウス「西棟」の大統領側近たち …… 221
「保守」と「リベラル」 …… 225
労働者系左派が珈琲の注文に苦しむ？ サンフランシスコ …… 228
中央政府への反発「ワシントン嫌い」 …… 231
日本的な「車検」がないDIY社会 …… 234
デストピア嫌悪へのこだわり …… 236
『ザ・インターネット』の予見的リアリティ …… 240
ソーシャルメディアによる透明性の逆説 …… 242
[Movie Tips] #6-1 『ラブ・ダイアリーズ』(Definitely, Maybe) 2008年 …… 247

[Movie Tips] #6-2 『バイス』(VICE) 2019年 250
[Movie Tips] #6-3 『ハウス・オブ・カード 野望の階段』(House of Cards) 2013〜18年 254

VII 職業とキャリア Works and Career Path

職業とキャリア Works and Career Path 259
医療ドラマを変えた『ER 緊急救命室』 260
セラピー社会の精神分析医 263
アメリカ版「体育会系」としての「ブート・キャンプ」と軍人 265
9・11テロの真のヒーロー、愛国者としての消防隊 267
アメリカの警察 市民の敵か味方か 270
アメリカで一番有名だが世界では全然知られていない人 273
「アナウンサー」はいない、キャスターは全員記者 275
ムードメーカー「おどけ者」のお天気キャスター 278
救急車を追いかける「弁護士」? 281
ウォール街の法務弁護士ドラマ「SUITS/スーツ」 283
「タクシー」と「ウーバー」 287
「インターン」をめぐる日米差 289
履歴書をめぐる日米差 291

語学が必要ない「内向き社会」と「資格」……294
[Movie Tips] #7-1 『キャスト・アウェイ』(Cast Away) 2000年……297
[Movie Tips] #7-2 『ノーマ・レイ』(Norma Rae) 1979年……301

エッセイ――アメリカ映画とドラマがある日常 America and Hollywood Cinema……305
ディズニーの世界とディズニーじゃない世界……306
動画配信時代のドキュメンタリー……309
字幕翻訳の舞台裏……313
お笑い「映画タイトル道場」……316
英語学習のための映画・ドラマ……321
レンタルビデオ栄枯盛衰……324
「倍速視聴の時代」に映画館が生き残る?……327

アメリカ推薦図書 331
おわりに 338
本文で言及した作品リスト 347
Movie Tips 初出一覧 355

Location, Location, Location…

I

都市と地域

アメリカ映画とドラマの都市をめぐる地政学

作品の舞台がどの都市であるかはきわめて重要である。ドラマや映画に出てくる町は架空の設定も少なくないが、ＳＦでないかぎり実在の州や都市が頻出する。メッセージを際立たせる上で欠かせないからだ。

日本人が「大阪」「横浜」といった特定の地名になんらかのステレオタイプの印象を抱いているように、アメリカにも土地柄ごとのイメージがある。そのイメージを前提に作品を展開していく。作品の舞台になるのは、ニューヨーク、ロサンジェルスの2都市が突出して多いのだが、南部、フロリダ、中西部、ハワイなどにもそれぞれ固有のニュアンスが込められる。

ニューヨークは細分化率が凄まじい。貧富の差と民族多様性が半端ではないニューヨークは、登場人物のアパートの場所がそのまま所得階級やエスニック文化を代弁させる記号になる。さらりと地下鉄の駅名が映り込んだり、会話のなか、さらには英語の「訛り」で仕込んでくる場合もある。

アメリカ人には自明でも外国人にはわからない「文脈」を１００％補足するには、作品の画面の下に何らかの「脚注」が表示されるボタンでも1シーンごとに仕込まないといけない。キリがないので字幕翻訳でも「7割翻訳」が限界なのだが、作品の面白さの根幹を左右してしまう記号もあるので、まるで無視するわけにもいかない。

『**グッドウィル・ハンティング　旅立ち**』のボストン南部（アイルランド系労働者層の地区）、『**チェーン・リアクション**』のシカゴ南部（黒人貧困街のなかに浮島のようにシカゴ大学の研究所がある）、『**クルーレス**』のビバリーヒルズ（ティーンが富裕な親に甘やかされてブランド物を買い与えられる品のない「成金タウン」）など、誇張のなかに真実を滲ませる形で作品が強調する「土地」の連想が柱だ。

１９９０年代末にＮＨＫで放送されて人気を博したティーンドラマの傑作『**アンジェラ15歳の日々**』の舞台はペンシルバニア州の小さな町だった。親の所得がまだらに分散していて、通学先の公立学校には「問題児」もいる。低所得層や新移民の親友を持つミドルクラスの少女のすました親への反発と孤独を描くにはこの設定が鍵だった。

保守的な家族概念をぶっ壊す『**フルハウス**』はサンフランシスコが舞台になっている。また、同性愛者の権利への政治闘争『**ミルク**』、１ヶ月限定の切ない恋を描いた『**スウィート・ノベンバー**』など同性愛者が主役や脇役に登場する映画は、ＬＧＢＴ解放運動で全米を引っ張ってきた「砦」サンフランシスコでなければならない。

こうして映画ドラマは本数を見慣れてくると、舞台都市がどこかわからないと逆に落ち着かないし、作品冒頭のシーンからの「土地当て」も楽しくなる。作品の舞台都市は作品名のインデックスにもなる。都市には、アメリカ人が投影しているステレオタイプが込められ、筋書きのなかで誇張された記号遊びとして出てくるからだ。サンフランシスコ＝ゲイの街（ウルトラリベラル）、ミシシッピ＝ＫＫＫなど人種差別白人の「レッドネック」の故郷という対比だ。レッドネックというのは、かつて農作業で首回りが日焼けで赤くなったことに由来する、南部の保守的な白人に対するネガティブな呼び名だ。

コメディ俳優ベン・スティラー主演『ライラにお手あげ』でこんなシーンがある。サンフランシスコ出身の主人公男性が新婚旅行中の妻にこう言い放つ。「バーでレッドネックに会ったよ。でも、いいレッドネックなんだ。ジミー・カーターみたいな」。

アメリカ南部の保守性を蔑む典型的なリベラル人の発言という設定だ。アメリカで「南部の善人の象徴」カーター元大統領をわざと持ち出して適当に持ちあげる。しかし結局は保守的な田舎を小馬鹿にしていて、ろくなフォローになっていないというオチだ。これを観て素直にゲラゲラ笑えるのはアメリカ人でもリベラル派だけだ。南部の観客には不愉快なシーンである。

作品の舞台や土地のステレオタイプがわかるとアメリカの「地政学コメディ」の視界が開けてくるし、「聖地巡礼」と呼ばれるロケ地廻りも面白くなるに違いない。

「州」という絶対単位

アメリカ理解の登竜門の一つは「州」だ。これはアメリカ人自身の盲点でもある。「アメリカはこうです」と自分の州を「アメリカ全体」かのように日本に紹介していた著作もかつては少なくなかった。著者の階級や人種に限定された世界観でアメリカが語られがちで、日本の英会話テキスト付録の「アメリカの暮らし」もクリスマスや感謝祭を祝う白人のボブさんやメグさんばかりだった。

そもそも世界で最も多様な社会の解説をするのに、単独の属性や生活圏しか知らない人は、本来は適任ではない。とくにアメリカのような激しく分断された社会では、誰の解説を聞くかで、特定の政権や大統領の印象すら善にも悪にも180度変わる。「当事者」であるアメリカ人であることで、かえってバイアスがかかる。

もちろん受け手の私たちにも責任がある。かつてはアジア系や黒人の英会話の先生やホームステイ先はNGとか「白人アメリカ」の画一イメージに浸かりきっていた。ヒスパニック（中南米系）は人種分類ではなく白人もいるとか、黒人のユダヤ系（ユダヤ教徒）もいると聞いて驚く人もいる。政治家として「黒人」扱いのオバマも、人種的には半分白人、文化的にはハワイ日系とインドネシア由来の「アジア系」だ。

日本では「欧米」と束ねがちだが、アメリカはヨーロッパと似て非なる社会だ。

アメリカ東部にはイギリスの13植民地があった。それらが今でいう州の原型で、ニューヨーク植民地、マサチューセッツ植民地、バージニア植民地などだ。イギリス本国からの重税に対して独立戦争を仕掛けるが、その時、各植民地が連合軍として立ち上がり、13の植民地が同時に独立した。それではまとまらないので連邦制ができあがる。つまり、アメリカでは州の歴史のほうが古く、州が中央政府に優越する。連邦政府に支配されることには反発がある。

アメリカ人同士が英語で「Where are you from?」と言い合う場合、それは「何州の人間」かを、まず指している。アイデンティティは「アメリカ人」である以上に、オレゴン人、アイオワ人などにある。日本の都道府県のようなものではない。

アメリカでは外交の代表権以外のことはほとんどすべてのことが州に権限がある。例えば、文科省に相当する権限があるのは州で、教育内容も州で決める。法律も民法、刑法、すべて州ごとに違う。司法試験も50州で別々である。だからニューヨーク州弁護士と呼ぶ。「アメリカ弁護士」というものはない。

50州の司法試験にすべて受かろうとする人はほぼいない。資格維持の登録料が高いし、実際に事務所を開いて運営できるのはせいぜい数州ぐらいだからだ。それに複数の州をカバーしているることは、「特定の州の法律の最新情報には疎いことの裏返し」になるので、クライアントに敬遠される。

州法の違いには驚かされる。そもそも死刑のある州とない州など、刑法からして違うので、同じことをしても州で刑罰や扱いが違う。薬物も州により合法で、例えばコロラド州、ワシントン州などは、税収に効率的としてマリファナ合法化を率先して推進してきた。安楽死・尊厳死も州次第で、オレゴン州は認めているので、難病で苦しむ患者が家族と相談と合意の上で望んで安楽死をする場合、オレゴン州に行く。自殺を幇助する市民団体が昔から活動している。

歓楽街の性的なビジネスはアメリカではピューリタンの伝統で極めて厳しいが、例外的にネバダ州では認められている。あのラスベガスの州だ。州で課税対象も税率も違うので、企業をどこで登記するか、どこに住むかも「州選択」が基準になる。

大統領選挙の本選で非効率に州ごとにまず勝敗を決めるあの方式もそのためだ。予備選は州ごとに順繰りに行う。そもそも投票に関するルールや法律が州ごとに違う。だから1つにまとめられないので常に揉めている。日本から見てアメリカの「変なこと」の多くは、この州の位置付けの都道府県からのずれにある。

州が州軍という軍隊を独自に持っている。ブッシュ息子政権期で対テロ戦争中のこと、アイオワ州の田舎の空港に降り立った。軍用の滑走路に戦闘機が並んでいたので案内してくれた共和党の友人に「米空軍はこんな内陸まで防衛しているんですか？」と訊けば州軍だという。州軍も戦闘機を独自に持っている。ブッシュ息子大統領はテキサス州の「州軍」の空軍パイロットだった。

「アイオワ州の空軍は何から空を防衛しているの？」と訊くと「イギリスが攻めてくるかもしれない。それか連邦政府かも」と独立戦争時代の感情を引きずるジョークで返されたものだ。

英語に関してもアメリカの州にはそれぞれのアクセントがある。シカゴ訛りだとか、ニューヨークのブルックリンなど下町風だとか、南部訛りだとか判別をつける。俳優は忠実に役で指定された訛りを再現する。

多民族社会アメリカの場合、アクセントは「地域」だけにとどまらない。黒人英語とかアジア系の英語とか、人種や民族にも特徴がある。ハワイの日系人英語には日系移民一世の世代の日本語の訛りが混在している。教育レベルや階級、職業の特質なども英語にかなりの違いを与える。

イギリス訛りを混ぜていればそれはスノッブさや異国感が出る。CNNなどアメリカのニュースの海外特派員にイギリス人が多いのはアメリカ人記者が内向き志向なだけでなく、イギリス英語で中継させたほうが「海外感」が演出できるからだ。

公共交通の貧弱　3つの理由

現実社会を扱うあらゆるジャンルの映画ドラマに交通インフラのイメージは欠かせない。電車社会なのか、スクーターやバイクが街に溢れているのか。アメリカの場合、よく知られるように「車社会」だがこの特徴が隅々に根幹まで行き渡っている。

日本の公共交通は世界に誇るインフラであるが、新幹線や地下鉄網だけでなく郊外のバス路線は驚嘆される。アメリカでは残念ながらバスはアンダークラスの乗り物の扱いで、ホノルルのようなバス網が優れている都市はごくわずかだ。日本のワンマンバスの運転手は、料金箱が自動計算でなかった時代、整理券の番号と運賃をルートごとに丸暗記してお釣りも暗算していた。細い道を運転しながらまるで神業だ。

アメリカは歴史的には鉄道大国だった。19世紀、カリフォルニア州まで大陸横断鉄道を完成させ、鉄道網が輸送の柱をになった。しかし、現代では都市間移動の第一選択は飛行機だ。空港から車で移動する。空港こそがアメリカ人の「道の駅」であり「エキナカ」の在《あ》り処《か》だ。飛行機の乗り継ぎを待ちながらスシをつまむ。だからこそ『ダイ・ハード2』『ターミナル』など空港を舞台にした作品は感情移入されやすい。

飛行機の操縦ライセンス保有者も多く、小型飛行機を自分で操縦して移動する。かつてアメリカで下院議員の鞄持ちをしていたとき、イリノイ、インディアナ、ミズーリなど周辺の中西部の州へは3人乗りの小型機で議員のお供をした。議員を後部座席に乗せ、操縦桿を握る議員の夫の横に私が座った。シカゴのオヘア国際空港の上空は常に「交通渋滞」で、通過は緊張したものだ。自家用でなくてもお手軽なレンタル小型機もある。隣接州までの短距離は車で行くのと同じような感覚だった。

アメリカには生まれてこのかた電車にもバスにも一度も乗ったことがないという人がたくさんいる。オバマ政権以降、アメリカでも高速鉄道の導入が延々と議論されているが、世論がついてこない。万人に愛される通勤電車はマンハッタンと首都ワシントンの地下鉄ぐらいで、それ以外の都市では車通勤を選ぶ人が多い。

理由の一つは、車中心社会で養われた完璧なドアツードア文化の定着だ。せっかく自動車が発明されたのに歩くのは、ダイエット目的以外では馬鹿馬鹿しい。そこでどこまで「車に乗ったまま」生活できるかに関心がひたすら向いた。

ドライブスルー以前の旧式のドライブインは、ウエイターがローラースケートで注文を取りに来て車に料理を運んできた。少し郊外に行くと銀行の現金引き出し、クリーニング、あらゆるサービスがドライブスルー。車の動線上に生活のすべてが置かれる。車から降りずに参列できる葬儀まである。アメリカのガソリンスタンドは雑貨店を兼ねている。ガソリンを入れるときぐらいは車から降りるので、そのついでにトイレに行き買い物も済ませるわけだ。

ちなみにアメリカの本家「セブン－イレブン」は品揃えが薄く日本人にはどことなくうらぶれた印象に映ることがある。富裕層は行かない。アメリカでコンビニのサービスが深まらなかったのは、ガソリンスタンドに加え、「ウォルグリーン」「CVS」「デュアンリード」など調剤薬局を備えたドラッグストアが早い時期から定着していたからだ。アメリカ人にとって日常的な「コンビニ」はドラッグストアである。

二つめはプライバシーの感覚だ。抱擁（ハグ）やキスで親愛の情を込める社会なだけに、逆に赤の他人と理由もないのに身体を接触させることを好まない。顔をくっつけてにじり寄ったりすることは個人の空間の侵略になる。この空間意識に生まれてから慣れきっていると、日本の都市部の満員電車や過密な駅構内の階段やホームは苦痛でしかない。車なら個人の空間をマイペースで維持できる。

三つめは治安だ。車はそれ自体が「要塞」なので、爆破や砲撃でもされない限り暴漢に襲われる心配がない。バスや電車は車内に逃げ場がないし、ホーム、階段、停留所など無防備な空間ばかりだ。治安が悪い社会には向かない。車を持てない人が多用する公共交通は、所得が低いエリアにも路線が延びる。往々にしてそこは治安も悪い。

シカゴの大学新学期、同級生のインド人留学生がキャンパスから北上するバスに乗ろうとしたことがある。周囲が「死にたいのか」と慌てて止めた。アメリカ最悪の危険地帯を突き抜ける路線だったからだ。ダウンタウンから南下している鉄道「メトラ」をもし寝過ごしてシカゴ大学の59丁目以下に下れば銃事件に巻き込まれても自業自得である。アメリカの都市部で電車やバスに乗ることは「降りてはいけない駅」「乗ってはいけない路線」を覚えることと同義だからだ。

ほかにも複数の理由がある。背筋を伸ばしてのんびり乗れるいわゆる「ママチャリ」がない。自転車は学生が乗るようなスポーツタイプだけだ。私はシカゴで自転車通学をしていたが盗難防止にも手を焼いた。車体は毎日アパートの部屋まで運び、教室には車輪だけ外して担いで持ち込む。自動車もロック式のバーを盗難対策でハンドルにかける。

電動キックボードは安全性で賛否があり、公道走行を禁じる州もある。セグウェイという立ち乗り電動車も州により規制が厳しくあくまで娯楽用だ。車の代用品はなかなか出現しない。ミニバイクのスクーターもあまり浸透していない。

駅への足がないと「在来線文化」が栄えず、鉄道には良好なイメージが抱けない。安全性の問題もある。長距離鉄道「アムトラック」のニューヨーク＝ワシントン路線は、私も数えきれないほど利用している。映画にもよく登場する鉄道だが脱線事故も起こしている。

鉄道は乗組員、乗客、周辺住人の協力により安全な定時運行を支える。技術だけ移植してもうまくいかない。東京では通勤電車と特急が同じ線路を分刻みで共有し、踏切のある路線を一般の民家すれすれで走っている。アメリカの鉄道関係者は絶対に真似できないと口々にいう。

自動車社会アメリカ

だからこそ、どの映画ドラマにも出てくる頻出シーンは車の運転である。道交法も州により右折や左折で車がいなければ曲がっていいとか、ウインカーを出さなくていい州とか、細かい法規はバラバラで、州ごとに免許証が発行される。例えば私は、最初に取った免許はシカゴのイリノイ州だった。

日本的な意味での「教習所」はない。自宅の前とかで親が子どもの自転車の補助輪を取る練習のような感覚で運転を教える。ニューメキシコ州の田舎のトレーラーハウスに住む養鶏場の労働者をケビン・コスナーが演じた選挙コメディ『チョイス！』では、小学生の娘がピックアップトラックを運転して酔い潰れた父親のコスナーを家に連れて帰るシーンがあるが、ああいう子どもが勝手に車を運転している光景は田舎に行くと見かけないわけではない。

その昔、私がシカゴで「試験場」に予約すると場所が辺鄙なところだった。「どうやって行ったらいいの？バスとかないの？」と訊けば、友達や親の車を借りて、自分で運転して試験場に来いという。私は試験場に友人の車を借りて行った。アメリカでは試験場に向かう「無免許の人」も平気で運転している。

「バスやタクシー」ではなく「車を運転して来い」と言われた本当の意味が試験場でわかった。試験をするための「教習車」がないのだ。持ち込んだ自分の車で試験を受ける。ウーピー・ゴールドバーグに笑顔がよく似た大柄の女性教官が突然、車の助手席にガバッと乗り込んできた。「さあ、試験するよ」。「走れ」「止まれ」「曲がれ」のようなことを1分ぐらい狭い空間で行い、「はい合格」。筆記試験は一応、州の道交法を事前に勉強していないと解けない。

その後、ワシントンで働くためバージニア州に引っ越したときに免許を取り直した。日本は引っ越しても住所変更の届けだけだが、アメリカでは州法次第では試験がある。バージニアは実技が免除だったが、筆記試験を一から受けさせられた。

免許証はプラスチックのものだが、色もデザインも州別に違う。ナンバープレートも州ごとに色もデザインもキャッチフレーズもバラバラだ。日本のように「札幌」「品川」と無機質にナンバー登録地域の名称が書いてあるだけではなく、ハワイなら「アロハの州 Aloha State」で虹の絵があり、ニューヨークは自由の女神のイラスト。イリノイ州は奴隷解放のリンカンの故郷なので「リンカンの州 Lincoln State」がキャッチフレーズ。ナンバーのスローガンの由来を楽しみながらネットで調べてみるのも、アメリカの州を覚える上で効果的な方法だ。

ちなみにハワイ州だけは日本の免許で運転できる。他州での観光には国際免許証が必要だ。田舎の州で警官やホテルのフロントに、日本の国際免許を見せるときのあの怪訝なリアクションはお定まりだ。日本の国際免許は紙製でアメリカのバースデーカードのような手作り感があるからだ。ほとんど国名の信頼性で「本物認定」してもらっている感じだ。

何を身分証明にするかにはその国が表れがちだ。身分証は全員が持っていることが前提だ。だから日本では長年保険証が有効だった。保険証を持っていない世帯はない。アメリカには無保険者がたくさんいる。健康保険も民間の保険を火災保険や旅行保険のように買うだけなので身分証の意味をなさない。海外に行く人が少ないのでパスポート保有も少ない。

いきおい誰もが持っている自動車免許証が身分証になる。アメリカでは選挙の有権者登録を事前に済ませるが、その申請を免許更新の交通窓口でできる法改正がクリントン政権期にされた。選挙まで自動車にまつわる用事の「ついで」なのだ。なお、免許を持ってない人は「ステートＩＤ」を代わりに州に発行してもらう。とことん身元保証の単位が「州」である。

アメリカ人は曲芸のような運転をする。ロサンジェルス名物のラッシュ渋滞では、車中でどこまで生活のことを済ませられるかを競う人たちもいる。ドリンクホルダーが満タンのときは太ももでシェイクを挟み右手中指にポテトを挟みながら、左手でハンバーガーをかじりハンズフリーで電話をする。これに慣れるとあなたも立派なＬＡ通勤者だ。

アメリカの運転で一番怖いのは都市部の高速道路の車線変更である。ウインカーも出さない車にぐいぐい割り込まれる。事前に出口を把握していないと降り損ねる。片側４車線では間に合わない。平地はスピードの出し過ぎが怖いが道が広く運転は簡単だ。

アメリカは恐るべき「路駐」社会で、最も重要な運転技術は「縦列駐車」である。多少ぶつけるのは織り込み済みと言わんばかりに詰めて停める。車庫証明などという管理制度はない。ガレージがなければ毎日、路駐する。両端の2車線は、消火栓の前以外のすべての路肩が駐車スペースになる。自宅前でも友人のパーティでも、同じ地域をぐるぐると廻り続けたあげく遠くに停めて歩く。まるでコインロッカーがあく瞬間に滑り込みで獲得する「椅子取りゲーム」だ。

逆説的だがアメリカで一番歩くのはパーキングに停めて目的地に行くまでである。ディズニーランド、モール、どこもかしこも国防総省の駐車場並みの平面駐車の距離感だ。路面電車でも引けば駅を1つ2つは作れてしまいそうな距離をひたすら歩く。それでも車で行くしかない。

ちなみにアメリカは性ビジネスには厳しい一方、飲酒運転への警戒感が甘く、車でないと行けない砂漠の真ん中とか幹線道路沿いにもバーがある。つまり、飲んで少し酔いが醒めたらわりとすぐに運転することが前提になっている。マリファナへの甘さに次いで日本人がアメリカで驚く習慣だろう。アルコールの分解能力の議論はともかくとして、映画で「飲酒運転」のシーンが出てきても驚かないほうがいい。

ただ、飲酒運転の取り締まりがザルなのに、公の場での飲酒やお酒を「視覚的に見せること」が禁じられている。キリスト教や禁酒法の影響とされるが、酒屋さんに行くとお酒を必ずブラウンバッグという紙袋に入れられる。日本のテレビCMなどで若い女性が発泡酒を買って「うまい」と飲んだりするシーンにアメリカ人の保守的な人は度肝を抜かれる。究極はお花見の屋外飲酒文化だ。アメリカでもキャンプではマシュマロを串刺しにして焼きながらウイスキーを飲んだりするが、オフィス街の公園などで飲酒する習慣は新鮮だ。

アメリカでは「酔い潰れているところを見せる」と男女は別れの原因になるし、会社では無能扱いされてキャリア的に「終了」する。「自己制御ができない」という理由で、吐くまで酔うまで飲む人はセラピーに送られかねない。薬物中毒と同じ扱いである。だが、そんなアメリカでも大学生は学期末のパーティでは薄味の不味いビールを紙コップで浴びるように飲む。

ニューヨーク　「天然のスタジオ」

アメリカの映画ドラマは本当にニューヨーク市を舞台にした作品が多い。

原作小説や脚本の執筆者にニューヨーク在住者が多く土地勘があることも一つだが、メディアやファッションから金融まであらゆる分野の中心だからだ。どんなにアメリカが嫌いな人にも、一生に一度は訪問することを勧めたいのはマンハッタンだ。些細なショットでも絵になる建築は出色だ。絵葉書や映画はブルックリン橋越しの近影や空撮が多いが、遠方から真横のロングシルエットは圧巻である。しかも、ニューヨークはただ高さを競う無機質なガラス張りではなく石造りの建築が多い。地震がほとんどないアメリカ東海岸ならではだ。

「天然のスタジオ」と言われるニューヨークでは、永久に終わらないビル工事と映画の撮影が今日もどこかで行われている。ギグスター社の「映画ロケ地レポート2022」によれば世界の映画のロケ地1位はニューヨークのセントラルパークで合計352本の作品に登場する。2位のロサンジェルスのブランソン・キャニオン（236作）は西部劇やSFの撮影に適した「渓谷」なので、都市のロケ地としてはニューヨークが独走している。

イタリア系マフィアを描いた『ゴッドファーザー』は1940年代のニューヨークが舞台だがニューヨークは今も昔も移民の受け皿だ。17世紀にはすでにニューアムステルダム（ニューヨーク）では18の異なる言語が話されていたとされているが、その歴史的な多元性の特徴は「複数の異国のスクラップ」と呼ばれる、「ルーツ文化」をそのまま持ち込む新移民性にあった。移民の総数と民族の種別数だけでなく、赤裸々なまでに剝き出しの異国性の混成こそが特質だったのだ。非白人率は西海岸や南部のほうが高いが、世界中の移民が狭い空間にいる多様性において不動の地位は揺るがない。

それだけにニューヨークは「アメリカを代表」する街ではないと言われる。たしかに純粋にアメリカ的な大都市はむしろ中西部の雄シカゴかもしれない。だが20世紀の覇権国アメリカの第一都市には「世界の中心」が投影されてきた。今でも宇宙人来襲などのSF映画では人類滅亡の象徴に使われる。

『キングコング』『猿の惑星』から『ディープインパクト』『A.I.』まで、三大モニュメントはエンパイアステートビル、自由の女神、そして今はなき世界貿易センタービルだった。マンハッタン先端のツインタワーが波しぶきを被る映像、崩れる自由の女神は「この世の終わり」にぴったりだ。だからこそ9・11テロによるツインタワー崩壊はアメリカ人の世紀末感を倍加した。映画冒頭の俯瞰で外国人でも瞬時に場所が特定できるのはニューヨークだけだ。

カナダ国境のナイアガラの滝まで広大なニューヨーク州。その右下に一部だけ大西洋に面しているのがニューヨーク市だ。ニューヨーク映画は「ニューヨーク」では片付かない。ニューヨークのどのエリアなのかで記号遊びをするからだ。

マンハッタン　4つのゾーンに住んで

ニューヨークはマンハッタンとそれ以外の地域に分かれる。マンハッタンは上から順に「ハーレム」、「アップタウン」、「ミッドタウン」、「ダウンタウン」の4層からなるがそれらがまた細分化される。私は10年の間隔をおいての合計2回のニューヨーク在住で、マンハッタンの4地域に満遍なく暮らした。マンハッタンの居住歴がある日本人は星の数ほどいるが、最下部からてっぺんまで転々とした私の経験は少し珍しいかもしれない。

「ハーレム」はかつて治安が悪かったが、1990年代以降に観光地化した黒人街だ。ハーレムの黒人教会のゴスペル見学は盛況だ。ゴスペルを一般に広めた『**天使にラブ・ソングを**』は黒人マフィアの愛人がひょんなことから匿われることになったサンフランシスコの修道院を舞

マンハッタン地図

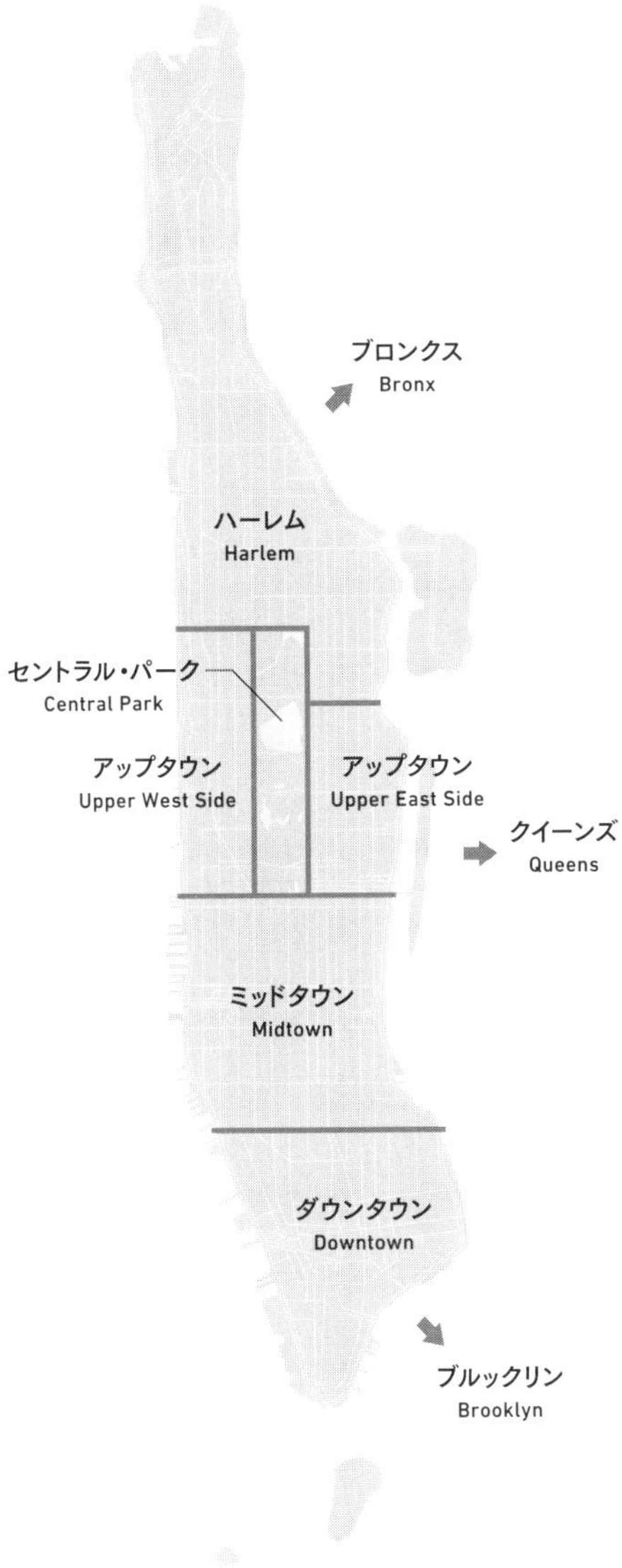

台にした痛快作だった。コメディだからこそ広く黒人教会の音楽の魅力を知らしめた。

勝ち抜きダンス番組で知られるヒップホップの聖地「アポロシアター」はコロンビア大学付近にある。私はコロンビア大学にいた頃、隣接するエリアに一時住んでいたことがある。「アップタウン」は東西でカルチャーが１８０度違う。セントラルパークを挟んで東側のアッパーイーストはセレブ御用達の富裕層街、西側のアッパーウエストのエスニック性は多様で東側よりも庶民的なエリアだ。私はいい物件に巡り合って、ハーレム付近からアッパーウエスト最南部のリンカン・スクエアに移り住んだ。ただ、ベッド以外に足の踏み場がない独房のように狭い部屋だった。有名なジュリアード音楽院の裏手だ。

「ミッドタウン」は高級ホテルや投資銀行の本部などオフィスビルがひしめく。またニュースメディアの中心でもある。アメリカ版「ゆく年くる年」の大晦日のカウントダウンの定番で不夜城の観劇街のタイムズスクエア付近には「ニューヨークタイムズ」とABCニュースのスタジオがある。映画でもお馴染みのアイススケート・リンクのロックフェラーセンターにはNBCニュース、少し離れてFOXニュース、「ウォール・ストリート・ジャーナル」があり、アッパーイースト寄りにはCNNとCBSニュースのスタジオがある。

わずか一キロ四方内から全米と全世界にニュースが発信されている（CBSは2019年から一部をワシントンに移管）。一極集中の東京のメディアも顔負けの密集具合である。

遡ること2000年のクリントン選挙陣営に勤務していた頃は、通称「ミッドタウンサウス」と呼ばれるエンパイアステートビル裏、ブロードウェイに面したコリアンタウン付近のアパートを借りた。偽物のブランド品の露店が並ぶ猥雑なエネルギーが充満している地域だ。

ネット募集で見つけた職業不詳のイスラエル人の家主に「安価で貸す代わりに巨大なスーツケースを預かってくれ」と頼まれた。不安で我慢できずにある日、隙間から覗いたら謎の大量のビデオテープだった。赤の他人に部屋をまた借りするのはよくあることなのだが、何かに巻き込まれても自己責任になる。

「ダウンタウン」は上から順にニューヨーク大学のあるビレッジ（ウエスト、グリニッチ、イースト）、真ん中が西から東にソーホー、リトルイタリー、チャイナタウン、ロウワーイーストサイド、そして最下部にウォール街や沖合に自由の女神がある金融地区がある。ダウンタウンはとりわけロケ地の宝庫だ。『**フレンズ**』で仲良しの若者6人組の溜まり場的なモニカのアパートはグリニッチビレッジの設定で、「外観」で登場するアパートは実在する。

ソーホーは20世紀半ばから芸術家が移り住むようになった。デミ・ムーアが演じた芸術家と彼氏の2人の陶芸シーンが有名な『**ゴースト／ニューヨークの幻**』でも2人の新居はソーホーのロフトだった。その下のトライベッカには『**ゴーストバスターズ**』の基地となった消防署がある。この「ダウンタウン」では、私はリトルイタリーとチャイナタウンの境界線に住んでいた。共和党の政治コンサルタントの友人のアパートの部屋を間借りした。２０００年選挙の頃は、ウォール街付近の選挙陣営の上司のアパートにも入り浸っていたことがある。９・11テロ後、しばらくこの地域は立ち入り禁止になった。

ニューヨークドラマの金字塔『**セックス・アンド・ザ・シティ**（ＳＡＴＣ）』の4人組はマンハッタン在住だった。主役のキャリーと品のいいシャーロットはそれぞれ73丁目とパークアベニューの「アッパーイースト」、弁護士のミランダは「アッパーウエスト」。奔放なサマンサは男性を頻繁に連れ込みすぎて風紀を乱したことで「アッパーイースト」の高級アパートにいられなくなり、干渉されない自由を求めてウエストビレッジの生肉加工地区に引っ越していく。

河の向こうの「下町」ニューヨーク

マンハッタン外のニューヨークも性格が細かく分かれている。たしかにマンハッタンに住むことには利便性以上の特別なライフスタイルの具現化とブランド価値がある。だが、見栄を張らずに河を渡れば家賃は格段に下がる。

「ブロンクス」はハーレムを通過して北上した地域でヤンキースタジアムで知られる。サウスブロンクスは、シカゴのサウスサイド、ロサンジェルスのワッツ地区などと並ぶ全米最悪クラスの治安で悪名高かった。近年は古い倉庫をリノベーションしてベンチャー企業が利用することもある。**『マイ・インターン』**のオンラインのファッション通販会社はブロンクスのバレット通りにある設定だ。

グランドセントラル駅から地下鉄でイーストリバーをくぐって東側に行くと「ロングアイランド」だ。その「ロングアイランド」の上半分はラガーディア空港やアジア人街フラッシングのある「クイーンズ」である。ブルックリン橋を渡った先、「ロングアイランド」の下半分はエスニック色と濁声風の訛りで知られる下町の「ブルックリン」だ。

ブルックリンは独特の文化圏で真の土着のニューヨーカーはマンハッタンに住むよそ者ではなく自分たちだという意識がある。マンハッタンの喧騒をあえて離れることを望む新世代の成功者にも好まれている地域だ。同じく**『マイ・インターン』**でアン・ハサウェイ演じる若い女性経営者もブルックリンのブラウンストーン（レンガ造りの長屋式のアパート）から軽快に出勤する。

そして「ブルックリン」の南端には遊園地でお馴染みのコニーアイランドがある。アメリカのローカルの遊園地は、見世物小屋や射的などの屋台やゲームセンターが合体したサーカス的な雰囲気のカーニバルに近い。コニーアイランドは独特の寂しげなうらぶれ感から映画でよくロケ地にされる。人工知能が当たり前の時代を描いた『A.I.』の終盤で、古い妖精の蠟人形が重要な役割で登場する。主人公の「少年」はコニーアイランドどころか遊園地の見世物小屋を知らないからこそこのシーンがずしんと響く。

その西側に広がるのがニューヨークの郊外族の拠点スタッテンアイランドだ。『**ワーキング・ガール**』でキャリアウーマンとしての成功を夢見る主人公のテスが自由の女神を横目に通勤していた冒頭シーンのフェリーは、スタッテンアイランドとマンハッタン最南部の船着場を結んでいる。マンハッタンの西岸からハドソン河の対岸はニュージャージーだ。地元愛の強いガラの悪い工場街として描かれるが郊外生活を優先する通勤族も多い。

ニューヨーク作品の場合、これらのエリアのどこが舞台なのか、主人公がどこの住人でどういう階層なのかが明確に示唆される。ただ単に「舞台はニューヨーク」で、すまされることがない。それだけ民族、人種、階級が雑多にパックされた都市だから、「ニューヨークである」ことと自体よりも、「どのニューヨーク」なのかのほうが実質的に重要な意味をもつ。

『ゴシップガール』の「アッパーイースト」

マンハッタンの富裕層は郊外の戸建てには住まない。戸建てはサウス・ハンプトンなど週末を過ごす「別荘」限定であり、日常は中心地で高層階の空中に住むことが最上級の贅沢なのだ。エレベーターで降りて1歩外に出ると、そこがもう繁華街と徒歩で地続きであるマンハッタンだから価値がある。ただの高層マンション好きの集まりではない。

ビバリーヒルズ的な金持ちコミュニティのレプリカは全米各地にある。テキサスにも社交界はあるし、どの州にも資産家はいてゲーティドシティの邸宅街もある。しかし、富と成功の証として、最高の贅沢が都市の中心の空中に住むことであるという価値観は、全米でもマンハッタン特有のものである。だからこそトランプも経営拠点を置くニューヨークは不動産業にとっては特別な地である。利便性と見栄の双方を追求するのがニューヨーク流だ。

ニューヨークにはクリスマス（ホリデーシーズン）が似合う。ドアマンにチップをはずむ季節だ。「セレブ」「富裕層」という言葉のもう一段奥に居住エリアをめぐる意地っ張りなこだわりがある。なかでも「アッパーイースト」は特別で、洗練と背後の俗物的な下劣さがないまぜに小説や映画で描かれる。

トルーマン・カポーティ原作『**ティファニーで朝食を**』でオードリー・ヘップバーンが演じたホリーの居宅も、トム・ウルフ原作『**虚栄のかがり火**』でトム・ハンクス演じるウォール街の債券トレーダーがショットガンをぶっ放してパーティに群がる来客たちを追い返したのも「アッパーイースト」だ。

煌びやかな暮らしと傲慢は紙一重だ。『**アップタウン・ガールズ**』では子役ダコタ・ファニングが演じた少女は、富裕な親に放置され性格が歪んでいるこまっしゃくれた子どもだし、『**プラダを着た悪魔**』でメリル・ストリープ演じる意地悪なファッション誌編集長の自宅もアッパーイースト73丁目という設定だ。

そしてドラマ『**ゴシップガール**』は、マンハッタンのアッパーイーストサイドの私立学校が舞台だった。ミュージシャン崩れのアーティストの子どもだけがブルックリン子だ。アメリカ映画ドラマの「リッチキッズ」作品のパターンとして、その空間に似つかわしくない転校生的な存在が必ずいて、それがヒロインを射止め、ヒエラルキーの中で逆に地位を獲得していく。本作はその典型だ。

『**ビバリーヒルズ高校白書**』では、ミネソタから転居してきた素朴で「芋っぽい」ブランドンとブレンダの兄妹がビバリーヒルズに馴染んでいった。よそ者一家はだいたい親も誠実で朗らかな家庭だ。『**クルーレス**』ではやはりダサい女の子だったタイが、みるみるうちに主人公を凌駕するほどお洒落な人気者に変貌していく。

ブルックリンの子なら本来ならば、庶民的な公立校がお似合いだとアメリカの視聴者には思われがちである。しかし、『**ゴシップガール**』ではあれこれ口実を作り出して主人公がマンハッタンのプレップスクールに通う設定にした。学校の描写は正確なのだが、階層を飛び越えた「異質な存在の混在」だけが非現実的である。そこにストーリーが生まれる。

勧善懲悪も割と単純だ。意地悪で嫉妬深く独占欲の強い女子、親の富と権力に依存した利己的で甘やかされたボンボンの典型のような男子。視聴者は彼らが不幸になることを望みブルックリンの兄妹に肩入れするようになる。

「リッチキッズもの」は、親の描写もネタの大切な要素だ。巨額の契約を獲得したい高給弁護士は、息子の恋愛まで利用する。父のキャリアの成功を願う息子はそれを手助けするために父の取引先の娘と付き合う。息子がいい暮らしができているのは父のそうした生き方のおかげなのだと子どもも理解している。だから子どもも平気な顔で協力する。それがさらりと描かれる。

『**ゴシップガール**』ファーストシーズンが全米で放送されたのは2007年。まだスマートフォンはなかった。最先端のガジェットとして劇中に出てくるのは、ブラックベリーやキーボード付きの2つ折りのフリップフォーン（ガラパゴス携帯）である。

このブラックベリーとは2000年代にアメリカの実務家の間では必携アイテムだったキーボード式端末だ。上院議員時代のオバマも愛用を誇示していたが、タッチパネル式スマホのiPhone出現で衰退した。その興亡物語は2023年公開映画『**ブラックベリー**』に詳しい。

「富」「未来」「バイオレンス」の西海岸

アメリカ映画の舞台を強引に単純化して分類すれば、「ニューヨーク」「西海岸」「それ以外」に分けられる。

「それ以外」には、「郊外」（平凡を絵に描いたような量産型のモールと住宅街）、「インナーシティ」（治安の悪いゲットーや貧困街）、「農村」の3カテゴリーがある。

地域的には「深南部」（人種テーマでは必須地域。フロリダだけ別地域として理解すべき）、「乾燥地帯」（テキサス、ニューメキシコ、アリゾナなど赤土系）だけを押さえておけばよい。モンタナ州とノースダコタ州の暮らしぶり、ペンシルバニア州とコネチカット州の郊外には決定的な違いはない。厳密には興味深い違いがあるのだが、アメリカ文化をめぐるマニア向け。単純にアメリカ映画ドラマを娯楽として楽しむにはここまでで十分だ。

大志ある（あるいはミーハーな）アメリカの若者は、今も昔も東か西の「極端」を目指す。『**摩天楼はバラ色に**』でニューヨークに出て一旗あげたいと願う主人公の青年に対して、カンザス州の農家の両親はニューヨークに行くと顔にピアスを開けるようなおかしな人間になるぞと賛同を示してくれない。こうした偏見むき出しの保守的な農村の人にとって、ニューヨークはテレビでしか見たことがない危険な場所だった。

1990年代、私がミネソタの片田舎に留学して全米公共ラジオ（NPR）支局のインターンをしていた頃、あなたが人生で初めて会ったアジア人だと取材先でよく言われた。黒人は映画やテレビでしか見たことがないという同級生がほとんどだった。

ミネソタ州最大の都市ミネアポリスに買い出しに行くのが彼らにとっての「都会に出ること」で、憧れの現実的な大都会はその先のシカゴ止まりだった。ニューヨークなど得体の知れない「外国」扱いだ。映画評論家の町山智浩さんのベストセラー『アメリカ人の半分はニューヨークの場所を知らない』の名タイトルは実に言い得て妙だ。

西海岸の映画ドラマはニューヨーク作品と並んで膨大な数が存在するが、ニューヨークものと同じで、必ず「西海岸」であることを視聴者にも理解させた上で、地域的な特質を土台にした物語展開が前提となる。そこをすっ飛ばしてしまうことは、寅さんの東京の下町やコテコテの浪花の大阪を無色化し「どこかの日本」に置き換えて味わうに等しい。「西海岸」作品の場合はまずそれが絶対的に大切な作品情報なのだ。

「西海岸」は上からシアトルのあるワシントン州、オレゴン州、カリフォルニア州が並ぶ。カリフォルニア州には、南部と北部にもそれぞれカルチャーがあるのだが、「西海岸」映画ドラマでのパロディを理解する上では、基本的にはシアトル、ロサンジェルス、サンフランシスコの三都市の特徴を押さえておけば問題ない。

シアトルは『**めぐり逢えたら**』で妻を亡くした夫が一人息子と移住する先に設定されているように、環境が優れた静かに落ち着いて暮らす雨の降る街。いわば「アメリカのカナダ」だが、スターバックス、マイクロソフト、ボーイングなどの本社か工場が周辺に点在する企業城下町でもある。

ロサンジェルスは言うまでもなく映画産業ハリウッドの拠点だ。ハワイ人にとって本土の窓口的な都市でオバマが2年間通った大学もある。日本でも「ロス」の呼び名で親しまれていて、映画舞台の本数も多い。古くは西部劇から1990年代の『**パルプ・フィクション**』まで、どこを切り取っても銃による無法者とバイオレンスがよく似合う。

いつまでも古いレンガ造りのビルのニューヨークと違って、絶え間ない進化の象徴だ。『**ブレードランナー**』系譜のSF未来ものの舞台にもってこいで、『**バック・トゥ・ザ・フューチャーPART2**』の未来編は架空の街ヒルバレーがカリフォルニアだったから違和感がなかった。西海岸でないと最先端のテクノロジーは似合わない。

石油由来の成金文化はテキサスと似ていて、州南部はオレンジ郡という保守系共和党員の牙城もある。ニクソン、レーガンなどの共和党の英雄的な政治家の産地だ。黒人比率も高くO・J・シンプソン事件やロス暴動など人種対立の一丁目一番地でもあった。

カリフォルニア南部は米墨戦争以前、メキシコだった。地名がスペイン語なのはそのためだ。メキシコ移民は映画では「不法移民」扱いされる対象だが、旧世代のヒスパニック系は自分たちこそ先住者というプロパー意識がある。ニューメキシコ州のアルバカーキにも下宿経験がある私からすると、ロサンジェルスはアリゾナ、ネバダなど周辺の「サンベルト地域」と並ぶ中南米系スペイン語文化圏だ。メキシカン料理が苦手だと社交生活は辛いかもしれない。
むしろ「西海岸」の文化性を体現するのは州北部のサンフランシスコだ。

「意識高い系」の聖地としてのベイエリア

サンフランシスコは別名「ベイエリア」とも言われる。砂金が出たゴールドラッシュ時代、砂金掘りの作業ズボンを販売して成功したのがリーバイ・ストラウス（リーバイス創業者）だ。デニムのポケットに銅製の鋲をはめこむ「ブルージーンズ」の発祥である。

坂の斜面に家が立ち並ぶ急勾配にケーブルカーが走る。NHK放送で日本でも親しまれた**『私立探偵ハリー』『フルハウス』**、リアル・オリエンテーリングのような謎の「ゲーム」が街全体の不気味なアクションで展開されるマイケル・ダグラス主演**『ゲーム』**。どれもサンフランシスコ作品は真っ赤なゴールデンゲート橋か坂道シーンが印象的に盛り込まれている。

政治的にアメリカでもっともリベラルな気風で性革命やLGBT解放運動の最先端であるとともに、インターネットの先駆け「ARPANET」（国防総省が推進したコンピュータネットワーク）の拠点大学の一つスタンフォード大学を取り囲むテック起業の聖地でもある。そしてアジア文化の大拠点でもある。

重要なのは一つめの「政治的なリベラル性」と二つめの「技術的な先進性」と三つめの「アジア」という無関係に見える3要素が結びついていることだ。現実にはインターネット開発は国防総省の軍事プロジェクトで、第二次世界大戦以降の政府投資が絡んでいるのだが、それだけではシリコンバレーは語れない。

リベラルな世界観からテクノロジーを構想する未来のライフスタイルがあり、わくわくさせてくれる空想やアイデアが具現化する現代の「西部開拓地」だった。

シリコンバレーに凝縮される「世界を変えたい」という風呂敷の広げ方をする「先進的」な人たちがいる。最近の日本語を使えば「意識高い」人たちだ。アメリカ版の「意識高さ」で欠かせないのはアジア風味だ。アジア人といえば、それだけで大きなブランド価値をまとっている。「アジア」とは古臭い白人キリスト教文明に対するアンチテーゼ的なニューエイジなものである。

ドラマ『**シリコンバレー**』をはじめシリコンバレーものの作品には、意識高いトレンディな経営者はアジア系女性をパーティに連れていくのが憧れという文化が出てくる。当のアジア人である我々には西海岸のある種のリベラルな白人男性がなぜそこまで「アジア」をファッションとしてまといたがるのか不思議に見える。

こうした文化的な特徴について歴史学者のブルース・カミングスは「禅カリフォルニア（Zen California）」と呼んだ。しかし、こうした西海岸の白人たちの「禅」ごっこは、あくまでオリエンタリズムで、アジア言語の運用能力も正しい文化理解のどちらも一向に深まらない。相変わらず形から入り、形で終わる。

逆に言えば、「アジア人」という存在は、リベラルなアメリカではそれだけで大きなブランド価値をまとっている。『フルハウス』でも娘たちが「ヨガマットがほしい」とおねだりしたり、ティファニーのライブ中継が「トーキョー」からあるので観たいと騒ぐシーンがある。人気アーティストが「トーキョー」でライブをしていることはひときわクールなことだ。

『シリコンバレー』では、チームのオフィスの家主にして後見人役の男の西海岸野郎ぶりは一挙一動が徹底されている。日本の着物を着てお辞儀をしたり日本文化をかじっているのだが、ろくに日本のことなど理解していない。何かアジア風味であればよく、コリア文化や中華文化と交換自由な対象だ。

西海岸でアジア文化が扱われるとき、日本贔屓とは無関係であることに留意しないといけない。また、中国や韓国を扱う際も「国」として対象に惚れ込んでいるわけではなく、それぞれの区別もついていないことが少なくない。親日とか親中とかの「認定」をめぐる一喜一憂は禁物だ。彼らにとってアジアはエキゾチックなアクセサリーでしかない。

主要登場人物の一人であるデニッシュはパキスタン系なのにインド系の名前だ。作中でデリカシーのない登場人物からしばしば「アルカイダ」「ビンラディン」と呼ばれるなど脚本でも自虐的にネタ化されている。

スリランカ系俳優が演じる謎の仏教スピリチュアルなグルは、経営に生じる迷いにアドバイスを与えるために雇われている。劇中のカリスマ的なテック企業の経営者は、弁護士陪席で交渉するとき、まるでお経をあげるかのように凄まじい量の数珠をジャラジャラさせる。「スピリチュアル」な意識高い系CEOという設定だからだ。

喫煙者はカリフォルニアでは害虫扱いだ。この作品では喫煙者であることがバレて会社で立場を失うエピソードがある。ヘロインには二次被害はないが、二次喫煙は極悪だとして、喫煙者を探知する「スモケーション」というアプリを売り込む。薬物を擁護して喫煙を迫害するのだ。日本からは倒錯的に見えかねないコミカルなシーンやネタがこれでもかと詰め込まれる。つまり、シリコンバレー文化とはカリフォルニア文化の縮図であり、本作はカリフォルニア文化のパロディでもある。

シリコンバレー人の西海岸への自意識は大袈裟ではない。実際、アップルはある時期からMac OSにカリフォルニア州の地名を付けている。マーヴェリックス（海岸）、ヨセミテ（国立公園）、シエラ（山脈）、モハヴェ（砂漠）、カタリナ（海岸沖の離島）、ビッグサー（州中央の海岸線）、モントレー（郡名）、ヴェンチュラ（市名）。

「チャレンジャー」でも「ディスカバリー」でもスペースシャトルは機体の名前に「人類」規模の探求を投影した。だが、マッキントッシュは違う。中国で組み立てられようとも、あくまで「カリフォルニア」産なのだと世界にリマインドし続ける。この自意識を「うざい」と思うか、さすが「クール」だと感じるか。「意識高さ」と「アップル愛」を測る分水嶺だが、それ自体がアメリカ映画で誇張されたネタになっている。

Photofest／アフロ

Movie Tips #1-1

『シンプル・ライフ』

（The Simple Life）2003〜2007年

出演：パリス・ヒルトン、ニコール・リッチー他
制作：FOX

素人や芸能人が本人役で出る「リアリティテレビ」というジャンルがある。参加者が脱落していくホラー映画のようなハラハラ感や手に汗握るゲーム的な「感情移入」が売りだ。古くからの素人参加クイズショーも広義では含まれるが、基本的にはロケ撮影の企画ものを指す。

無人島生活の『**サバイバー**』のような野外企画、『**リアル・ワールド**』以降の若者の集団生活を撮影する系統とその派生型の恋愛・婚活系、ドナルド・トランプが若手経営者を選抜する『**アプレンティス**』のようなゲーム性のある生き残り系など類型は多様だ。

カメラを意識しない状態での会話や行動のシーンと出演者がモノローグで他の出演者や企画への感想を吐露するカットの交互で構成されるのが常だ。無論、カメラを意識しない生活など嘘八百だ。台本がなくてもスタッフが部屋に入り込んで撮影すれば、自らオンエアを意識した言動になる。盗撮でない限り本物の「リアリティ」など成立しない。だが、数字が取れるのは演出や編集で起承転結の起伏をつけた「見やすい」物語だ。それが現場の経験則である。

素人を使って偽リアリティを作るぐらいなら、セレブリティに面白いことをさせよう。そこで生まれたこのリアリティテレビのタイトル「シンプル・ライフ（The Simple Life）」とは田舎暮らしの意味だ。

このリアリティ番組はセレブリティが住み込みで農家の仕事を手伝う様子に密着したものだ。2000年代にアメリカで驚異的な視聴率を獲得した。ヒルトンホテルの経営者のお嬢様パリス・ヒルトンと、歌手ライオネル・リッチーの娘ニコール・リッチーという「リムジン・リベラル」（富裕層リベラル）のリッチキッズが、保守的な南部の暮らしを茶化す「文化対比コメディ」は斬新だった。

　滞在先の農家の食卓でこんなシーンがある。

ニコール「地元の子たちってさ、ウォルマートとかで遊ぶんでしょ？」

農家の家族一同（顔を見合わせ、苦笑）

パリス「ねえ、ニコール。ウォルマートって、何？」

　ここで視聴者は大笑いする。田舎の保守的な庶民にとって、量販店のウォルマートが生活の中心だというステレオタイプがあるからだ。スモールタウンの質素で単調な生活は、西海岸やニューヨークのリベラルな富裕層からすると、スケールの小さい人生に見えるかもしれない。

　ボウリングぐらいしか娯楽のない田舎では、ウォルマートが若者の溜まり場だという偏見に悪のりしてニコールは馬鹿にした。パリスはウォルマートが何かも知らない素振りをみせる。

　筆者の「シンプル・ライフ」経験はシカゴ大学に入学する前のスペリオル湖畔のミネソタの州境の田舎町だった。働いていたラジオ局（州境を越えてウィスコンシン州側にあった）は外国人の私に天気予報の原稿を読ませてくれる長閑《のどか》な局だったが、取材を通じた住民との交流が、その後に移り住んだシカゴ、ワシントン、ニューヨークという「大都市のアメリカ」を相対化する視点を授けてくれた。ミネソタで仲良くなったのは、パリスたちが『シンプル・ライフ』でからかっていたような素朴な人たちだった。

本作がリアリティを増しているのは、出演者の二人が若年層「リムジン・リベラル」だからだ。パリスは、2008年の大統領選で、CMに出演して共和党マケイン候補を批判。オバマを間接的に応援した。一方、ニコールは黒人歌手ライオネル・リッチーに養女として引き取られた「物語」を持っている。黒人の父親を愛する白人の娘として、リベラルな人種観念を育んだ。黒人の苦悩を「家族愛」の延長で、自分の問題として発言できる数少ない白人セレブリティだ。番組内での狭量な文化保守派への怒りは、やらせなしの本物である。

制作陣がそもそもリベラル派だということもあるが、ライフルで鹿や野鳥を獲って、壁にはく製にして飾る南部の家族をまるで民度が低い人たちかのように描く。そこには環境保護アニマルライトや動物愛護の視線が貫かれる。深南部では、ネオナチに加入していてもおかしくないような白人の若者と、言い争いになる。本気でけんか腰で罵倒するのはいつもニコールだ。

移動中の車中カメラが回る。

「ミシシッピ州とかいわれても何も知らないんだけど」というニコール。

「フォレスト・ガンプ（映画の主人公）の出身地じゃん」とすまして答えるパリス。

かつては黒人リンチの頻発地でもあり、映画『ミシシッピー・バーニング』の舞台となったミシシッピは人種差別州の汚名を着せられている。その深南部中の深南部州に、差別するならどうぞ、「田舎保守白人」を差別しかえしてやると、けんかを売りにいく。金持わがまま娘として知られる二人だが、彼女たちの「保守のアメリカ」への心情的な拒否感は１９８０年代以降、２０００年頃までに生まれた「ミレニアル世代」の断面でもある。

Movie Tips
#1-2

©ZUMA Press/amanaimages

『ニュー・イン・タウン』

(New in Town) 2009年

出演:レネー・ゼルウィガー　監督:ジョナス・エルマー
配給:ライオンズゲート・フィルムズほか

『ブリジット・ジョーンズの日記』で知られるレネー・ゼルウィガー主演の本作は、中西部ミネソタを舞台に「田舎のアメリカ」の穏健な素朴さを描き出している。

主役は出世街道まっしぐらのキャリアウーマン。食品会社で女性初の幹部役員と目される彼女は、本社のあるフロリダ州の大都会マイアミで「意識高い」生活を送る。毎朝のストイックなジョギング、洒落た車を運転してスターバックスを片手に出社。その彼女にミネソタ工場をリストラする大仕事の白羽の矢が立つ。ロボットによる効率化で不要になる工員を短期間にリストラする指示を受ける。雪の厳しさも知らずに南国の大都会からハイヒールで乗り込む。

そこに現れるリストラを阻止しようとする労働組合の男。出世か恋か。よくありがちなロマンティック・コメディに見えるが隠れテーマは「田舎と都会」だ。

ミネソタ州は、田舎だがリベラル、という州である。同じアメリカの田舎でも、深南部ではなくミネソタが舞台にされているのがミソである。アメリカの田舎は、田舎なのになぜかリベラルな地域と、田舎でやっぱり保守的な地域、に分かれるからだ。本作の舞台は前者の田舎なのにリベラルなミネソタが舞台なので、生活文化は田舎のアメリカそのもので、ちっとも「リベラル」的ではないが、人はすこぶる善人に描かれている。

ライフルで狩りをするハンターも、実に優しいいい人たちとして描かれる。都市のリベラルが、ライフル協会を目の敵にし、ハンターを野蛮な暴力主義者のように理解していることの偏向性を逆に浮き彫りにする。

たしかに彼らは、教会に通う神様を信じる人たちで、スクラッピング（コラージュによる自家製アルバム作りで手芸のようなもの）やタピオカヨーグルト作りが好きな、北欧バイキングたちの子孫であることを誇る、ビール好きで野球帽を被ってピックアップトラックを運転する、小さな世界の住人で、ＬＡ（ロサンジェルス）やＮＹＣ（ニューヨーク市）の正確な位置も知らないだろう。

しかし、白頭巾を被って有色人種を迫害するような人ではないし、神を罵る人に抵抗を示しても、異教徒を閉め出すような真似はしない。クリスマスのキャンドルサービスの列の温かい雰囲気が、ブッシュ時代に「メガチャーチで踊っている頭のおかしな人たち」として強引に色づけされたキリスト教徒の、本来の素朴で善良な素顔を描写する。

「田舎と都会」のいつものステレオタイプの対比を用いることで、あえて都市の強欲な弁護士やウォール街の「リベラル」よりも、ずっと日本などからの交換留学生や来訪者に優しい人たちかもしれない、というあたりまえのことを再考させてくれる良作だ。

「ステレオタイプ」を笑い飛ばすには、「ステレオタイプ」が何なのかを知っておかなくてはならない。そうしたときにはじめて、作品や特定のアメリカ人の知人の語る「田舎」と「都会」観が、どのていど実態から大きくずれた偏見なのかが判別できるからだ。そしてどのていどのバイアスがあるかが、その人や作品の「保守性」「リベラル性」を逆に浮き彫りにする。日本未公開作品にこそ思わぬ秀作がある。

Social and Love Life

Ⅱ

社交と恋愛

「マッチドットコム」日本版から削除された項目

アメリカの「恋愛の法則」と日本のそれには見えない差異が存在する。スマートフォンによるマッチングアプリ以前の時代からアメリカのデーティングサイト市場を開拓した「マッチドットコム」の事例がわかりやすい。同社のサービスが日本進出したときの日本版から利用者のプロフィール欄と相手への希望項目欄の双方からいくつかの項目を削除した。それはエスニシティ（民族）、宗教・信仰、政治信条の3つだった。

マッチドットコムの初期画面では、まずあなたの「エスニシティ」を選ぶ。「アジア、黒人・アフリカ、インド、ラティーノ・ヒスパニック、中東、アメリカ先住民、太平洋諸島、白人」。次に「使用可能な言語」を選択。主要ヨーロッパ8言語に加え、アラビア語、ヘブライ語、ウルドゥー語、ヒンディー語、中国語、韓国語、ロシア語、タガログ語、日本語、その他の言語など。

アメリカは意外な多言語社会だ。事実上の共通語として使われるのは英語だが、家庭では移民ルーツの言葉を維持している世帯も少なくない。コトバが親や親族と仲良くできるかのバロメータになる。また、中国語のように北京語や広東語など言語内のサブカテゴリーがある場合、「中国語ができる」だけでは意味をなさないので詳しく知る必要がある。

次に「宗教」欄から選ぶ。「不可知論者、無神論者、仏教・道教、カトリック、モルモン、プロテスタント、ヒンズー、ユダヤ、ムスリム・イスラム、スピリチュアルだが敬虔ではない、その他、キリスト教のその他の宗派」。

そして「あなたの政治思想は？」からも選択。「超保守（ウルトラ・コンサーバティブ）、保守、中道、リベラル、とてもリベラル、行動規範に従わない、それ以外の政治思想」。「相手に求める」希望もこれら3つに関して選ぶ。いわば「アメリカ文化三大要素」である。アメリカで結婚するなら重要項目だし、これらを知らない相手を「親友」とは言えない。

アメリカでは恋愛で、同じエスニシティとか（白人限定と平気で書いている）、特定の人種を好むケースもある（アフリカ系、ヒスパニック希望など）。敬虔なカトリックの人が無神論者と結婚することはほぼ不可能といってよい。保守としか交流したくないなら「超保守」と掲げておかないとリベラルが寄ってきてしまう。

日本ではエスニックなルーツはアメリカほど多様ではないし、信仰を持っていてもそれを見ず知らずの人に晒すのは不適切だし、家族内でも投票先を言わないカルチャーもある日本では政治思想はもっと馴染まない。ということで、これら3つは日本版からは削除された。

日米では恋愛上のプラスとされる言葉とマイナスとされる概念すら異なる。例えば「サーカスティック（sarcastic）」という英語がある。日本語に訳せば「皮肉屋」で、どちらかといえばネガティブだ。ところがアメリカの恋愛ではこれは、彼氏彼女の知性への褒め言葉。アメリカ版のマッチドットコムのプロフィールには、「私は sarcastic です」と自慢げに書いてある。批評精神は知性の証しという文化だ。

アメリカの恋愛マニュアル　「シリアス」とは

日本女性「告白と交際開始にも至っていないのに、どうして性的関係がもてるの？」

アメリカ女性「性的関係も結んだことがない人とどうしてシリアスに付き合えるの？そこまでの関係もない人とどうしてお互いを縛り合えるの？」

「シリアスな関係」という概念の衝突だ。いったんシリアスになったときはアメリカのほうが重い。親に紹介する暗黙の義務が生じ、一緒に暮らすことが前提になる（ルームメイト文化のアメリカでは「同棲」へのハードルは低い）。それ以前なら、複数の人とデートを同時並行でしたり性的関係を結ぶことは自然だ（原理的なキリスト教徒は別）。

日本は「付き合う」と早期から一対一の「拘束」が発生する一方で、正味のシリアス度は千差万別で、結婚秒読みから、子ども恋愛の延長のようなものまで幅が広い。アメリカでは「子ども恋愛」と「大人恋愛」の差は明確である。

「子ども恋愛」は「大人恋愛」の練習としてマストであるという家庭教育の通念もある。お金の教育が、大人になる前に必要というのと似ている。レモネードとか、ガールスカウトのクッキーとか、物を販売してリアルな現金を得ることを幼児の頃から練習する。富裕層でも夏休みの間は自分でお金を稼ぐバイトをさせ、学生起業も推奨される。確定申告で領収書整理を手伝わせる親もいる。お金は汚いものとして排除しておいて、ある日突然、給与がすべての世界に放り込まれるのはかえって残酷である、というプラグマティズムである。

日米双方の男女の国際恋愛相談にのるようになって久しい。国際結婚も多数見届けてきた。アメリカ人女性の親友が初めて日本に住むに際して、東京で身元引受人をしていたことがある。都内の大学に留学し、後に中学で英語の補助教員をしていた。日本人男性に口説かれたといちいち事細かに報告して助言を求めてきた。

彼女たちアメリカ人女性の日本人男性への観察は興味深かった。

曰く「日本人男性は痩せていてゲイに見える」。差別的で穏やかではない発言だが、アメリカによくあるマッチョ信仰からくる偏見だ。日本のアイドル男性や少女マンガの王子様的な風貌はアメリカでは女性的過ぎてもてない。『アメリカン・ビューティー』(Movie Tips 4-2)に描かれるような「同性愛嫌悪」のキリスト教文化と底流でつながっている(韓流スターの北米進出で若い世代の印象は変化しつつはある)。

曰く「日本人男性はロマンチックではない」。romanticの意味が日本人には分かりにくい。これはアメリカの恋愛マニュアル本に頻出する言葉だが、アメリカでいうロマンチックというのは、日本語でいう「ムーディーな人」である。雰囲気作りが上手で、ムード作りが上手いという日本的には過剰に「くさい」段取りを指している。カードや花束なども重要だ。

LGBT文化とはイメージ的に矛盾感があるかもしれないが、アメリカはジェンダーの役割が岩盤な社会でもある。男は男らしさが、女は女らしさが求められる。男は女を「リード」しなくてはならない。高校のダンスパーティで男子が女子を迎え、両親に「お嬢さんをお預かりします」と花束を渡し、送り届けてお別れのキス。このプロセスを幼い頃から仕込まれる。「スイート」に振る舞うことは、LGBTでの恋愛でも同じである。

日本以上にある意味では「マニュアル」や「型」の社会であり、デートではお姫様扱いと大人の女性としてのリスペクトを両立しないとアメリカ女性を満足させられない。「弱みでも握れそう」と心配して割り勘や傾斜配分にしなくていい。アメリカでは、デートで男性がおごるのが基本ルールである。女性が重荷を感じることはない。

曜日に関する暗黙のルール

ややこしいのが先述した「付き合う」という概念である。日本でいう「付き合う」定義はアメリカにはない。吟味しながら親しくなっていき、そのうちの誰かと「シリアス」になる。「シリアス」の一歩手前までは同時に複数の人とデートしているのが普通だ。「シリアス」の定義は肉体関係ではない。

デートした翌日までに「楽しかった」と連絡しない場合は、その関係はおしまいという暗黙のサインがある。かつては電話、今ならスマホでテキストを送る。こういうアメリカ流の腹芸というか以心伝心のルールみたいなものもあり、アメリカだからとなんでもあけすけに好き、嫌いと言語化するわけではない。

曜日に関する暗黙のルールもある。初回のデートは平日に軽くバーで飲み、早めに解散するのが良いとされており、ディナーまでいくのはかなりの事態である。一方、会ったことがない人とはお茶にしておくべきとか飲酒をすることが危険という考えはない。

むしろ曜日が重要だ。平日と週末の濃淡が激しい社会で、週末は家族か「親しい関係の人」と過ごす時間なので、週末の約束をするととんでもない勘違いがおきる。金曜日のディナーはその後何があってもいいというサインだ。「ウイークデーは忙しいから週末に」という観念はない。休日を選ぶとそこに意味が生じる。

「イッツ・フライデー」という英語がある。いよいよ週末だという意味だ。週末に無闇に割り込んではいけない。しかし、休日にも会社の付き合いはある。休暇がプライベートな社会だからこそ、週末の「リトリート」やパーティに招かれることの意味は大きい。「リトリート」というのは会社の慰安ピクニックのようなものだ。

日本では男女が二人で夕飯を食べてもそれは「特別な関係への期待」ではないかもしれないし、異性の同僚との打ち上げご飯もあるが、アメリカでは夕食の持つ意味は深い。男女二人の夕食は即「デート」を意味する。親しくない人とはランチかドリンク（1、2時間のバーでの立ち飲みのようなもの）が基本だ。

こうしたことがわかるだけでロマンティック・コメディ作品はグッと見やすくなる。キャラクターたちの駆け引きの一喜一憂の意味がわかるからだ。例外的な行動をするキャラがいれば、その例外性自体がネタだ。

絶え間ない交際が美徳の「同伴文化」

アメリカで厄介なのが「同伴文化」だ。国際会議にワイフやパートナーを連れてくる人も少なくなく、日本の会計担当を悩ませる。パーティでもバーベキューでも「ブリング・ユア・デート（同伴者を誰か連れてきて）」ばかりだ。単身赴任や長期の単身出張は、夫婦仲に問題があると勘違いされかねない。

「つがいでひとつ」単位のペア文化は、社交的に大人として認められる上で関門である。もちろん独身者でも問題ないし、外国人とりわけ若手の留学生は1人行動でもいい。だが、中年以上の駐在員で、地域社会に溶け込みたいなら配偶者の有無が鍵になる。

キリスト教原理主義と水と油のはずの同性愛文化がアメリカで花開いていたのは「同伴文化」にぴったりはまることと無関係ではない。だからこそアメリカ政治における同性愛者の権利獲得運動では、同性婚こそが優先的な悲願だった。

オトナの「社交道徳」としては、一人ぼっちでいることのほうが「悪」であり、同性でも異性でもいいから、絶え間ない「交際」が奨励される。同性愛者なら同性の彼氏や彼女を連れてくればいい。離婚や死別すれば、すかさず再婚が奨励される。「同伴」相手は臨時要員でもオーケー。「要同伴」のパーティに即席の人ですら「調達」できないとすれば、社交力や交流範囲の狭さが低評価になる。

ある程度の年齢になるとアメリカでも結婚しろ、結婚しろ、と世話を焼く空気があるし、高齢の再婚でも恥も外聞もなくパーティを盛大に行う。この辺りは、自由で気儘なひとりの人生が好きで渡米した人には予想外に鬱陶しいはずだ。「アメリカは個人主義だと思っていたら、やたらに交流会があるし、しかも要同伴ばかりでうんざり」とぼやく人も多い。

この同伴文化で落伍者にならないようにする訓練が「プロム」である。男子が特定の女子を誘って、学校の体育館で行われるダンスパーティに誘う。レンタルのタキシードで自宅に迎えに行き、帰りは家まで送り届ける。「恋愛の練習」を親ぐるみ、学校ぐるみでやることは滑稽に見えるが、同伴文化への適応訓練だと思えばしごく納得できる。

プロム相手はその日限りの即席の場合もある。日本的な意味での「元彼女」「元彼氏」ではない。ツーショットの記念写真は、青少年期の同伴訓練の「運転免許証」のようなもので、オトナの通常恋愛とは別扱いだ。現在のステディ公認で記念に保管して部屋に飾っている人もいる。

ダイニングキッチンで階層を表現する

海外のドラマで最もわかりにくいのが、主人公一家がどういう階層なのかが外国人には見えないことだ。よほどの大豪邸の御曹司とかスラム街とか極端な設定でないと、その親子の暮らしがどの程度庶民的なのかわからない。

ホームステイ受け入れは経済的にある程度余裕があるか慈善の心があるクリスチャンの家庭が多かったし、駐在員が交流する地域社会も限られた階層になる。アメリカに数十年住んでいても「プロジェクト」という貧困層向けの公営住宅を訪れることはない。私はたまたま選挙区対応の仕事で、あらゆる人種階層の家屋にお邪魔した経験があるが、アメリカの現実の格差は「食」よりも「住」に浮き彫りになる。

『コスビー・ショー』『ファミリー・タイズ』など1980年代に大ヒットしたシットコム（シチュエーション・コメディ）はどれもアッパーミドルクラスの家庭だった。

『コスビー・ショー』はいわゆるアメリカ版の大家族もので、息子1人、娘4人の子役が番組と共に成長していくドラマだった。ニューヨークの高級住宅地の黒人医師一家の話だ。娘がプリンストン大学に進学するなど「成功した富裕な黒人」を描いた。黒人イメージの底上げになったという評価の一方、現実の貧困に目をつぶる偽善的ドラマとの批判もあった。

労働者階級を描いた大ヒットのシットコムは、1980年代から1990年代に10シーズンも続いた**『ロザンヌ』**だ。工場勤務の肝っ玉母さん的なロザンヌの家のキッチンは収納スペースが限られ、調味料から何からむき出しで雑然としているし、食洗機が一般的なアメリカで皿が乾かしてある。流しのすぐそばの狭いテーブルでこぢんまりと食事をする。

『ニュー・イン・タウン』でも工場の町の仲間が集まって「スクラップブック」を一緒に作っ

ているのはキッチン。NHKの放送で日本でも人気を博した『コーキーとともに』でも、食堂経営に奮闘する一家の団欒はせせこましいダイニングで行われた。日本の家屋から見ればどれも広い家に見えるが、あれらはロウワーミドルクラスの労働者の家である。ちなみに同作はダウン症の俳優クリス・バークが、ダウン症の少年役を演じたことでも高い評価を得た。

アメリカのドラマの階層設定は、板付きのメインセットがどこに組まれるかで表現する。ダイニングキッチンにガヤガヤする場が据えられていれば庶民的な家だ。アイランド型の巨大なキッチンや革張りソファのあるような家ではない。子ども部屋ではあまり見分けがつかない。個室もないような家は悲壮感をもたらすのでさすがに明るいシットコムに出てこない。

本当の貧困層は映画でしか描かれない。ただ、白人貧困層の住むトレーラーハウスも、黒人やヒスパニック系の集合住宅も、それなりに家具も揃っていて広く、日本の感覚からは極貧には見えない。不法移民のバラックやシェルターが最貧層の象徴としてドキュメンタリーには扱われるがドラマにはほとんど出てこない。

階層を超えた習慣もある。アメリカは衣食住で住を重視し、日本は食を重視するという俗説は大きな傾向としては間違いではない。「片付け」にしても「リノベーション」にしても、家屋や暮らしの質向上関係の自己啓発番組やリアリティ番組はアメリカで最もヒットする。

カリスマ主婦的な家事アドバイザー的なホストのトークショーは昔から大人気だ。手芸とか「手作り」文化も盛んで、ある程度の経済力以上だと家に「ソーイングルーム」もある。娘と母親でお揃いのドレスを縫ったりする。昭和の日本のミシンメーカーの最大の良客はアメリカの富裕層とミドルクラスだった。

リネンものから食器から家族写真までインテリアにとても凝るのは、家族以外に見せる機会が多いからだ。アメリカのドラマや映画でもっとも多いシーンの一つがホームパーティだ。少し親しくなるとわりと早い段階で家に招き合うし、自然に人を紹介したい場合は外食ではなく家で会う機会を作る。手料理を持ち寄るポトラック型から庭でやる簡易的なバーベキューまで様々だが、その際にリビングだけでなく家全体を開放するのが日本人には抵抗感がある。

市民活動から献金集会までとにかく家に集まる。不特定多数の来訪者にトイレを使われることを気にしないのは、中産階級以上の家ではトイレ併設のバスルームが夫婦のベッドルームやゲストルームにそれぞれあるからだ。『**ロザンヌ**』の家でもそこそこの広さだ。大勢が詰め掛けても問題ない。日本の庶民的な家屋であれば、ホームパーティができるような間取りはほとんどない。文化はインフラにも左右される。

家屋には見えない違いもある。住宅の境を塀で囲う習慣は国際的には珍しいことではなく、日本でもかつてブロック塀や生垣は一般的だった。だが、隣家と密接していないロウワーミドル以上のアメリカの家屋には「塀」がない。誰でもドアまで辿り着けるのだ。塀外のインターホン越しでは、選挙の戸別訪問もハロウィンの子どもへのお菓子配りも成立しない。ドアまで入り込んでノックをして至近距離で立ち話をする。ミドルクラスがことさら芝生の美しさを競うのも通りから丸見えの庭だからだ。

些細だが意外な生活習慣の違い

家庭の食事でもブッフェ的に自分の皿に好きな分量だけ盛り付けるアメリカでは、学校のカフェテリアでも日本の給食と違って食べたいものだけのせるので、ジャンクフードで育つ子もいるし、健康オタクのベジタリアンもいる。病院や刑務所でない限り献立は自己責任。飲食を制限される経験が乏しいので自分に甘ければすぐ太る。オバマ政権期にミシェル夫人が「食育」を訴えたのも理にはかなっていた。

些細な礼儀の差は無数にあるが、おそらく日本人が気になるのは執務室で机の上に靴を履いたままの足を投げ出すシーンだ。大部屋で平社員がやる行為ではないが、大統領でも弁護士でも個室ならやる。靴を脱がない土足文化の影響である。ホテルのベッド下部の横長の布は、土足のまま寝転がることを前提とした靴おきで飾りではない。ベッドはソファ代わりでもある。

また、足を組むのはまるで不敬ではない。じっくり話を聞く際にはアメリカのインタビュアーは最前列でも堂々と足を組む。もちろん日本では傲慢な態度に見える。かつてレーガン来日特番で特派員経験のあるキャスター陣が大統領に合わせて足を組んでインタビューをしたところ失礼だという視聴者の感想があった。日本の報道番組でアメリカ人の政治家を「さん」を付けずに英語的に呼ぶと「呼び捨てで失礼」という印象を与えるのと同じかもしれない。

ボールをパスするようにモノを放り投げる習慣もある。ビンをゴミ箱に投げたりする行為はさすがに行儀が悪いが、『**ゴーストバスターズ**』でヒロインのご近所のダサ男がパーティで来客のコートを預かるたびにクローゼット代わりの奥の部屋にバーンと放り投げるし、『**ソーシャル・ネットワーク**』でザッカーバーグがビールのボトルを来客にブンブン放り投げる。投げ方が乱暴すぎて破裂するのだが、「投げ文化」があるからこそ誇張の笑いになる。

握手やハグとか身振り手振りのジェスチャーよりも重要なのは目線である。日本では伏せ目にしたまま話をすることがあるが、アメリカはアイコンタクトが誠実。結婚式風の円卓の背中側でも、振り返って話者のほうに無理に体だけ向ける。アメリカの記者会見で質問をする記者を周囲が見つめている動画に「ガンを飛ばされている」という日本のコメントを見かけたことがあるが、あれは敬意の「凝視」である。また、むやみに相槌を打つ習慣がない。頷きもせずじっと見つめられても、それは真摯に耳を傾けているサインだ。

一方、野球選手への導入が日本でも議論になるサングラスは顔の一部のように根付いている。紫外線から目を守る習慣で、アメリカでは屋外ではサングラスをするのが日常的だ。態度が不遜ともカッコつけているとも思われない。大人のサングラス顔に子どもも慣れて育つので、目線が見えないことの不安感は生まれない。

アメリカ居住で日本が恋しくなるものは個人差があるが、私の周囲で共通していたのは、「マチャリ」「深いバスタブのお風呂」「おしぼり（濡れナプキン）」だった。

トイレが風呂と一緒の空間にあるように、入浴とは汚れを落とす排泄行為だ。日常的に血行促進のために湯に浸かる概念がない。ジャグジー風呂は経済的に余裕がある人が水着で入るレジャー。寝ころばないと肩まで浸かれない平たいバスにお湯をわざわざためるのは、癒やしのリラックス行為、あるいはロマンチックで特別なことだ。映画ドラマで薄暗くしてロウソクを灯して泡風呂に入っているシーンのあれである。

もともと日本のようには手をこまめに洗う習慣がない。握手してそのまま手づかみでパンをちぎる。フォークもナイフも箸置きのようなものなしにテーブルに置く。純日本の衛生感だと辛い場合もある。アメリカにはウェットティッシュは赤ちゃんのお尻拭きか洗剤を布に染み込ませた掃除用しかなかった。

公衆衛生文化でいえばコロナ禍にはマスクの浸透が困難だった。マスクは医療現場でするもので一般の人は風邪でも花粉症でもしなかった。コロナ禍である程度は根付くと思いきや、かえって強烈な反発が強まった。マスク拒否は保守派、渋々ながらもマスク着用はリベラル派という党派分断はアメリカ特有の反応だった。

マスク嫌悪は口を覆うことへの抵抗でもある。アメリカ流のルッキズムで最重要なのは歯並びだ。「セイ、チーズ」の掛け声とともに写真撮影で口を開くのは歯を見せるため。閉じたままの笑顔では不合格。日本の八重歯も矯正治療を怠ったと勘違いされてしまうほどに歯並びを競う文化では口が見えないのは論外なのだ。

また、マスクや頭巾は「クー・クラックス・クラン」のような排外的言論の卑怯さもかつては象徴し、正々堂々「顔出し」文化が好まれた。しかし、これに関してはビッグデータ時代の顔認証技術とも相まって、2019年香港デモ以降、権力の迫害から顔を隠すことの逆の価値も認められつつあり、コロナ禍の影響とともに文化的には過渡期にある。

ところで、歯をおもいきり強調するのがアメリカの写真撮影なら、日本で長年お馴染みなのは指をチョキにする「ピース」サインだ。だが、これは日本オリジナルのもので、映画ドラマでもよく見かけるアメリカの「ピース」には別の由来とパロディがある。

もともと「勝利（Victory）」のVをもじった「ビクトリーサイン」として第二次世界大戦時に米英の政治家や軍人の間に広がっていたが、1960年代のベトナム反戦運動では、パロディ的に「平和（Peace）」を訴えるジェスチャーにされた。『フォレスト・ガンプ』では、ヒッピーになった幼馴染みの「恋人」が反戦活動家たちと「バークレー発ワシントンDC行き」バスでトム・ハンクス演じる主人公のフォレストのもとを立ち去る。彼女がお別れに後部座席から「ピース」サインをする。ジェスチャーの政治的意味を理解しないまま、軍人のフォレストが真似て「ピース」で平和を訴えてしまう。その逆転現象が爆笑を誘う。

1970年代に日本ではこれが原意を意識されないまま写真撮影のポーズとして定着した。遠足でカメラを向けられれば「ピース、ピース」と条件反射で蟹挟みポーズを掲げたものだ。小西六工業のカメラCMでタレントが「ピース」と唱えたことが起源とも語られるが、興味深いのは日本から東アジア全域に写真では「ピース」の習慣が広まったことだ。

ただ、台湾では親指を突き出す「グッド」サインが記念撮影の定番になったし、親指と人差し指をクロスする韓流由来の「ハートマーク」が近年では日本の若者の定番ポーズになり、昭和の和製ジェスチャー「ピース」も相対化しつつある。

州でさまざま、組織でさまざま　休みではない「祝日」

日本人がアメリカの「祝日」で面食らうのは統一性がないことだ。カレンダーの祝日情報は「休み」を必ずしも意味しない。土日とは違う。政府機関や銀行などは休みになっても、学校や職場は個々の判断で休みにする祝日が異なるのだ。「祝日でしょ?」「いや、うちは休みじゃないから」ということの連続である。

元日、独立記念日、労働者の日、感謝祭、クリスマスは95%ぐらいの企業が休みにしているが、キング牧師誕生日、大統領の日を休みにしているケースは半数にも満たない。コロンブス記念日、退役軍人の日はほとんどの企業が営業している。日本の全国統一「祝日」とかけ離れていることがわかるだろう。

祝日は州法で定める。大統領の日は9つの州で祝日認定していないし、コロンブスの新大陸「発見」の記念日は先住民感情に配慮し半分の州しか祝日にしていない。「先住民の日」と言い換えている州もあり、それによって州のアメリカ大陸「発見」へのスタンスがわかる。何から何まで「州」が基準であり、公的祝日ひとつとってもアメリカの共通見解はない。

一年の終わりクリスマスから新年までの期間は「年末休暇」となり、クリスマス映画の定番コメディ『**ホーム・アローン**』のシカゴの一家のように中産階級以上は温暖なところにバカンスに行くことも多い。クリスマスカードは年賀状に似たものに見えるが、枚数は限定的で個人間で出すものではなく家族単位、ビジネスなら職場全体で取引先に挨拶を送るものだ。ツリーにオーナメントと一緒にぶら下げられる程度の枚数が普通だ。

クリスマスは恋人ではなく家族と過ごす日で、プレゼントも家族同士で交換する。ツリーの下に置いて翌朝あける。逆に大晦日は友人と集団で大騒ぎで年越しをするもので、ホテルやクラブではカウントダウンの仮面パーティなどを趣向を凝らして用意しているところもある。元日だけがお休みで2日から何事もなかったように日常になる。

ちなみにクリスマス、イースター、聖パトリックデーなどキリスト教系の行事はユダヤ教徒や他の宗教の人は祝わない。クリスマスカードは「シーズンズ・グリーティング」、12月に入ると「年末休暇の季節」をお祝いする意味で「ハッピー・ホリデーズ」と言い合う。相手がユダヤ人や非キリスト教徒だとわかっている場合には、メリークリスマスと言うのは無粋である。

ユダヤ系には過越の祭り、ハヌカ、バーミツバなど独自の行事があり、映画ドラマにも頻出する。登場人物の一家がユダヤ人であることをあえて示すためのシーンだ。だが、行事の細かい内容まではわからなくても、ユダヤ系の家族シーンなのだと区別できれば、映画やドラマを愉しむ上ではまったく問題ない。

アメリカの帰省シーズンは感謝祭

アメリカ人共通の重要な行事をあげれば間違いなく11月最終週末の感謝祭だ。感謝祭だけは宗教に関係なくアメリカ全土が「お休み」になる。日本の年末年始に雰囲気がとても似ており、ほとんどのアメリカ人がラッシュに巻き込まれながら帰省する。感謝祭にひとりぼっちでいると「家族と過ごさないなら、我が家と一緒にいよう」と哀れみの声をかけられる。大晦日に一人で年を越しているような感じだ。

映画ではいわゆる「帰省もの」に属する家族映画ジャンルがあり、普段離れ離れの家族がいやいや面倒ながらも集えば楽しいことばかりではない。

ジョディ・フォスター監督作品『**ホーム・フォー・ザ・ホリデイ**』は感謝祭で帰省する家族のゴタゴタを描いた。冠婚葬祭も揉め事の原因になる。ニコール・キッドマン主演『**マーゴット・ウェディング**』は姉妹の確執の映画だ。絶縁状態だった妹の結婚式のために、姉がニューヨークはロングアイランドの家を訪れる。経済的に自立していないミュージシャンに入れ込んでしまうダメな妹への軽蔑。家族のプライバシーをネタにして作家としてのしあがった冷酷な姉への軽蔑。姉妹の積年の憎悪がぶつかり合う。

バレンタインは、すでに成立しているカップルの「愛の再確認」の日。まだカップルではない人が「求愛」する日ではない。また、愛情表現は女性からではなく男性から。ホワイトデーなる「お返しの日」はない。

かつて日本社会にハロウィンは存在せず、英語の教科書で知る「アメリカの行事」だった。アメリカではお盆のような日で、大きなカボチャのランタンを作る。夜は「トリック・オア・トリート（お菓子をくれないと、イタズラするぞ）」と子どもが訪問してくるのでキャンディーなどお菓子を袋に入れてあげる。針混入騒動など無粋な事件にもめげず伝統は続いている。ただ、近年は都市部の高層タワマンでトラブルの元にもなっている。住民の子どもが階ごとに上下してエレベーターを独占するせいで、表に出るのに数十分待たされた人もいるからだ。

高校生や大学生もこの日だけ変装での通学が許容されている。男子高校生が「世界の終わり」を告げられる不思議な世界観のリバースムービー『ドニー・ダーコ』でもハロウィンが鍵になる。学生寮ではパーティが行われることも多く、通っていた大学で模型のエレキギターを抱えて『バック・トゥ・ザ・フューチャー』のマーティ役の変装で参加したことがある。映画の扮装はアメリカの映画ドラマ好きの間でも定番である。

「母の日」本と『アリー my Love』フェミニスト論争

日米の面白い文化差に「母の日」がある。日本的な「親孝行」の概念はないアメリカでは近年の「マザーズデー」はお母さんに感謝することよりも「ママになること」に意識が向きがちで、書店の「母の日」特集など「出産」「子育て」に関する本が平積みになる。

シングルマザーになることへの社会的な抵抗が少ないこともあり、有名人の高齢出産のニュースが不妊治療中の女性に希望を与えている。ハリウッドはその看板にもなってきた。「ハリウッド式、妊娠の秘訣」をミラ・ソルヴィノ、ティナ・フェイ、ミシェル・ファイファー、ジュリア・ロバーツなど出産経験のある女優は披露してきた。

ちなみにアメリカでは赤ちゃんを育てながら、夫婦の愛情関係や生活をどう新婚並みの状態で維持するかに、夫婦の関心が注がれる傾向があり、赤ちゃん関係のハウツー本でも、どうやって赤ちゃんを早く寝かしつけて寝室で夫婦だけで楽しむかとか、カクテルパーティに出かけるためにどうやっていいベビーシッターを確保するか、というような、古い日本の感性からすると「不真面目な親の奨め」のようなことに注目が集まりがちだ。

この種の「暮らし」のジャンルは総じて「意識高い」自己啓発系とつながっていて、作家のアレクサンドラ・ストッダードの若いママへの助言本では「私は禅書斎（Zen writing room）をもっていますが、そのなかで一輪挿しの黙想（one-flower meditation）を行います」と謎の発言をしている。「禅ルーム」が良きママになることと関係があるのか不明だ。

自由奔放な社会の反動だが、アメリカ人はこうすべき、ああすべき、という「法則」が本当に好きである。自己啓発セミナーの講師のような人がよく映画ドラマに出てくる。『**ロスト・イン・トランスレーション**』でスカーレット・ヨハンセン演じる自分探し中の若妻が、新宿のパークハイアットホテルで退屈凌ぎに聴いているのは自己啓発CDだし、『**アメリカン・ビューティー**』でトーラ・バーチ演じる少女の母親の不倫相手は自己啓発セミナー講師だった。

女性向け自己啓発と言えば、一世を風靡した恋愛マニュアル本『ザ・ルールズ（The Rules）』は一時アメリカ人の女性が誰もが隠れて読んでいた。『**アリー my Love**』でアリーが最初のデートでキスすべきかどうかを友人と悩んでいるシーンで携えているあの本だ。

１９９０年代末に爆発的に人気を博した女性弁護士のドラマ『**アリー my Love**』はフェミニスト論争で炎上した作品でもある。アリーというキャラが伝統世代のフェミニストから忌み嫌われたのは、ミニスカートなど女性を武器にすることを是とする部分が男に媚びていると受け止められたからだ。他方で、女性が主人公の法廷ものドラマは珍しく、キャリア女性のイメージと地位向上に貢献したという意味で、長期的視野で見れば女性の社会進出の称揚に貢献したドラマだという見方もあり、この論争は現在に至るまで解決していない。

私はアメリカでは女性政治家ばかりに仕えてきたので有力支持者や同僚などフェミニストとの親交も少なくないが、「どんなに映画ドラマ好きで意気投合してもアリーの話だけは地雷だ」と教えられてきた。アリーへの評価が合わないと一瞬で友情が崩れ楽しい食事も不味くなる。それくらい毀誉褒貶のある話題作とも言える。

スマホ登場前の時代なのでそろそろシーン描写に古さが目立つようになってきたが、アメリカのドラマ好きを自認するならば１シーズンぐらいは見ておいて損はないシリーズだ。

ただ本人の妄想シーンを戯画的に差し込んだりしているコメディで、弁護士ドラマとしての評価は低かった。リアリティとドラマの面白さの極限のバランスに挑戦するのが職業ものの作品の宿命だ。

親がどこまで子どもに干渉するか

移民社会には「一般的なアメリカ人」の家族や恋愛の慣習とは違う文化も息づいている。新移民にはアメリカ国籍でありながら「どれだけ（白人の）アメリカに染まらないか」のアイデンティティを堅持している家庭もあるからだ。

パキスタン系のコメディ俳優クメイル・ナンジアニ主演『**ビッグ・シック　ぼくたちの大いなる目ざめ**』は、自身の白人女性との結婚の実話を脚本にしている。興味深いのはパキスタン系のお見合い結婚だ。日本でも少し前の世代まで日常的で、今でも存在する結婚形態だ。ここで考えさせられるのは「偶発性」と「自己選択」である。

ナンジアニは「いいなずけ」を定められているわけではない。あくまで「お見合い」なので母親に頻繁に紹介される中で自由にデートを重ね、誰かを選ぶ権利と拒否権がある。偶発的な出会いではないだけで、狭い職場の数人の同世代の異性から選ぶよりも選択肢の幅は広いかもしれない。

それでもこれがアメリカの「主流」では異様に映るのは、「親が子どもの結婚の世話をする」

ことが一線を越えているからだ。アメリカでは親との同居が極端に少ない。未成熟な感じがするので、経済的に効率的でも、女性や良家でも好ましいとされない。

ゲームのコスプレが趣味の息子のシングルマザーへのマザコンをギャグにしたコメディ『**マザー男**』では、母親がデート相手に気まずそうに告白する。「私、実は息子と同居してるの」「学校に通ってるのかい？」「29歳なの。あなたがどう思うかわかるわ。彼は一人暮らしすべきだと。でも約束したの。天文学の発見をするまでは実家暮らしと」。しどろもどろで誤魔化す。

家族の絆はあっても、親孝行のための自己犠牲とか日本のような介護離職という概念まではない。アメリカの友人に「年老いた親をほうっておけないので実家に戻って一緒にいる」という趣旨のことを言えば、「信じられない。あなたのような親思いの息子（娘）をもって幸せ者だ」と驚嘆されるのが常だ。自分のキャリアを親のために一時的とはいえ犠牲にすることへの違和感も半ば混ざっている。

マイケル・ムーア監督がアメリカの医療保険問題にメスを入れた『**シッコ**』は、病気の治療で経済的に破産した夫婦が成人した子どもの家に一時的に転がり込むシーンがある。ガラクタ置き場の空き部屋に実の親を押し込む息子は「ずっといてもらうのは難しい」と突き放す。「私たちだって望んで世話になりたいわけではない」と泣き出す母親。冷酷な息子のように見えるが、老後は自己責任で子どもを当てにしないアメリカでは、破産した親を居候させているだけで十分に優しい息子になる。

『ビッグ・シック』のような見合い結婚は古い世代のパキスタン系の伝統だ。その完全な否定は両親や自分の誕生を否定することになる。映画ではクメイルは両親がデートで観た映画はなんだろうと思い始める。なるほど、見合い結婚にも恋愛性はある。出会い方よりも思い出の積み重ねが重要だと言いたいようだ。母親がアレンジしてくれた見合い相手のパキスタン系女子の写真を捨てずに保管しているシーンはコメディとしてのマザコン演出だ。

お見合いはともかくとして、息子にあれこれ世話を焼く口うるさい母親文化は、アメリカの他のエスニック集団にもないわけではない。例えばユダヤ系には「ジューイッシュマザー」がお節介をやく文化がある。

ドラマ『SUITS／スーツ』では、主演のライバル役のユダヤ系弁護士と親とのスカイプの会話のシーンがある。シニア・パートナーに出世した息子の肩書が理解できず、「年寄りになったように聞こえるだけだね」と言い放つ。母親は事務所での昇進よりも、二言目には早く結婚しろ、孫の顔を見せろと言う。「孫を見る前に死にたくない」「あなたハゲてきてるわよ」。言いたい放題だ。

私がワシントンの議会で世話になった議員も「アメリカの母」を公言し、プライバシー介入を厭わなかった。「いつウエディング？」「ジョンは結婚したわよ」と同僚の婚姻情報を告げてはプレッシャーをかけていたものだ。これが職場関係だけならただのハラスメントだが「私はジューイッシュマザーだから」と開き直る。徹底的に面倒みるけど私生活にも介入させてもらうという意味だ。

レズビアンの子どもたち、そして伝説の怪作『ルームメイト』

現代では精子提供、代理母などで同性夫婦も子どもを持てるようになった。だが、見えない医学上の親に子どもはいずれ関心を抱く。精子提供の男性や代理母を務めた女性が、近場に居住していることがわかれば、会ってみたいと思うのは人情だ。

養子で里親が育てると血が繋がっていないことを前提に育つので、この手の問題は逆に起きない。海外からの孤児の場合、医学上の親を探すのも極めて難しい。育ててくれた親を親として頭を切り替えられる。

この問題を扱うのが『キッズ・オールライト』だ。レズビアンの母親2人がある同一の男性の精子提供で別々に産んだ子どもたちと暮らす。同じ男性の精子で産むことで絆作りに成功しているが、一方でこの姉弟を医学的に結びつけているのは男性の精子で母親は別々だ。皮肉なことに顔もわからない話したこともない赤の他人の男性が、この4人家族を結びつけている。

大学進学を控えた18歳の姉が精子提供者と出会い、なついてしまう。さらに良くないことに母親の一人がバイセクシャルで男性との性行為も可能なことが事態をややこしくさせる。

レズビアンの女性が最愛の女性を男性に奪われることの二重の屈辱感は複雑だ。レズビアンであることもお互いを理解し合えている特別な絆感の根底にあるからだ。私のアメリカ人の友人にも異性愛者として家族や子どもを持ちながら、同性愛者としては外に恋人を抱えていた人がいたが、浮気の発覚は異性愛とは違う虚無感をパートナーに与える。

本作で救いなのは精子提供者の男が無責任なダメな人間であることだ。本気で父親になろうとしたり、子どもたちが家を出てついていってしまう魅力があれば危険だ。

高校生のバンド仲間の男女が偶発的な妊娠で出産した子どもを里子に出す『JUNO／ジュノ』でも、ジュノは産んだ子どもの成長報告を受けない選択を選ぶ。ともに過ごす時間こそが家族の大切な要件で、血の繋がりは二次的なこと。アメリカのリベラルな社会の結論が本作にも滲んでいる。

時代を先取りしすぎていたのが１９９２年公開のサイコスリラー『ルームメイト』だ。30年後の今なら理解できるかもしれない。ニューヨークはアッパーウエストの広いアパートに住むブリジット・フォンダ演じる主人公は彼氏と別れ、一人暮らしになった。家賃の足しにするために新聞広告で同居人を求める。「白人独身女性が西70丁目で同居人募集。非喫煙者で専門職の人」。原題の「白人独身女性（Single White Female）」は略して「ＳＷＦ」。ジョン・ラッツの原作小説はもっと直接的で『S.W.F. Seeks Same（邦訳版『同居人求む』）』。つまり、同じ白人独身女性でないとダメだというレイシスト的にも聞こえる条件のことだ。黒人女性も白人男性もダメ。

だが、主人公は同性愛差別主義者ではない。アパートのご近所さんのゲイの男性と仲良くしている。ただ、ジェンダーは二つに分かれるもので、あとはゲイとレズビアンがいるという

1992年当時（原作小説は1990年）のアメリカ社会の認識を体現する人間なだけだ。

ジェニファー・ジェイソン・リーが演じるおとなしそうなフロリダ出身の田舎娘が、ルームメイト選抜の「面接」を勝ち抜く。ところが徐々に不気味な「嫉妬心」を顕にする。家主の主人公の髪型や服装を模倣したり、彼氏とよりが戻らないよう意地悪したりとエスカレート。その態度が不可思議なのだ。華やかな主人公への対抗心や彼の奪い合いではない。

女性とレズビアンの二分類におさまらないこのキャラクターは謎めいていた。恋人なのか親友なのか、何を求めているのかが自分で飲み込めていない。「近い存在」に同化しようとした彼女をいまなら既存の性の枠にはまらない「クィア」と呼べるかもしれない。

アメリカの都市部では麻痺している赤の他人と住む同居人文化の恐ろしさとともに田舎出身者のニューヨークへの劣等感も描く。主人公に勝手にのめり込みつつ、愛の見返りに不満な同居人は吐き捨てる。「あんたもタンパ（フロリダ州）の子と同じだ！」。地元で「ルーザー」だった人生を塗り替えるため都会で「デビュー」を夢見るアメリカ人は少なくない。だが、人間関係でつまずくときの辛さは田舎の比ではなく、ニューヨークの無情さが突き刺さる。

スクールナイトと個室文化

平日と週末のメリハリは恋愛だけではない。「週末」の意味合いは重く、週末に何かプランを立てて遊ばないというのは逆に不自然になる。「週明け」にその様子を職場でも学校でも尋ね合う。「ハウ・ワズ・ユア・ウイークエンド?」に厳密に該当する日本語はない。「いただきます」が英語にないのと同じだ。

アメリカは平日からけっこう家族とべったり過ごす。「スクールナイトなので出かけちゃダメ」というセリフがドラマによく出てくる。翌日も学校がある日のことだ。平日は「直帰」が厳命で家の庭でバスケットをしたり、部屋でビデオゲームをする以外どこかに出かけて遊んではいけないと決めている親もいる。高校まで「学校」と「家」の単純往復が続くことも珍しくない。

車社会のアメリカの子どもは全米お揃いの黄色いスクールバスか親の車での送り迎えで育つ。歩いて行ける範囲に学校はあまりない。友達の家も遠隔なので遊ぶにもいったん家に帰ってから出かける。友達の家に親に迎えにきてもらうか友達の親がピックアップにくるので、親同士が自然に知り合いになる。相手の親を知らないと遊んではダメだという厳しい親もおり、日本以上にティーンの交友に家族が介入することがある。デートにも帰宅して堂々と着替えてから出かける。

日本では子どもの「寄り道」文化が栄えた。塾にかこつけて平日は遅い帰りが許される。平日の夜こそがティーンのパラダイスだ。土日はいつもいない父親も家にいたりして、何かと出かけにくくなる。そもそもアメリカのようにデートの相手をいちいち報告する親子関係は少ない。異性関係も結婚間際までひっそりと進行する。

アメリカは早期から子どもに個室を与え、親も必ずノックしないと入れない一方、鍵をかけるのはコミュニケーションの遮断の象徴で、失礼で怪しいと考える風土もある。

日本企業の多くでは役員しか個室を持てないが、アメリカでは現場でも個室は少なくない。個室が成功の象徴なのは事実で、バックオフィスのサポートスタッフがキャリアの階段を昇る『ワーキング・ガール』では、主人公が大部屋の作業空間から個室持ちになる「移動」に成功を滲ませる。

だが、個室でも着替えや秘密の打ち合わせ以外は、開け放っておくので、大部屋と地続きの半個室の感覚だ。議員事務所、選挙事務所、研究機関の研究室という3種のアメリカのオフィス経験が私はあるが、アメリカではドアや鍵を閉めたことはない。

誰かが覗き込むし大部屋の雑談の声量で気も散るので、本当に一人になりたいときは外に赴くという少し矛盾した行動に走る。アメリカのオフィス街のカフェには、あえて外で「ノマドワーカー」をしている「個室持ち」もたむろしている。

カフェ文化とスターバックス

カフェはソーホー的な仕事場でもあるが社交の場でもある。「行きつけの店」はドラマの定番である。『フレンズ』のような架空のカフェを溜まり場にすることも少なくない。実在のチェーンとして映画に頻出するのはスターバックスである。アメリカの国民的カフェといってよい。

『アイ・アム・サム』では主人公のサムの勤務先でもある。『ユー・ガット・メール』『セックス・アンド・ザ・シティ』『プラダを着た悪魔』『マイ・インターン』などニューヨークの大都会のビジネスパーソンにはスターバックスがよく似合う。エコでお洒落な都会の珈琲はアメリカの普通の労働者には高すぎる。ダンキンドーナツやデリに行けばコーヒーは半分以下の値段で飲める。特に高いのはサラダやサンドイッチなどの食事だ。

アメリカではスターバックスは「意識高い」リベラルに愛される空間で、田舎の土着の保守的な人を顧客に想定していない。経営トップが民主党の大統領選挙候補に名乗りをあげるような会社だ。シアトルの環境保護企業の異名もある。実際、アメリカ人の友人が本社に長年勤めているが、珈琲開発でも店舗管理でもなく、森林保護など環境保護部門にいる。それを誇りにしている。

スターバックスとは私も付き合いは長い。シアトル一号店から世界折々の店舗まで、現地デザインのタンブラーを収集するのも愉快だ。出会いはシカゴだった。東京にも数えるほどしか店舗がなかった1998年当時、シカゴに引っ越す前に住んでいたミネソタの田舎町にはまだなかった。シカゴ大学書店内にあった緑色のロゴの「珈琲コーナー」は憩いの場だった。チェーンではなく大学書店のカフェだと思い込んでいてあとで恥をかいた。

数年後に帰国したら日本にも都市部で定着しつつあった。「タゾチャイ（チャイティーラテ）」だけは、製造機がアメリカから未上陸で、2000年代半ばまで飲めなかった。

１９９０年代は「ヴェンティ」という現在の「大」サイズが存在せず、「ショート」「トール」「グランデ」の３サイズ制だった。ほどなくして「ヴェンティ」が登場し、「ショート」が消滅した。「トール」が「小」である理由だ。グランデはイタリア語で「大」。ヴェンティは「20」を意味する。ヴェンティは約20オンスだからだ（ただしコールドは24オンス）。

ＣＥＯハワード・シュルツのこだわりでサイズ名はイタリア語になった。これを揶揄したシーンが映画『**ぼくたちの奉仕活動**』に出てくる。脚本ではスタバではない架空の店だが、登場人物が「ラージ・コーヒーください」と意地になってスタバ用語を拒絶する。「ヴェンティのことですか？」と店員に確認されると「ヴェンティはイタリア語だ！」と講釈を垂れはじめる。

「スタバ映画」の奇作はなんと言っても２００７年公開のドキュメンタリー映画『**スターバッキング**』。異常なスタバファンのウインター・スミスが、全米と全世界のスタバを１９９７年から訪れるロードムービーだ。

本業はプログラミングのコンサルタントで、車生活をしながらスタバをしらみつぶしに巡る。スタバ制覇の旅を「スターバッキング」と自称した。９・11テロの直後、「テロリストに間違われるぞ」と友人に心配されながら突き進む。何が彼をそこまでスタバに執着させるのか。

サンディエゴ郊外では新店の開店1号客になり「この時刻より早い時間のこの店舗のレシートは存在しない」と興奮する。第一号客の証拠のレシートを10店舗以上もコレクションしていると自慢する。

この彼の偏執的な行動は2000年代に全米で話題になり、行く先々のスタバでのサインを求められる「スタバ・セレブ」になった。シュルツ社長からも「情熱」に感謝の辞が贈られたほどだ。YouTube時代とシンクロしていれば「スタバ制覇の旅」チャンネルで大儲けができただろうが、彼のブームは少しだけ早すぎた。

ドキュメンタリーに出てくるアメリカの郊外のスタバはどれも無機質だ。ウォルマート的な郊外の均質性そのものである。アメリカは州や都市に個性がある一方で、ファストフードやモールなどはどこも似たような顔ぶれをしている。消費文化のクローン化もアメリカの特徴だ。町並みに溶け込む都市店舗こそスタバの真骨頂であることがわかる。

スミス氏が自身のサイトにアップしている店舗外観の写真コレクションは興味深い。現地文化の空気も伝わる。画質は悪いが、広報演出のない素の雰囲気を伝える貴重な記録だ。ウインター氏は2004年を皮切りにこれまで4回ほど来日し、首都圏、広島、福岡のスタバ写真もアップしている（来日の様子は残念ながら映画本編では採用されていない）。

ところで日本人がアメリカで戸惑うスタバの習慣は「名前は？」と店員にレジで質問されることだろう。渡し間違い防止で客の名前をマジックでカップに書く。日本人が本名をそのまま言うとまず通じない。長蛇の列の後ろのほうから凄まじいプレッシャーを受ける。私は面倒なので本名のイニシャルMで始まる「マイク」で通していた。

東南アジアや南アジアの友人の中には頑固に本名で通し、列の渋滞を長くする人もいた。正確に記してもらえないので、業を煮やして「もういい！」と紙コップとマジックペンを店員から力ずくで奪い取り自分で書く猛者もいる。だが、どのみち点呼では、店員がまともに発音できないので意味をなさない。

日本のように順に客が並んで待つ習慣がない。頼んだらどこかに消えてしまい、思い出した頃に取りにくる。不在だとみるみるうちに紙コップが所狭しに並べられる。「トム！　グランデ・タゾチャイ！」と店員が常に叫んでいる。誰のものかわからないままのスコーンやフラペチーノが数時間も放置されている。干からびそうだ。

点呼の名前は色々試して遊んでみるのもいい。本名を言う義務はない。「スティーブ・ジョブズ」と答えるのも自由。気の利いたツッコミをしてくれる店舗もきっとある。

Movie Tips
#2-1

『ソーシャル・ネットワーク』

（The Social Network）2010年

出演：ジェシー・アイゼンバーグ　監督：デヴィッド・フィンチャー
配給：コロンビア・ピクチャーズ

ソーシャルネットワークサービス「フェイスブックFacebook」の誕生を描いた事実におおむね基づく作品だ。創業者のマーク・ザッカーバーグがハーバード大学2年だった頃から映画は始まる。

アメリカには身分制としての階級はない。もちろん黒人奴隷制度の歴史は忘れてはいけない。しかし、欧州が封建制一色だった時代、世界初の共和制のデモクラシーが新大陸に築かれた。経済的にも流動性は高い。貧困が深刻な問題である一方、「成金」が今日もどこかで誕生している。再分配に反対する保守派が必ずしも富裕層というわけではなく、新移民にも共和党支持者が多い。格差はインドのカーストのようなものとは性質が違う。

逆に固定的な階級がない社会だからこそ、別の「社会階級」が生じやすくなる。王族がいないので大統領一家を王族になぞらえたりしたがる。ケネディ家信奉など典型例で、大統領に関するトリビアや建国期の大統領史はやたら人気がある。

一代で短期にどれだけ稼いだかも称賛の対象だ。親から相続する資産は自慢にならない。起業でもスポーツでも何の才能でも努力でも、自分で稼いでいる年俸が勲章になる。一代で何を築くか。良い意味での「成金」賛美だ。こういう学歴が全てではない社会での高学歴者は満たされず、新たな差別化を求める。それが名門大学の社交クラブだ。アメリカにはカントリークラブとか会員制のハンティングのクラブとか「クラブ」があちこちにある。「見えない限定性」を求める。「クラブ」はただのお金持ちでは入れない。在籍メンバーに招かれ「選ばれし人」になる。

『ソーシャル・ネットワーク』
デジタル配信中
Blu-ray 2,619円（税込）／DVD 1,551円（税込）
発売・販売元：ソニー・ピクチャーズ エンタテインメント

2024年1月時点の情報

ザッカーバーグは終始、学内クラブに執着する。「クラブ」は頭脳明晰でも入会できない。愛校心証明として大学トリビア知識を溜め込む。将来のキャリア人脈「オールド・ボーイズ・ネットワーク」にして遊び人集団でもあるので酒にも強くないといけない。「クラブ」の新学期どんちゃん騒ぎのパーティの夜、ザッカーバーグが対抗心を燃やしてハッキング事件を起こすことから物語は始まる。

Facebook以前にもアメリカにはMyspaceなど似たようなサービスが既にあった。しかし、それを学歴に基づく招待制にしたのがFacebookのオリジナリティだった。Facebookは今でこそ開かれたプラットフォームで、自由を体現する西海岸シリコンバレーの象徴かもしれないが、東部アイビーリーグの参加者が特別感を感じるための「クラブ」だった。

階級なき社会においても人間はわずかな差異で区別をつけたがる。承認欲求という心理的な本質とテクノロジーが合流したところにソーシャルメディアが誕生した。

入会条件はお金じゃないんだと。大統領になるかどうかも有名クラブのメンバーであることが関係しているのだと。ザッカーバーグはガールフレンドに力説する。彼女はザッカーバーグが「強迫症」だと呆れる。

ところで、この映画にはエスニックな台詞が多数出てくる。ザッカーバーグらはハーバードのシステムをハックし、寮の「Facebook」（顔写真名簿）から顔写真を抜き出して女子学生の見た目でランク付けをする即席ミスコン的なサイトを作る。明らかに女性差別だが、大学当局に呼び出しをくらったザッカーバーグは謝罪を一気

に片付けるために、学生新聞を介して黒人女性団体、ヒスパニック系女性団体にだけまとめて謝罪する。女性で人種的少数派という「うるさ型」を抑えておく、見方によっては差別の上塗り的な発想だ。

ユダヤ系男性とアジア系女性のカップルは現実にも多いのだが、それを「笑い」に変えたシーンもある。ユダヤ系は昔から頭脳明晰で医師や金融業で活躍するというステレオタイプを抱えるが、性格が逞しく気が強い「カウボーイ的」なアメリカ白人女性よりも繊細なアジア系女性と相性がいいというネタだ。ダンス音痴だと小馬鹿にされるアジア系女性の鈍臭い印象は、Kポップ全盛以前の古さを感じさせる。

大学を停学になったザッカーバーグはカリフォルニアに移動し、そのまま起業にのめり込む。物語の途中でハーバードの名門フェニックスクラブに共同経営の友人が招待を受けてしまう。

だが、学内クラブへの招待について友人は「ただのダイバーシティ配分だ」と自虐的に言う。ユダヤ系の学生も一定程度メンバーにする、いわば多様性の「枠」に救われて入れただけだと。ところがザッカーバーグもユダヤ系なので慰めにならないのがオチだ。

「クラブ」に執着して彼女にも呆れられたザッカーバーグは、「クラブ」に入れなかった悔しさがバネになってFacebookを大きくさせたのか。ザッカーバーグが「クラブ」に招待されていたらどうだろう。Facebookは生まれなかったのか。少なくとも違法音楽ダウンロードソフト「ナップスター」で名を馳せたシリコンバレーの若手経営者に憧れて西海岸に飛び出さなかったかもしれない。ボストンに留まっていれば今の彼やメタではなかっただろう。

虚栄心が満たされないときに思わぬイノベーションを生むのはなんともアメリカ的だが、東海岸の伝統的「クラブ」に認められないリベンジを西で果たすのもアメリカ的だ。ハーバードを蹴ってスタンフォードに行ったことを強調する人がたまにいるが根底には東海岸への複雑な心境がある。

ザッカーバーグには本作の脚本とは別の言い分があるだろうし、メタの社史としては不正確なところもあるだろう。だが、アメリカの「クラブ」社会、東海岸と西海岸の関係を知る上では十分面白い、出色の「ハーバード映画」だ。

©Netflix／Courtesy Everett Collection／アフロ

Movie Tips #2-2

『ラブ・ハード』

（Love Hard）2021年

出演：ニーナ・ドブレフ　監督：エルナン・ヒメネス
製作：ワンダーランド・サウンド・アンド・ビジョン　配信：ネットフリックス

「出会い系」今昔を象徴する2作品だ。まずは今昔の「今」から。

2021年ネットフリックス作品の『**ラブ・ハード**』は、最新のスマホのマッチングアプリ事情を描いた痛快コメディだ。主人公の女性はブルガリア系カナダ人のニーナ・ドブレフが熱演するロサンジェルスのコラムニスト。マッチングアプリで男性と会っては体験取材で記事を書く。見た目が20歳も上の男、気持ち悪い男、期待外れのズッコケ体験は読者に受ける。しかし、「本物」に会ってしまい恋に落ちたら、記事のネタにできるのか。

スマホの通話アプリで会う前からの通話もあたり前の時代だ。主人公は「アジア系のイケメン」写真にときめきテキストの会話に昼夜のめり込み、入浴中に通話するほど仲良くなる。「〝ディック写真〟を送ってくるようなやつかと思ったわ」「俺がそうじゃない保証ある？」。送信音と共にスマホに送られてきたのはリチャード・ニクソン大統領の顔写真。日本語字幕では説明がないがリチャードの愛称はディック。ディックは男性器の隠語だ。下ネタも政治に絡めるジョークのセンスも最高という意味。ニクソンをおちょくるギャグで盛り上がる二人が共和党支持ではないことは確かだ。

アメリカは広い。マッチングアプリは相手探しの距離条件の設定で出会い方は変わるが、アメリカの場合は「国内」でもハワイやアラスカまで到達する。同じ街で今夜にも会いたいのか。条件が合う人を徹底的に探すため距離を広げて確率をあげるのか。主人公がマッチした男性はニューヨークだった。大陸の反対側だ。「近くに住んでいたらいいのに」「クリスマスをうちで一緒に過ごそうよ」。真に受けた彼女はニューヨークに嬉々として飛ぶ。

訪れてみるとそこはカナダ国境付近の湖畔の田舎町。山小屋風の戸建てに現れたのは両親と祖母と住んでいるジミー・O・ヤン演じるアプリの中の「彼氏」。たしかにアジア系だが写真とは似ても似つかない。小柄で眼鏡の冴えない中華系の男。写真のイケメンはこの男がフォトショップ加工で利用した友人だった。

嘘をつかれたコラムニストは、写真に利用されたハンサムな友人氏との間をとりもつことを条件に、同居している親の手前、偽の恋人のフリをしてあげる。だがイケメン氏はワイルドな「山男」。彼女は都会派でアウトドアが嫌いなのに山登りが好きなふりをしてご機嫌をとる。さらにベジタリアンを隠して肉を食べられるふりまでする。

写真を偽っていただけで会話や趣味や中身はセンス最高の「本物」の彼。見た目は「本物」だけれど趣味、信条、すべてイケメンに合わせて嘘をつきねじ曲げるフェイクの彼女。しかも、編集長にせっつかれてマッチ相手をコラムのネタに利用している不誠実さ。

どちらが罪深いのか。恋愛で必要な「真実」は何なのか。いつしか深いテーマに辿り着く。

ところで終始、この作品ではモルモン教が小馬鹿にされる。田舎まで戸別に飛び込み営業に来るのはモルモン教の宣教師ぐらいというジョークはユタ州の人や敬虔

『ユー・ガット・メール』

(You've Got Mail) 1998年

出演：メグ・ライアン、トム・ハンクス　監督：ノーラ・エフロン
配給：ワーナー・ブラザース

なキリスト教徒の保守派にとってはいい気分はしない。だが、「リベラル映画」だからどうでもいいのだ。

今昔の「昔」は1998年公開の『ユー・ガット・メール』。マンハッタンの児童書専門の小さな個人書店を受け継ぐ女性（メグ・ライアン）と大規模チェーン書店の経営者の息子（トム・ハンクス）がメールの「文通」で愛を育む。お互いパートナーがいながらネットを介した相手に心を寄せ始める。実は大型チェーンが小型書店の吸収を目論み、ビジネスではライバル同士。ネットのあのスイートハートが嫌なアイツだと知ったらどうなるか。

ただ、これは現代でいうところのマッチングアプリではなく、チャット機能による「パソコン通信」である。恋愛や出会うことが必ずしも目的ではない、匿名で具体性を避けながらも深い会話を続ける高度な「趣味」だ。家族以上に本音を共有する一方、顔も知らないまま終わることもある。こういう「文通」という風習がかつてあった。そのオンライン版だ。

「ピロピロ、ザーザー」というダイアルアップのモデムのネット接続音。分厚いラップトップのマッキントッシュ（PowerBook 1400）がノスタルジーを誘う。「You've Got Mail!」というのはアメリカオンライン（AOL）という90年代に全米で使用されていたサービスのメール着信ボイスだ。Google 以前のあの頃、ネットスケープは存在したが、個人サイトは検索で辿り着きにくくURLを教えあった。まるでダークウェブだ。「あなたは163人目の訪問者です」と示すカウンターは、瞬時にSNSで数万閲覧の今からすれば牧歌的で「閉じられた」世界だった。

サイドストーリーの書店生き残りにネットが絡まないのは今では違和感はある。だが映画公開時アマゾンはまだ赤字だった。2001年初夏、私は東京でアマゾン創業者のジェフ・ベゾスに単独密着して「ワールドビジネスサテライト」で「黒船来日」を放送した。番組への世間の反応は「ネット書店なんて普及しない」と冷たかった。企画が早すぎた。だが、その後は読者がご存知の通り。アメリカのチェーン書店「バーンズ&ノーブル」や「ボーダーズ」も縮小の一途だ。

もちろん味のある小型書店は踏ん張っている。ネットで本が買えてしまう時代、書店は好奇心センサーで未知なる本に出会う「探検の場」になった。例えばワシントンの「クレーマー・ブックストア」は初のカフェ併設書店として1976年に開業。哲学書、SF小説、政治家の自伝など個性的品揃えで知られる。ワシントンの「リトル・サンフランシスコ」デュポンサークルの店舗には、出会いと知を求める人が集まり深夜珈琲をひっかけていた。

『**ユー・ガット・メール**』ではヒロインがシアトル発の新型カフェで珈琲をするシーンで「大型チェーンの時代」を受け入れる心の変化も描く。書店と違ってスターバックスはその後ニューヨークだけでなく世界で伸び続けた。こちらのトレンドは見事「的中」と言える。

School and Education

III

教育と学歴

義務教育が高校までのアメリカの「幼馴染みの友情」

アメリカの教育制度について日本であまり知られていない違いが3つある。一つは義務教育、二つは大学の学部制度、三つは大学受験だ。

周知のとおり日本では高校から入試がある。中卒時にいったん偏差値で輪切りにされ、高校ごとに学力に均質性が生じる。

アメリカでは義務教育が高校までである。無試験で高校卒まで進むので、公立高校は凄まじく学力差が激しい。経済力や学力には地域差があるので、富裕な郊外と貧困なインナーシティの差は小さくない。だが、庶民的な地域にも一流大学に進学する頭脳の持ち主はいるし、その逆もある。

ハーバードに進む子と大学に行かずに就職する子が18歳まで教室で机を並べる。だからこそアメリカの映画では、問題児と優等生の「幼馴染みの友情」は高校が舞台になる。それが高校卒業の最後の瞬間をセンチメンタルに描く作品が多い理由の一つだ。

大学入学直後は寮生活がマストのアメリカでは、近場の州立大学に進まないと友達とはまず疎遠になる。学歴を超えた友情の最後のとき。人生最初の「選別」が、義務教育の終わりである高卒時に訪れる。その寂しさ。

『ゴーストワールド』では芸術的センスが敏感な子と平凡な日常に埋没していく子の親友の女

子2人のすれ違いがリアルで切ない。また、若者のパーティ文化を描いたコメディ映画『**ブックスマート──卒業前夜のパーティーデビュー**』は高校の卒業式前夜を描く。最高裁の判事を目指す女子2人は、ガリ勉をして一流大学に合格。パーティ三昧だった遊び人の生徒たちに嫉妬して、卒業式前夜のパーティではめを外す。高校時代の青春のやり直しを一夜の卒業パーティに懸けるのだ。地元組は高校では勝ち組だが、人生全体では高校がピークの「ルーザー」であるという誇張で笑いに変える。

ちなみにアメリカの高校には日本の担任制や3年B組のような所属クラスに相当するものはない。教室は授業を受ける場所にしかすぎず、大学のように授業ごとに教室を移動して回る。休み時間中に移動するのに大学と違ってクラスはぎゅうぎゅうに連続している。だから教師裁量の「延長」文化がない。映画ドラマでも、終業ベルが鳴ると「これまで」と教師は突然授業を切り上げ、生徒は我先に教室を出ていくあの光景にはわけがある。

荷物は廊下のロッカーに入れる。ランチはカフェテリア。アメリカの生徒が学校の掃除をしないのは美化教育の概念がないからでもあるが、自分しか使わない教室や机がないからだ。アメリカの学園もので廊下のシーンが多いのはそのためだ。廊下こそが「恋愛」から「いじめ」まで人間関係の縮図になる。仲良しグループの「たむろ」から、プロムの誘いまで、ドラマはロッカー前で展開する。休み時間から昼食や掃除まで、同じクラスの仲間と同じ空間で過ごす日本の学園もので教室シーンが決定的に重要なのと真逆だ。

学園青春ものをめぐる「お約束」

アメリカの青春映画ジャンルには「お約束」があり、それをパロディ的に踏襲している舞台装置がまず面白さの前提になっている。「お約束」とはアメリカのハイスクールにおける「序列」（スクールカースト）である。人気者のポピュラーなグループとそうでないグループの区別は単純だ。学園のなかで座るところや溜まり場にも定位置がある。

公立学校ではスポーツ選手がヒーロー的存在とされるが、アメリカンフットボール部のスター選手はその代表格で、肩で風を切って廊下を歩く。勉強ができるわけではないが日本でいえばガキ大将的存在である。通称「ジョックス」。必ず複数のグループでつるんで行動する。また、学園の女性の勝ち組はチアリーダーに所属する女王蜂と取り巻きの一団だ。多くの場合、髪はブロンド。外見の見栄えのしない地味な集団を見下す軽薄で思慮に欠ける底の浅い存在として描かれる。

一方で、ルーザー（負け組）であるギーク（オタク）、ナード（ガリ勉）と呼ばれる「階級」が登場する。見栄えのしないオタク的な虐められっ子の集団に、ルーザーの象徴にやせ型の虚弱な子ではなく肥満児を投入するところがきわめてアメリカ的である。

アメリカのどの地域の公立学校でも規模の大小はあれ、原型として実際に存在する一風景である。高校受験がないアメリカでは、ガキ大将とナードは公立校では本当に同じ教室で学んでいるからだ。だからこそナードが活躍したり、立場が逆転するリベンジ系の映画ドラマは痛快で観客を興奮させる。

ネットフリックス のSFシリーズ『ストレンジャー・シングス 未知の世界』は、ホラーSFの要素を借りた学園ものだ。インディアナ州の架空の町で起こる超自然現象に放送部のナードの中学生が立ち向かう。

ナード描写で出てくるのが彼らが熱中するロールプレイング式のボードゲームだ。役割をお互いに割り当てて行う「ごっこ」は幼い子どもの遊びとされるが、それを彼らは中学まで続ける。誇り高きナードたちは恥ずかしがらずに自分たちはいつまでもナードでいようと誓い合う。しかし、学年が上がれば「ナードはもう嫌」という誘惑にも駆られる。本作では主役級の「ナード」たちが高校に進んだとき、仲間の一人で黒人の少年がバスケチームに入ってしまい、このことで人間関係がギクシャクする。

「バスケ部でうまくやれれば、ポピュラー集団に入れる。そうすれば君たちもポピュラーになれる」

「僕らがポピュラーになんかなりたくないって思わなかったの？」

「残りの3年間、ナードやフリークス（キモいやつ）とつるんでいたいの？」

「僕らこそがそのナードとフリークスだろ」

「そうである必要ないかもしれないだろ。いじめられるのはもう懲り懲りだ。女子の笑い者になるのも勘弁だ。ルーザーな気分になるのも嫌だ。高校に進学したんだから、違った存在になりたいだろ？」

このドラマは１９８０年代前半の時事やポップカルチャーを事細かに再現したことでプレイバック系作品としてヒットした。ただのＳＦホラーではない。１９５９年のオレゴン州を舞台にした名作『**スタンド・バイ・ミー**』、またＮＨＫでも放送していた１９６０年代振り返りドラマ『**素晴らしき日々**』の１９８０年代版である。１９８０年代のテレビ番組、冷戦期の風物が懐かしさを掻き立てる。１９９０年代に『**X-ファイル**』で宇宙人捕獲のアクションに夢中になり、『**リアリティ・バイツ**』でウィノナ・ライダーに恋をしていた世代のアメリカ人が、ＳＦに学園ものを掛け合わせた本作に子どもと一緒にハマった。久しぶりに表舞台に復活したライダーは物語の鍵となる不思議な力をもつ少年の母親役を好演する。

学園には「ポピュラー」でも「ルーザー」でもないカースト外の中間的な立場もいる。映画ドラマでは「転校生」など学園環境を俯瞰する立場として登場する。その「転校生」モチーフをたくみに描いているのが、ヒラリー・ダフ主演『**パーフェクト・マン**』。シングルマザーの母親の恋愛が破綻するたびに違う町へとトラックを母親自ら運転して点々と移動していく。

ニューヨークはブルックリンの高校では、コミックを描く男子同級生はヒラリー演じる主人公の女子生徒に好意を抱く。漫画の主人公に描くことでアピールしようとするが、彼女はそれを級友の前では気味悪がって固辞する。アメリカの高校におけるオタク男子と仲良くすることへの平均的女性ティーンの羞恥心だ。カフェテリアで相席を求められても嘘をついて逃げるし、コミック展示会に誘う少年を異性として扱う気が微塵もみられないが、彼女の中で何かが変わっていく。

この作品はシングルマザー問題の断片も描かれている。最低賃金でベーカリーで働く母親は若くして産んだ2人の娘の教育を優先し、菓子作りの専門的な勉強の道を断念した。アメリカのシングルマザー家庭の経済状況を悲壮感なく伝えようとしている。

大統領に必須の「ポピュラー」要素

『バック・トゥ・ザ・フューチャー』もSF風味の「スクールカースト」映画としてヒットの定石を固めていた。主人公のマーティの父親はビフという乱暴者に抵抗できない情けない大人として描かれる。このいじめっ子といじめられっ子の構図が、もしタイムトラベルで変わるとすれば、それはそれはスカッとする大逆転である。

だが、現実の田舎のスモールタウンでは、その後の学歴や社会的成功による逆転はなかなか起こらない。高校時代の「スクールカースト」の立場が地元での地位をそのまま規定しがちだ。だから、スポーツ選手や駆け出しの俳優がもてはやされ、彼らが政界で指導者となることに有権者もさほどの抵抗がない、選挙と人気コンテストのオーバーラップ性だ。陰気な秀才よりも、気さくなクラスの人気者のほうが、国のリーダーとして望ましいという風潮は皆無ではない。

レーガンもクリントンもブッシュもトランプも、みな人気者タイプだ。

気難しそうに見えるオバマも、ハワイの小中高一貫の私学「プナホ」ではバスケ部の人気グループの一員だった。卒業プロム（バカロレア）ではオオスナさんという日系人の女性とカップルになりエスコートした。日系人はマイノリティではない。ハワイでは多数派のメジャー集団だ。本土と立場が逆転している。つまり、オバマはホノルルの「主流女子」をエスコートしたのであって、マイノリティの子に声をかけてあげたわけではないのだ。

オバマは数少ない黒人（厳密には白人とのバイレイシャル）だったが少数派すぎて人種は問題視されなかった。オバマは心の中では孤独だったが、ナードでもギークでもなかった。ナードは政治家、ましてや大統領にはなれない。アメリカ人は筆記試験の能力を指導者の絶対条件として求めない。トランプ支持をめぐる分裂を超えて、共和党支持者の誰もが心から尊敬するのはレーガンだ。

高校時代のポピュラー集団を見返したい。そんな観客の感情移入を誘うスクール・カースト逆転リベンジの傑作コメディは『**ロミーとミッシェルの場合**』である。

アメリカの高校にはポピュラー集団には馴染めないアート系やファッション系の「個性女子」もいる。『**ゴーストワールド**』のイーニドのような子だ。スター・ウォーズなどＳＦマニアとか任天堂のゲームの熱狂的な愛好者とか、私のアメリカ人の友人にも実在の事例がたくさんいるが、そうした「個性」は田舎の高校ではオタク扱いされる。

『ロミーとミッシェルの場合』では高校時代に女王蜂的な人気者にいじめられたハズレものコンビの親友女子2人が、高校卒業10年目の同窓会で旧友に見栄を張る策をあれこれ考える。地元アリゾナからロサンジェルスに出たものの自慢できるような成果がない2人は、自分たちが付箋の「ポスト・イット」を発明したことにしてしまう。いうまでもなく「ポスト・イット」は3M社の製品で大嘘だ。

「キャリアウーマンの「仮装」で同窓会に乗り込む2人を演じたのはミラ・ソロヴィノと**『フレンズ』**のフィビー役リサ・クドロー。アリゾナでくすぶる子たちに2人はLAの煌びやかな世界での成長をどう見せつけるのか。高校の同窓会で偉そうにしていたあのフットボール選手に、あのチアリーダーにぎゃふんと言わせたいという全米の心を捉えて大ヒットした。

ちなみにアメリカでは大学名は「見返し」の万能薬にならない。ハーバードだから崇めるという空気はないのだ。地元の州立大を出てスモールビジネスで稼いで自家用機を持っていても成功だし、田舎でも弁護士で手広く稼いでいれば成功。タイムやニューズウィーク的な全国週刊誌が有名大学の高校別入学者名を掲載する特別号を刊行する風土ではない。これは良し悪しではなく、社会的に何を尊敬の対象と考えるかのコンセンサスの問題である。アメリカにおける受験システムと学歴の概念と大いに関係する。

大学4年間に「学部」はない？

2つ目に日本であまり知られていないことに、法学部、文学部というような「学部（department）」が大学院にしか存在しないことがある。「アメリカには法学部や医学部や商学部などの実学系の学部がない」というたまに見かける説明は半分正しく半分誤りで、そもそも大学4年間には「学部」が存在しないのだ。

アメリカの大学はどこも教養単科制度で入り口も1つ。4年間は教養だけを学び、その中でやんわりと「主専攻」と「副専攻」をつくる。その段階でなんとなく文系、理系に分かれていく。4年制課程 undergraduate の学生を大学院 graduate との区分けで、日本語で「学部生」と和訳するのは便宜上のことだ。日本では国際基督教大学が純アメリカ式だが、「学部なし」では理解されないので「教養学部」一学部制である。

日本にアメリカ式のリベラルアーツ教育を導入しにくいのは、学部別入試で入り口が細分化されるからだ。教養が専門の前座になる形式だと、向学心があるほど教養は早く「消化」して専門に進みたくなる。アメリカのように理系か文系か、専門を何にするかを1から探すための「知の旅」にはならない。単位のために義務的にこなしがちだ。

アメリカには大学院が併設されていないリベラルアーツ・カレッジという大学がある。4年制はリベラルアーツ教育の代名詞だからこう呼ばれる。アラフォー博士と学生の関係を描いた

『恋するふたりの文学講座』の原題はLiberal Artsだったが、大学の教養教育という意味である。

リベラルアーツ大学の教授陣は院生を持たないので大学教育に時間を割ける。そこで密度の濃い教育を求める優秀な学生が、アマースト、ウェルズリー、ウィリアムズなど東部の評判のいいトップ校に集う。

大規模な銘柄大学の教授は自分の研究と院生指導で頭がいっぱいだ。日本の専門課程のゼミ教育のようには熱心に4年制課程の学生の面倒を見ない。日本の大学はアメリカに比べて教育がおざなりともいわれるが、4年制課程の学生とゼミ合宿で同じ釜の飯を食べ、あんなに親密指導する習慣はアメリカの大規模大学にはない。学部生を教授の専門の研究に参加させる風習もあまりない。

シカゴ、コロンビア、ハーバードなど、私が経験している範囲だけでも、大学生向けのクラスは博士課程の院生TA（ティーチング・アシスタント）に任せ、教授が教えないことすら多いし、試験の採点を院生にさせるのも普通だ。院生を講師にして開講するクラスもあるが、教授の手抜きと糾弾されることはない。

ノーベル賞級の学者とじっくり議論できるのは大学院からだ。だから、4年制はあえて小規模カレッジに行って、大学院からアイビーリーグに進学するほうが、学問のポテンシャルを鍛えるには良い選択だったりする。

これは純粋な制度論で、理系・文系、医学、法学などの進路が高校卒業時に振り分けられれば、アメリカの学生もリベラルアーツを軽視するかもしれない。また、4年間をオール教養教育にするには専門教育の受け皿に、高い大学院進学率がマストになってしまう。

1990年にヒットして2017年にリメイクされた『**フラットライナーズ**』は、臨死体験ネタが少々荒唐無稽なSFホラーだが、医学大学院（メディカルスクール）の厳しい競争の雰囲気を知るには悪くない。

大学別の試験のない大学受験制度

アメリカの教育制度についてわかりにくいことの3つ目は大学入試制度だ。

アメリカの一般的な受験は大学からである。小学校、中学校、高校から私立に通うのは、日本以上に特別なことだと考えてよい。

一つは宗教的な理由で私立にいくケース。カトリック信徒である程度裕福な層は子どもをカトリック系の学校に入れる。日本のミッション系とは意味が異なり、正真正銘の宗教学校。信徒でないと入学できないし、仮に入学しても異教徒では随所に込められた宗教性についていけない。

もう一つはアングロサクソンプロテスタント主流の階級社会の名残でもある、エリート学校である。「プレップスクール」とよばれる寄宿制の高校が、東部ニューイングランドに点在している。ロビン・ウィリアムズが熱血教師役を演じた『**いまを生きる**』で出てきたような学校だ。

アメリカの公立には制服がないので、ブレザー姿をしているだけで映画ドラマでは「プレップ」だとわかる。日本の進学校と違って成績だけがよくても入れない。

アメリカのエリートの伝統を受け継ぐものを養成するという意味で、イギリスのパブリックスクールに似ている。カリキュラムも、乗馬、フェンシングなどのスポーツから、バイオリン、油絵などの芸術、ラテン語、聖書精読など。西洋文化の古典にどっぷり浸かる。

いずれも大学進学の統一テストであるSAT科目にはない。だから、エリート養成校であって、決して「進学校」ではない。寄宿制なのも共同生活を教えるためだけでなく、資本主義的な俗世間から隔離されて古典の叡智に触れる空間を重視しているからで、多くの学校は森の中のようなところに存在する。『ハリー・ポッター』のホグワーツ魔法魔術学校のような自然豊かな風情の学校もある。

こうした少数の特別な学校を除き、一般のアメリカ人は公立高校で初めて受験に直面する。ところでアメリカには大学に内部進学できる、例えばハーバード大附属中高のようなものはない。「結社」好きなアメリカが、愛校心の濃度を高めるこの制度を導入しないのは意外感もあるが、早熟の才能には「飛び級」で対応していることも関係している。大学の入学時期は早められるが、入り方はアメリカのほうが画一的。大学選抜は一律で、どんな大学にも同学年には「外部進学者」しかいない。

大学附属の教育学の実験校はある。シカゴ大学ラボスクールという大学運営の小学校にオバマ大統領の娘も通っていた。しかし、シカゴ大学に入れてくれるわけではない。

ちなみにアメリカには浪人制度はない。とりあえず現役の高校生で入れる大学に入る。大学3年から上位の大学に編入する「トランスファー」制度があるからだ。学校間提携で制度化されている場合もある。最初の入学と卒業の大学名が違うことはざらだ。オバマ大統領もコロンビア大学卒だが、入学したカリフォルニアの小さなカレッジから3年時にトランスファーした。

徹底した最終学歴（学位）社会のアメリカは、大学院に進学する人には学部レベルの大学の価値は相対的に小さい。大学は地元の州立大学に通い学費を節約して大学院からアイビーリーグに行くことは珍しくなく、ノーベル賞学者には学士号を無名大学で取得している例が多い。

優秀な研究者が高額年俸で獲得されるのはフェアな競争原理だが、「テニュア（終身雇用資格）」教授は日本の定年つき専任とは違い、連邦最高裁判事のように文字通りの終身在職権だ。若い頃の業績でいちどでも審査に通ると、長くめだった業績がなくても引退宣言しない限り居座れる。「テニュア」を得るまでの競争の厳しさとその後の長期安定の落差が凄まじい。長年の伝統でメスが入る気配がない。

アメリカの学費は凄まじく高い。少数の州立を除き上位校はほとんどが私学で、国立大学は軍事学校しか存在しない。日本と違って私学助成を含め大学を国費で運営するコンセンサスが納税者にない。国費を期待できなければ、寄付金や産学協同や運用益でも足りない分は、学費にすべてのしかかる。

2020年大統領選挙で業を煮やしたサンダース上院議員が大学無償化を訴えたが、「小さな政府」を求める保守派から集中砲火を浴びた。遡ること2009年、オバマ政権の医療保険改革反対集会で「ティーパーティ運動」のプラカードに並んだのはこんな文言だった。

「進歩派、リベラル派、マルクス主義者、共産主義者、主流メディア、皆同じだ」

「共産主義はアメリカに反する道」

「中小企業の経営者は毎日30年間働いてきた。自分の医療費、住宅、自動車、子どもの教育費を支払ってきた。他人に少しも施しを受けていない。何か間違ったことをしてるか？」

とりつく島はない。オバマ政権は学費対策を公約にして当選したが、連邦政府の予算に手出しができなかっただけでなく、大卒時の学生一人当たりの負債平均が1万7000ドルから3万5000ドルに吊り上がる不名誉な「お土産」まで残して離任した。

すべてがＡＯ入試？

「学部」がないので各大学1通しか出願できないが、日本のような特定日に会場一斉で行う大学別筆記試験がない。すべてが書類審査なので手数料に糸目をつけなければ大学の数だけ応募できる。2023年に170の大学に合格したというアメリカの高校生が日本でも報じられたが、大学別の筆記試験がない書類応募だけだからこんなに受けられるのだ。

アメリカでは「ＡＯですか一般入試ですか？」という会話はない。そもそもアメリカの入試は書類選考（AO）しかない。書類選考入試（AO）を日本に輸入したときに「AO」と名付けたのは、アメリカの大学選抜は大学のアドミッション・オフィス（入学審査事務局）が行っていたからだが、リベラルアーツ教育と同じでオリジナルとは違う独自の日本的な制度として進化した。

入試の管理を教授陣が行う日本と違って、事務の専権事項で運営できるのは、「試験」が業者の統一テストだけだからだ。大学受験はSAT、大学院はGRE、ビジネススクールはGMAT、ロースクールはLSATとそれぞれ異なる。私が受験したことがあるのはGREだが、SATの勉強もした。SAT科目は基本的に、言語能力（国語に相当）と算数しかない。以前は他の科目も揃っていたが、要求する大学としない大学があった。とにかく言語能力と算数で高得点を目指す。

かつては年に何度か一斉に民間施設で紙の試験で受けた。現在はコンピュータ方式になっている。スコアは蓄積されこれまでで一番いいスコアを出せるが、過去のスコアも記載されるので、自信がないうちに力試しで受けられない。

また、エッセイといって、志望動機を兼ねた作文の配点も高い。何度も推敲して出願時に一緒に、統一テストのスコアと出す。これらをまとめた書類審査だけで決まる。ネット時代以前から合否を大学構内に掲示する習慣はなく郵送だけが通知の方法だった。

アメリカの公立学校では、統一試験向けの表立った対策はしない。自分で勉強する。『**ゴシップガール**』など高校生が出てくる映画ドラマには昔の電話帳風の分厚いSATの「過去問」をベッドの上に寝そべって解いてるシーンがよく出てくる。過去問を制するものが受験を制するのは日本と同じである。

ボキャブラリーを重視するアメリカの「国語」教育では、難しい単語の意味を問う。解いてみると分かるが、日本人の受験単語と重複している。アメリカ人も日常生活ではたいして難解な単語を使わない。難解な単語は読書やSATの勉強で自助努力でストックしていくのだ。

面接もあるが一斉に同一日に試験として大学に呼びつけて行うものではない。青田買いのようなシステムでランダムに行われる。ビジネススクールなど実務系大学院では、卒業生のOBやOGに面接官を依頼している。大学の教員でも職員でもない卒業生に面接合否の権限があるのだ。アメリカの大学のトップ校はほとんど私大だから、ファミリー的な「クラブ組織」である。大学が欲しいカラーに合うかを卒業生に診断させる理屈だ。

つまり、アメリカの入試は希望の大学に人間的に「仲間にしてもらう」行為で、「就職活動」に近く、定量的なスコアで上から順に決まらない。運と相性の要素も強く、どんなにスコアが高くても落ちるので、何十も併願することは珍しくない。私は日本の大卒時に就職活動も日本の大学院受験もせず、アメリカの大学院出願しかしないギャンブルを強行した。アメリカ人に「併願10校では足りないぞ」と脅されたものだ。

「推薦状」と課外活動

アメリカの高校で「優秀な生徒」というのは、「秀才」ではなく、なんでもこなす万能選手タイプだ。学級委員、クラブ活動、ボランティアなどで活躍し、勉強でも試験の成績がいいだけではなく、クラスで率先して挙手し意見を言うタイプ。アメリカの大学入学では、高校の成績平均（GPA）と課外活動歴が命になる。文武ともに「学校で活躍」することが求められる。

指定校推薦など以外では内申書は無関係で、入試一発で決まる日本では、受験参考書を教科書に隠してこなす「内職」やら「予備校文化」が栄えた。しかし、アメリカでトップ校に入るにはオールAかつ、良い推薦書を教師に書いてもらえるかが鍵になる。

アメリカでトップクラスの大学を目指す子にはSATは満点が取れるほど簡単なものなので、レジュメという「学生履歴書」を輝かせることが王道となる。この制度が教育崩壊を起こしているアメリカの公立校で、一定の「秩序」を維持する最後の抑止力にもなっている。

そして「推薦状」が複数必要だ。目的は日本のような「問題人物ではありません」程度のお墨付きではなく、人物面を掘り下げる上での主要な合否判定の素材だ。関係が薄い人に頼むと地雷になる。留学生がよくやるミスに偉すぎる人の推薦状を出してしまうことがある。入社2年程度の社員が社長と個人関係があるわけもなく、逆に形式的な名前貸し感が出てしまう。アメリカ人でも上院議員や知事の推薦状を使うなら働いていた経験がないとダメで、叔父が献金した程度のコネで出すと逆効果になる。権威とか体裁よりもリアルな評価を求めている。関係が浅い怪しいレターの場合、実際に調査が入る。そこで多くの場合はボロが出る。しかも、日本の推薦状は褒める文化だが、アメリカ人は欠点も書くことでリアリティを出すので、頼む人を間違えると欠点ばかり書かれて自爆になる。基本は電子直送、紙媒体なら厳封同封で内容は見せてもらえない。

推薦者は3名いたら1名はボランティアのリーダーとかスポーツのコーチとか、あるいは教会の牧師さんなどに務めてもらい課外活動をアピールする。教師だけでは「勉強だけの人」になってしまう。文武両道かつコミュニティに熱心な「意識高い系」を求めているので、日本からの出願ではSAT、TOEFL（英語能力）、成績のすべてが満点でも、課外活動で人物面の幅の広さをアピールできないと、アジア留学生枠の中の戦いで、インドや中華圏から出願するバレエ、絵画なんでも多彩にこなす英才との競争に勝ち抜けない。

『キューティ・ブロンド』にはハーバード・ロースクールの審査シーンが出てくる。パリス・ヒルトンのような遊び人風の金髪女子のエルが、一念発起してハーバードに合格するコメディだ。5代続く上院議員一家の彼氏は、ハーバード・ロースクールに行くためにエルを捨てる。「議員になるなら、マリリン（モンロー）ではなく、ジャッキー（オナシス）と結婚する」と自らの将来をケネディ大統領になぞらえる。エルは将来を考えられない「愛人」だったという宣告だ。「兄は名家ヴァンダービルト家の娘と婚約した」と彼氏は嘆く。

「私がヴァンダービルト家の人間でないなら、いきなりホワイトトラッシュだっていうの?」

これがわかりにくい。日本語字幕では「ヴァンダービルト以外は失格?」で、肝心の white trash を訳していないが、「ホワイトトラッシュ」とは知性と無縁の粗野な白人の意味。「レッドネック」と同じで強烈に差別的な表現だ。名家出でなければあとはどれも粗野な白人女という扱いは酷いと見下されたことに怒りを示すエル。しかし、そこまで酷くないという憤り方は、実は「ホワイトトラッシュ」への差別でもある。エルの天真爛漫さが滲む。

映画でのエルのLSATは175点。たとえば2023年のロースクール合格者のLSATと大学成績の点数の中央値は、イェール、スタンフォード、シカゴの順、コロンビア、ハーバードが同点4位だが、これらの上位校は170点台前半で、十分に現実的な合格圏だ。

志望動機エッセイをエルはプロモーションビデオ風の「ビデオエッセイ」で提出する。動画時代の今は意外性が感じられないが、スマホもソーシャルメディアもなかった2000年代前半の映画だ。これはとんでもなく型破りな方法で実際は許されない。

審査会では成績が満点でLSATスコアも十分なエルの「個性」がいいように解釈される。大学時代の専攻(ファッション)は法律と無関係だし合格者に前例がないが「多様性」としてはプラス評価に転化する。リッキー・マーティンのビデオ出演も「音楽に関心があるに違いない」と思われ、学生結社「クラブ」のチャリティでの模造毛皮の下着のデザイン活動は「慈善家だ」と理解される。スコアがいいと「遊び」も全て「意識高い」課外活動に違いないと謎の好意的な解釈になる。「スコア」と「意識高さ」に弱い大学の審査を揶揄したジョークだ。

エルはハーバード・ロースクールに入学し、持ち前のコミュニケーション力と個性で活躍してしまう。原題は法曹にかけて『**リーガリー・ブロンド**』。ブロンドで何が悪い！外見スタイルを変えずに「合法的」にマウントを取るには法務博士（JD）を取得するのが近道という二重三重のシャレだ。もちろんリアルではこんな風には運ばない。付け焼き刃の勉強でLSATの175点を取得するのは無理だ。

スポーツ競技のような「ディベート」

よく言われるようにアメリカ式教育のポイントは知識やファクトの丸暗記ではなく、それらの曖昧な知識をどう論理立てていくか、いわばどう点を線で結ぶかにある。学校は知識伝達の場ではなく、各自が吸収した知識のつながりや意味を教員やクラスメートの意見の比較などで形成していく場だ。ディベートも多用される。

ディベート教育を知る上で役に立つ映画は『**リッスン・トゥ・ミー　ディベートに賭ける青春**』（公開時『**青春！ケンモント大学**』）だ。アメリカはディベートの強豪校があり、高校のディベート大会で優勝経験のある各州の学生を獲得するスポーツ推薦のようなディベート奨学金がある。まるで甲子園だ。映画の主人公は、経済的に苦しいオクラホマ州の養鶏農家からディベート奨学金でカリフォルニア州の強豪校ケンモント大学に入学する。

ロジックで相手を説得する上で、ディベートはアメリカでは必須の能力とされていて、とくに法曹界ではマストの技能だ。全米ディベート協会の同窓生には、複数の最高裁判事や政治家の面々だけでなく、コメディアンのスティーヴン・コルベア、俳優のブラッド・ピットまでいる。

ディベートはその場で肯定側、否定側を割り当てられるので両方の準備をして臨む。自分が信じていない立場を主張するのは不誠実という感覚もあろうし、議論で相手を言い負かす技術というネガティブな印象も日本ではある。だが、ディベート教育の真の価値は本番の弁舌ではなく、自分とは異なる立場の思考の側にいちど立ってみる準備に凝縮されている。

この作品のテーマは人工妊娠中絶だ。アメリカは保守とリベラルの分断社会といわれるが、教育現場には柔軟性もある。個人の考えは揺らがない中絶のようなデリケートなテーマをキリスト教徒であろうとフェミニストであろうと、コインを投げて割り当てられた側の立場で、なぜ反対しているのか相手になりかわって議論する。その自由はまだ教育現場にある。

保守派の親に「なんで中絶賛成の文献なんて読んでるの！」と訊かれれば「ディベートだよ。Aを取らなきゃ」と答えればキリスト教保守の親も黙ることがある。ディベートの激しさが国を分断させているのでない。多様な立場をロールプレイしてみるディベート教育すらできなくなったときこそが本当の分断だろう。

映画では主人公たちの大学が決勝戦でハーバード大学と対決する。実在の全米大学ディベート・チャンピオンシップの過去10年の優勝校は、ハーバード、イェール、プリンストン、デュークなど。2022年に久しぶりに西海岸のスタンフォードが勝利した。典型的な「西海岸」映画の本作ではハーバード大学の学生をやや悪意をもって鼻持ちならない秀才として描く。

ホームスクーリングというもう1つの方法

現地校に通う日本人に辛いのは、アメリカの教育が日本で評価される記憶力をあまり重視しないことだ。また、アメリカ式で伸びる論理構成力やディベート能力が、日本の一般入試では必ずしも必須ではないことは、帰国後に悩みの種になりやすい。

教育の目的が異なる文化圏を行き来して教育を受けるのは刺激的だがしんどい。アメリカの大学に出す志望動機エッセイで書くことは「自分がどれだけスコアが高い秀才か」ではなく「自分がどれだけ発言でクラスの知の活性化に貢献できるか。意欲がみなぎっているか」である。コツコツ黙々と勉強し知識はある、しかし発言はしない、という日本的なシャイな秀才は評価され難い。「点取虫」の概念も文化によって違う。

クラスは読書で自習した知識の意味を相互に確認し合う場所なので、意見を言わないことは出席していないに等しいとみなされる。アメリカの大学で「出席」をいちいち取らないことが多いのは、「発言」そのものが「出席」だからだ。突っ伏して寝たり内職したりの行為が、教室文化にないのはアメリカの学生に高潔な倫理があるからではない。発言への緊張だ。こうなるといい悪いは別である。

「課題図書を読んでから参加するようにと言っても読んでこない」と日本の大学で嘆くアメリカ人の先生もいるが、日本では新規の知識は講義で集団伝授するので、授業一発で理解できる優秀な子ほど「予習」に時間を割かない。これは「予習」をめぐる文化ギャップである。

「知識」はシラバスの指定図書で各自自習するアメリカでは、ホームスクーリング（在宅教育）も成立しやすい。学校に行かせずに親が教育する。私の大学院の同級生にも在宅教育あがりの秀才がいた。アメリカでの在宅教育は、「ダーウィンの進化論」を教えられたくない、などの宗教的な理由がかなりの割合を占めていて、必ずしも不登校が原因ではない。どうしても人工妊娠中絶賛否に関するディベートを子どもにさせたくなければ高校に行かせない自由も親にはあるからだ。

集団生活の訓練がないとマイナスな印象も背負いそうだが、人格教育上、問題視されないのは、教会など地域の子ども参加の社会生活の基盤が多様で、ホームスクーリングの家ならなおさらそうした場で友達を作らせるからだ。

ホームスクーリングの実録はドキュメンタリー映画で人気のジャンルだ。２人の子どもをホームスクーリングで育てるロサンジェルスの親を追う『**クラス・ディスミスド**』をはじめ、『**ウィアードズ**』などの作品は、どれもホームスクーリングが消極的選択ではなく「ライフスタイル」であると訴える。私たちにわかりにくいのは、宗教の自由に加えてリバタリアン（自由至上主義）的な風土が絡んでいるからだ。何を教えるかを親が決めるか教師が決めるかの綱引き、すなわち公教育への不信である。映画『ホームスクーリング覚醒』は、民主党の元バージニア州知事の「親が学校に何を教えるか指示すべきだとは思わない」という発言を否定的に槍玉にあげた。

ただ、親の教育資質にかなり左右される。実録映画は成功例しか扱わない。私は初等教育で「ホームスクーリング」もどきを経験したのでアメリカの実情を想像しやすかった。教員免許こそ取得していなかったが教えることが好きだった親が、全教科の先取り学習を実験的に私に施した。学業面だけにフォーカスした変則的な「ホームスクーリング」だ。ただ、やはり人と学ぶことは楽しく友達と過ごしたい一心で皆勤通学は続けた。

アメリカには『ホーム・エデュケーション』誌など専門誌もあるし、教授法や図工のキットを提供する団体もあるが、そうしたツールやワークショップで親がアマチュア教師としての研鑽を積む覚悟がないと、このアメリカ方式にはマイナスもあるだろう。

アメリカの習い事と「ボーイスカウト」

アメリカでは「別の世界」をもつことが奨励され、すべてが学校一色にならないのが特徴である。ただ、それは日本でいうところの塾や習い事とは限らない。富裕層は家庭教師をつけて楽器やらスケートなどを習わせるが庶民では一般的ではない。「地域の活動」が主体だ。フットサルチームに入ることもあるし、家族で所属している教会でのボランティアのほか聖歌隊などに参加してそこで楽器や歌を学んだりもする。

代表的な子どものコミュニティ活動にボーイスカウトがある。アメリカ英語で「あいつはボーイスカウト」は正義ぶった「真面目ちゃん」という、やや小馬鹿にした表現だ。また、「クンバヤ」という黒人霊歌をキャンプで歌うステレオタイプがあり、輪になって「クンバヤ」するというのはナイーブでボーイスカウト的であることを意味する。

しかし、それだけ広範に比喩に使われるのは、誰もがイメージを共有していることの裏返しであり、アメリカ社会の理解には名実ともに欠かせない活動集団だ。これまでに1億1000万ほどのアメリカ人がボーイスカウトを経験したとされている。

保守とリベラルを横断して多彩な人材を輩出しており、映画界ではスティーブン・スピルバーグ、マイケル・ムーアらがアメリカの優等スカウトの「イーグルスカウト」出身。ムーアは自分の映画で「子ども」を象徴する資料映像としてカブスカウトの制服姿の子を好んで差し込む。大統領ではセオドア・ルーズベルトが夫妻でボーイスカウトを推進した。フォード大統領は自身が優等の「イーグルスカウト」だった。ブルームバーグ創業者のマイケル・ブルームバーグをはじめ各界著名人が少年時代のスカウト経験を好意的に語っている。

設立者のロバート・ベーデン゠パウエル（イギリス人）は宗教との分離を唱え、アメリカ支部も特定の宗派との結びつきを否定しているが、「神に対して敬虔であれ」という標語はある。軍に対する尊敬とキリスト教的な奉仕精神が浸透の土壌にあったことは否定できないだろう。内部での性的虐待やいじめ問題などもあり会員は減っている。それでも公立学校に制服文化がないアメリカ社会で、半ズボンにネッカチーフのパークレンジャー風の風貌でコミュニティの奉仕活動に従事するあの集団への敬意は変わらない。

イギリス系のインドなど南アジアのほか、アフリカ、東南アジア、そして中南米でもボーイスカウトは盛んだ。アメリカのスカウト団体のウェブ活動写真などを見ると、インド系など南アジア系の子が多い。スカウト活動が母国で盛んな移民の子がアメリカに溶け込むプラットフォームになっている。いわば見えない移民支援ネットワークである。私がアメリカに早期に溶け込めたことのひとつに、このスカウトの海を超えた「絆」感があった。会員数は減少しているがボーイスカウトは日本にも広く浸透した。

ボーイスカウトが登場する映画ドラマは子どもたちではなく、リーダーのボランティアをする大人や親たちを描いた人間ドラマも多い。アメリカでも日本でも、子どもの世話をするリーダーは「月謝」を受け取らない完全ボランティアである。ボーイスカウトを扱った映画の草分けには1953年『**ミスター・スカウトマスター**』があるが、1966年の実写ディズニー映画『**歌声は青空高く**』は、ボーイスカウトのリーダーの男性に焦点を絞っている点で独特だった。

『**ダウン・アンド・ダービー**』は、地域のカブスカウト主催の木工のおもちゃ自動車レースをめぐる親子の心温まる映画だ。ローレン・ホーリー演じる「デン・マザー」が、お父さんたちに車作りを手伝ってもらうように指導するが、子どもたちそっちのけでパパたちが対抗心むきだしで競争に躍起になる。「デン・マザー」とはカブスカウトの面倒をみる世話役の父母のことで、父もその昔「デン・ダット」として駆り出され、工作から登山・キャンプの指導までアウトドアコーチのようなことをしていた。ボーイスカウトをしていた人には日本でも既視感が湧く映画かもしれない。

ただ、ボーイスカウトは「男子」しか入れない組織だった。女子はガールスカウトに入る。映画ドラマにもよく出てくるガールスカウトの風物といえば、オクラホマ州のガールスカウトが1917年に始めて以来続いている「ガールスカウト・クッキー」販売である。運営費の寄付を募るための活動だ。これがなかなか美味しくミント味、キャラメル味などが人気だ。訪問販売を心待ちにしている人もいる。

クッキー販売を主題にした映画は数多くあるが、「ビジネスの成功者が本気でクッキー売ってみた」はよくある筋書きだ。「ホールマーク・チャンネル」のオリジナル映画『**スマート・クッキーズ**』では不動産業者、『**メリッサ・マッカーシー in ザ・ボス**』ではインサイダー取引による逮捕で財を失ったやり手の経営者が、それぞれガールスカウトのクッキー販売をひょんなことから手伝う。

ボーイスカウトへの関与を「社会奉仕活動」のモチーフに使う映画ドラマが多いのは、わかりやすい「善行」だからだ。『トゥループ・ビバリーヒルズ』は物欲まみれのビバリーヒルズの女性が、正反対の生真面目な世界観のガールスカウトでリーダーを務めたら、という「もしも」系譜の爆笑コメディだ。

しかし、近年、「ボーイ」「ガール」のジェンダー分けがLGBTに馴染まない問題が浮上。ボーイスカウトは11歳から17歳までの男女どちらでも入会できる「スカウトBSA」に改組された。ガールスカウトでもレズビアンの加入を認めるかの論争が巻き起こり、トランスジェンダーの事案にもケースバイケースで対応している。

しかし、あくまで両団体への加入枠の拡大論だ。「ボーイ」と「ガール」を統合する動きはない。それがジェンダーをめぐるアメリカのリアルな現在地でもある。スカウト活動は決して共和党や保守限定ではないが、このことから分かるように、ラディカルな文化リベラルとの相性は悪い。

「制服」を経験しない社会

中学や高校で多くの人が一度は集団で同じ格好を経験する日本と違って、アメリカでは普通の公立校卒の人は、ユニフォームのある職業に就かない限り、ほとんど生涯、「制服」を経験しないで終わる。他人と一度も同じ格好をしたことがない心理効果は小さくない。

1990年代にクリントン政権は公立校の制服の推進を試みたことがある。ギャング・

ファッション禁止やらブランド品やジュエリーの校内での盗難予防やら、秩序をもたらすことが目的に含まれていたのはいかにもアメリカだ。

案の定だが、連邦政府が口出しすることではない、子どもの「クローン化」だ、と凄まじい反発を受けて頓挫した。アメリカでは、子どもも支持政党や候補者の選挙応援の缶バッチをつけるが、それを規制するのかという装飾品と政治をめぐる議論にまで飛び火した。指定カバンへの統一は制服以上に難しかった。

日本の公立でも小学校は私服だが、ランドセルという共通カバンの文化がある。これには苦い思い出がある。「他の子と違う方がカッコいいだろ」と、変わり者の父が当時少数しか生産されていなかった茶色のランドセルを探してきた。

昭和の日本では、男は黒、女は赤だった。全校生徒でたった一人だけ色の違うカバン、しかも幼い子どもにとって茶色は「汚い色」でもある。あからさまなイジメこそなかったが、周囲の目線に子どもながらに疲れた。

アメリカが個性教育なのは事実だが、服装を云々しないのはあまりに統一性がないからだ。風呂敷や先住民の伝統細工のカバンで行っても面白がられる程度だ。全員が制服になり校則が徹底されればアメリカでも違いは目立つようになる。紫からピンクまでランドセルの彩りが増えた今となっては、日本でも茶色いランドセルは何も問題にならない。

アメリカ人にこのエピソードを共有すると反応は割れる。日本の風土に詳しくない人でも

「全員が同じカバンなら自分も苦痛」という感想が少なくないのは、個性とは全体がバラバラな完全自由の中で発揮するもので、規定された同質空間で一人だけ逆流するのはアメリカでもストレスだからだ。とくに選択ではない強制される同質性にはアメリカ人は拒否反応を示しやすい。

だが、制服がない社会特有だが、いちどは着てみたいという願望も彼らにはある。活動日でもないのにあえてボーイスカウトの格好で学校に通う子がいたりするのはそのためだ。日本の学生服やコスプレ的なものに強い憧れをもつアジア好きの若者もいる。

「夏休み」とサマーキャンプ

「夏を制する」は日本では受験のスローガンだが、アメリカでは青春とキャリアを左右する。日米の「夏休み」はまるで違う。日本の夏休みは学年半ばの「学期間」休暇なので、宿題でもプールでも、とにかく「学校」が継続する。アメリカでは夏休みは日本の春休みに相当する「学年末」休暇である。学校の課題もない。日本の子どもの風物詩「夏休みの宿題」をアメリカ人は知らない。だからアメリカでは「夏休み」は学校の友達とはつるまない。6月から8月いっぱいまで3ケ月、長期の旅に出るとか思い思いの過ごし方をしてキャンパスで9月に成果を披露しあう。映画ドラマの学園ものには「夏はどうだった?」という「再会」の新学期シーンが頻出する。

卒業や学年終わりの長期休暇が開放感満点の「夏」か、まだ肌寒い早春かでは、青春映画ドラマの描き方もだいぶ変わる。いきおい羽目の外し方も半端ではなくなる。1962年の高校卒業の夜。翌日には町を離れるティーンたちをジョージ・ルーカスが自らの青春を重ねて活写した**『アメリカン・グラフィティ』**は言うに及ばず、アメリカの若者の夏はただの「夏」ではない。「リセット」の季節であり、溢れる自由のひとときだ。

原理的キリスト教の子どもたちが参加するキャンプのドキュメンタリー**『ジーザス・キャンプ』**（Movie Tips 4-1）の鑑賞にあたっては、アメリカの子どもが参加する「サマーキャンプ」への知識をある程度、要求する。というのは、この映画に出てくるような特殊なキャンプを教会だけが子どもを洗脳するために缶詰にして開催しているのではないからだ。

アメリカの子どもは夏に親元を離れて何らかの「キャンプ」に参加する。林間学校のようなものだが、民間が運営するプログラムで、湖とか山とかのキャンプに参加して友達を作る。自立を養う意味もあるし、長い夏休み家でゴロゴロされても困る親の実利面もあり、長い伝統がある。そのキャンプの1つとして地元の教会が主宰するものがあり、その一種だという理解がないと、遠方に連れ出して子どもたちを閉じ込めて虐待のように見えるかもしれない。

一方、大学院生にもなると過ごし方で人生が決まる。オバマはシカゴの法律事務所のサマージョブで上司のミシェル夫人と出会った。ヒラリーはイェール大学ロースクール1年目を終えた夏、恩師となるマリアン・ライト・エーデルマンという黒人女性が立ち上げたのちの「児童擁護基金」で働いて専門が固まった。夏を制するものはキャリアを制する。

アメリカの夏の特別さを意識しながら、もういちどお気に入りの学園ものを鑑賞してみるのも一興かもしれない。

Movie Tips
#3-1

©Mary Evans/amanaimages

『ペーパーチェイス』

(The Paper Chase) 1973年

出演：ティモシー・ボトムズ、リンゼイ・ワグナー
監督：ジェームズ・ブリッジス　配給：20世紀フォックス

忘れもしないシカゴ大学で1学期目、私は少し背伸びをして博士課程の500番台の「国際関係史」のクラスを受けた。教授はずっと腕を組んで黙っているだけで、院生が討論番組のパネリストかのように延々と勝手に議論している形式だった。

いつ割り込んでいいかわからず黙っていると初回終了後に隣の席の学生が「君、なんで黙ってるの？発言しないとFになるよ」と忠告してくれた。試験で満点でも学期末論文の名作を仕上げても落第になるという。「GPAがガタ落ちになるよ」と脅された。震え上がった私は、即興だけでは無理だと判断し、次回から発言をパターン別にカードにストックした。まるでシナリオライターである。連日の徹夜で何十時間もかかったが、膨大な台本カードの準備がいつの間にか自分の勉強になっていた。うまくできている。

アメリカの教育では発言による「クラス貢献」が問われる。その意味で本作『ペーパーチェイス』以上にアメリカのトップスクールの大学院の授業の厳しさと成績競争をめぐる雰囲気を正確に描写した映画は見当たらない。緊張感は嘘偽りなく現実そのままだ。

ハーバード大学ロースクールの一年目の1学期（秋冬）、全米から集まった秀才青年たちが無慈悲な競争に放り込まれるシーンから映画は始まる。教授がソクラテスメソッドで学生に仮定の質問を投げかける。映画のように顔写真付きの名簿で座席指定になるとは限らないが、指されて答えられないと予習が足りないとして減点になる。率先して挙手するのは「貢献点」狙いだが、無理をすると墓穴を掘る。

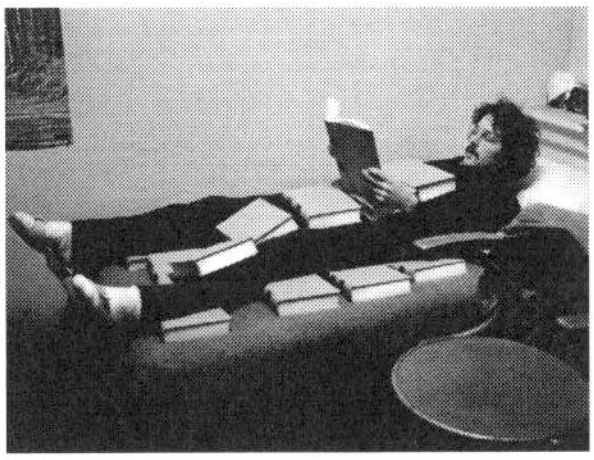

©TM & Copyright 20th Century Fox Film Corp
Everett Collection／アフロ

試験対策に分野ごとの読み分けを行う「スタディグループ」が結成されるのも現実によくあることだ。読む分量が多いからだ。ロースクールでは膨大なケース（判例）を読み込む。それ以外のスクールや学科でも1週間に数冊の課題図書に目を通すのは当たり前のことでそれについて事前に論考が求められる。それを数クラス同時にこなすので学期中は食事と睡眠以外の自由時間はない。本の「歩き読み」もする。

私がいた年度のシカゴ大学の国際関係論課程では現実主義理論で知られる、ミアシャイマーとウォルトの両教授のクラスは特に読む分量が多く、有志の「スタディグループ」が乱立した。映画のようには役割分担はすんなり決まらない。そして「あんちょこ」のメモの完成度にも激しく落差がある。粗悪なメモしか作れないと互恵関係が崩れる。必然的に人間関係はギスギスする。

私はその雰囲気がいやで途中でグループを抜け、得意分野ごとに個別の学友とノート交換し合う2国間の「独自外交」に切り替えて乗り切った。

ロースクールの場合、一年目の成績でサマージョブの引受先の法律事務所が決まる。そこで就職の青田買いが行われるので、初年度の成績が生涯賃金を決める。ジョン・グリシャム原作『**ザ・ファーム　法律事務所**』のようにハーバード・ロースクールの卒業生を囲い込むのだ。ひとまず落第せずにハーバードを生き抜いたことを評価される。司法試験は業務に必要な州だけ事務所で働きながら後で合格すればいい。

大学院の落第は容赦ない。先月までいた仲間が神隠しのように忽然と姿を消す。

『ペーパーチェイス』では記憶力に長けた秀才のブルックスが、ロースクールのケース解釈では才を発揮できず、自暴自棄になる。恋愛ですら両立できる人は稀なのにブルックスのような新婚生活は自殺行為だ。

ブルックスは日本やアジアで優秀とされる暗記力に優れたタイプ。しかし、ロースクールでは通用しない。暗記力はさほど優れていなくても、論理力、構成力、因果関係発見力、そしてその説明を反射神経でできる能力、これらが高成績の鍵になる。適性があったのがミネソタ出身の田舎の努力肌の主人公のハート。コミュニケーションにも長けていて教授の娘と恋愛する大胆不敵さもある。「スタディグループ」でも全員と仲がいい。

「スタディグループ」のリーダーのフォードは一族皆ハーバードというエリートで蝶ネクタイの鼻持ちならない男。会っていきなり自分のIQ自慢だ。ハートが思い出話でやり返す。彼の出身大学の寮の3人の友人の1名は当時からハーバードの教授の法律論文を読むほど早熟で天才《ジニアス》だった。しかし、ロースクールに合格できなかった。論理能力を問うロースクール受験の共通テストで高得点が取れなかったのだ。天才《ジニアス》であるかは関係ない。

暗記マシーンが落ちこぼれる様がこの映画では繰り返される。発言度で3階級に学生がカースト化されるが、「頭の良さ」は関係ない、好成績の鍵は挙手を恐れない「勇気」だとハートは言う。

だがハリボテの見栄だけでは自爆する。ブルックスは無理に挙手して「写真のよ

写真＝Photofest／アフロ

『殺人を無罪にする方法』

(How to Get Away with Murder) 2014年〜2020年

出演：ヴィオラ・デイヴィス　製作：ABC 放送

うに記憶できる」と余計な自慢でさらに墓穴を掘る。事実を分析する能力がなければ記憶力なんて無用の長物だと教授にクラス内で断罪される。教授は「脳の手術」という比喩を使う。法律（知識）は自分で勉強なさいと。それをどう運用するか、その思考の仕方はトレーニングしてあげますと。どんな人が「知的」とされるかは文化圏や専門分野によって異なるが、少なくともアメリカはクイズ的な知識と一流大学が比例的に連想される社会ではない。

　人を出し抜いて発言し教授にゴマをする点取りマシーンが「ペーパーチェイス」の中で製造されていく醜さも赤裸々に描かれる。学生にとって名物教授は巨人でも、教授には学生一人一人は毎年毎学期の「名簿」でしかない非情な世界だ。

　近年のロースクールの雰囲気を知るにはクライムサスペンスのドラマ**『殺人を無罪にする方法』**もお薦めだ。黒人女性教授というのも新鮮だが、1年生向けの刑法のクラスは「殺人を無罪」にして裁判に勝つ方法を教える。弁護士の特任教授が自分の裁判に選抜学生を手伝わせる。学生にクライアントの個人情報や進行中の裁判に触れさせることは現実では許されない。アメリカでもこれは架空の設定だ。刑法のクラスだけにここまで勉強時間を費やすことも難しい。だが、教授が「指揮者」となるプロジェクト型教育で、学生が同級生を出し抜くことに躍起になる競争の空気感は見事に再現されている。

　発言しないと紙の試験だけではAが取れないのに、在学中のプロジェクト活動でも活躍しないといけない。「ペーパーチェイス」には「ハーバード・ローレビュー」

という雑誌名がよく出てくる。編集は現役の院生が務める。選抜されれば名誉な勲章になる。集団を統率する資質やコミュニケーション力のようなものが就職で高く評価されるからだ。

その黒人初の編集長を務めたのがオバマだった。彼を大統領に押し上げた最強の看板はハーバード・ロースクール卒ではない。真の希少価値は「ローレビュー」編集長の肩書きだった。指導者の資質がないと選ばれないからだ。「ナード」ではないという証明でもある。

Movie Tips #3-2

『ハイスクール白書　優等生ギャルに気をつけろ!』

(Election) 1999年

出演：マシュー・ブロデリック、リース・ウィザースプーン
監督：アレクサンダー・ペイン　配給：パラマウント映画

日本劇場未公開作だがアメリカの公立教育の「縮図」が詰め込まれている点で必見の異作。

映画冒頭で「田舎の公立学校」という舞台設定が示される。ナレーションで説明はない。殺風景なロッカーが並ぶペンキ塗りの廊下。安手の建築。公立高校であることがわかる。通勤する教師の引きの映像。のどかな広大な敷地は、どこかの田舎の州であることを示している。ネブラスカ州オマハの設定なのだが、具体的に判明するのは作品後半になってからだ。それまでは「州」判別の鍵になる車のナンバープレートもぼかし気味だ。ネブラスカだろうとミネソタだろうと「田舎」であることがわかればいい。

公立高校のお定まりの構図も登場する。フットボール選手でリーダー格の学園の人気者、優等生。異例なのは、優等生役が女性で、ナードやギークではない才色兼備なことだ。しがない公立高校の教師と「優等生」の飽くなき上昇志向の二項対比で階級論を展開していく。

「優等生」は、良い大学に受かるまでの間だけ、たとえ相手がうらぶれた田舎の教師であろうと、徹底的に下手に演じる。田舎でスローライフ的に、天職として教育に身を捧げる高校教師が登場する。彼は過剰なまでの「優等生」の上昇志向に素直に拍手を送れない。自己顕示がみえみえの挙手もつい無視して、できない子の拙い発言に頷く優しい先生だ。生徒会の選挙で「優等生」が出来レースで当選するのも気に食わない。なぜか。教育上の平等か。いや、社会派のブラックコメディの本作

『ハイスクール白書』
DVD：1,572円（税込）
発売元：NBCユニバーサル・エンターテイメント

※2023年11月の情報。

では「嫉妬」として描かれる。10年もしないうちに、自分の生徒だった「優等生」が社会的には己を凌駕していく。

教育が天職であると口では言いながらも、心のなかでは彼女がアイビーリーグに合格して大都市に引っ越し、弁護士になって自分の年収を上回っていくことが納得いかない。アメリカの田舎の高校教師への過剰な偏見ともいえるこの小市民的な教師描写が、たまらなく現実味がある。

「優等生」は、どこまでも教師や周囲を利用して、社会的に勝ち上がっていく。教師と不倫までして彼の職や家庭を窮地に追い込む。火の粉は決してかぶらない。不死身なのだ。対立候補のポスターを破棄する意地悪もする。他人に罪をなすり付けたまま平然と無実を主張し、「不正直」な虚飾のレジュメ作りにひた走る。

「優等生」の行いの数々に教師は怒りを爆発させる。利己主義を更生させたい教師魂か。違う。自分の人生観がぐらついているからだ。「優等生」が象徴するものは、アメリカ社会でいえば、弁護士になったりMBAをとって「ヤッピー」となる生き方である。仕事で嘘の一つや二つ平気でつく競争社会での成功者だ。一方、男教師が象徴するものは田舎州のスローライフ。しかし、その実、別に宗教的でもない俗物で煩悩も少なくない。チャンスが生じれば「弱い人間」にすぐ転落する。

地元の富裕な名士夫妻が、英才教育の仕方を知らないという皮肉も挟み込まれる。息子はフットボールに明け暮れいまひとつ頭の回転が鈍い。娘はレズビアンとマリファナに目覚めるヒッピー女子高生。中西部の「田舎成金」への痛烈な批判だ。

実のところ、田舎の大人社会の馬鹿さ加減のすべてをいちばん見通しているのが、現代版ヒッピーのこの妹なのだが、成金の親は「できそこない」と決めつけ、カトリックの寄宿学校で「更生」させようとする。ところが、尼僧の目を盗んではトイレでマリファナを楽しむ彼女はびくともしない。親元を離れ一人楽しそうだ。

アメリカの田舎の公立高校を覆う、どうしようもなく下らない世界、「優等生」の利己的なレジュメ作りの茶番のための「選挙ごっこ」。予定調和な教師達のルーティンの世界を軽やかに「一抜け」していく。フットボール選手や異性愛を選ぶ女友達は凡庸な田舎女子の典型だ。プロムの相手とネブラスカで結婚し、憧れだったマンハッタンやLAには一度も行かないまま、いつしかそんな気も失せる。

この映画でとことん惨めなのは高校の男教師なのだが、実はもっと情けなく描かれているのは舞台となっているアメリカの田舎社会そのものである。「優等生」のずる賢いやり口一つ、まともに見抜いて叱れないのだ。感情的に嫉妬の対象ではあるはずのウォール街やワシントンの「エリート」に、鋭い批判も具体的には持てずに、結局のところ永遠にワシントン政治に手玉にとられてしまう。そのくりかえしが続く田舎州の選挙民。トランプやサンダースの左右のポピュリズムの台頭はこうした鬱積の爆発でもある。

この映画も都会目線からのリベラルな作品だ。田舎を捨て街へでよ！　レズビアン万歳！と声援を送る。だが「一抜けた」のレズビアン少女が、ひとりで輝いているだけでいいのだろうか。切ない気持ちにもなる。

本作の原題は「Election（選挙）」だ。アメリカ社会の現実をめぐる問題提起が、高校生の学内選挙をダシにして展開される。ここでの選挙は社会変革する建設的な装置というより、特定の「優等生」のキャリアに一時的に利用されるルーティンの「祭り」でしかない。「あーあ、やっぱりそうか」。思いっきり笑ったあと、劇場を出てふと我に返ったとき、心のなかでそんな呟きがでそうだ。アメリカ人にとってどこか身につまされる。

高校卒業後しばらくして、ワシントンの法律事務所で見習い勤務をしている「優等生」。上司と一緒に黒塗りに乗り込むその颯爽とした姿を目撃した元教師は、手にもっていたアイスを車に投げつける。その後ろ姿がなんとも情けない。教師は坂道を転がり落ちていき、「優等生」はのうのうと生き残る。それがアメリカじゃんと言われればあまりに救いがない。

Faith and Counter-Culture

IV

信仰と対抗文化

国民的家族ドラマが「7番目の天国」?

1996年から2007年まで10年以上続いたアメリカの国民的な家族ドラマに『セブンス・ヘブン 7th Heaven』というエミー賞ノミネート作品がある。

牧師一家の大家族ドラマという平凡な筋書きが長寿番組に化けた秘訣は、バーチャルなアメリカの「統合」を下敷きにしたことにあった。聖徒にちなんで名付けられている七人の子どもたちの牧師一家の日常を描くという宗教的な臭いを懸念してか、あえて絶妙に「世俗的なアメリカ」が組み込まれている。

舞台は保守的な南部でも中西部でもなく、グレノークというカリフォルニア州の架空の街。男女交際に執心し、ドラッグにも好奇心を見せるアメリカのティーンの姿は、牧師の子どもたちと思えない「リベラル」ぶりが強調される。教会空間は人種で厳密に分かれているが、私生活では近所の黒人教会の黒人牧師一家と仲睦まじい。子どもは公立学校が主体だが、個性的で天才肌の末娘だけ私立学校に通わせている。

牧師が共和党支持、その夫人が民主党支持でドラッグ経験のあるヒッピー世代という設定も面白い。耳の不自由な女性との恋愛を通じて描く障がい者の社会との自然な共存のあるべき姿、西部にも根強く残る人種差別など。政治と宗教をめぐる率直な描写が全米で支持され、共和党の保守派視聴者にも民主党支持の世俗派視聴者にも好意的に受け入れられた。

異宗教間結婚の難しさを正面から扱った作品でもあった。

牧師一家の長男は医学大学院で医師を目指して勉強中に、運命だと感じるほどの女性に出逢う。ところが彼女はユダヤ教徒だった。しかも、彼女の父親はユダヤ教指導者のラビ。お茶に誘いだして早々にお互いの宗教を確認し合う。プロテスタントとユダヤ教では折り合わない。普通なら「はい、さようなら」だ。ところが2人は愛を貫く。

あるエピソードではユダヤ教の過越の祭りのディナーに牧師一家が招かれる。牧師の妻が持参した料理が、ユダヤ教の戒律で禁じられている食材だったことで場は一気にしらける。「半分ユダヤ人」だという触れ込みで飛び入り参加した次男の友人は、興味本位なだけでユダヤの伝統を知りもしない。

ギクシャクが絶頂に達したところで両家の思い違いが露見する。牧師が「改宗を決意してくれて嬉しい」と彼女を見つめて感謝すると、気まずそうな若いふたり。牧師一家は彼女がプロテスタントに、ラビ一家は彼氏がユダヤ教に改宗するものと思い込んでいたのだ。どちらも改宗しないのに添い遂げるという。これは信仰への軽視ではないか。両家の親は激怒する。聖職者の子どもが世俗化するのは、教会やシナゴーグの信徒にもっとも顔向けしにくい一大事だ。

ドラマなので母親どうしの友情もあって歩み寄りはするのだが、現実には実家がきわめて敬虔な一家だと宗教が違う結婚はハードルが高い。

アメリカの政教分離

アメリカ三大要素の一つである宗教、神への考え方の違いはわかりにくい。

そもそもアメリカの政教分離は日本とは違う。アメリカでは「特定の教会や宗派を国教として国民全員に押し付けてはいけない」というのが政教分離だ。それ以外は宗教がどう政治に参加しようが、政治家が宗教的な発言をしようが自由である。信仰の自由がアメリカのピューリタンによる建国の基礎だ。アメリカはキリスト教国家としてスタートし、信仰は言論の自由の基礎でもある。国民の約7割がクリスチャンである。

だから、政治家が宗教と近いどころかなにか特定の宗教を代弁していること自体はスキャンダルにはならない。スキャンダル性は宗教および宗派の「主流性」との遠さで決まる。

ユダヤ教系の議員事務所で選挙区での政務活動はユダヤ教の行事が多かったので、私はユダヤ教のしきたりを覚えることを徹底させられた。そのシカゴの議員の選挙区でも、そこから派遣されたニューヨークの大統領選挙、上院議員選挙の集票でも、人種別にキリスト教のほぼすべての宗派の教会をカバーした。

それらの現場でキリスト教徒があればカルトだと吐き捨てる対象は、イスラム教とか異教徒ではなく、キリスト教のなんらかの分派であることが多かった。とくにかつては一夫多妻制を実践していたモルモン教は異端視されることがあり、信者のミット・ロムニーが2012年の大統領選挙で共和党の候補になったときも問題化した。共和党で指名を獲得できたのはモルモン教への偏見が減ったことの証だったが、「モルモン教徒だけには投票しない」と宗教で賛否を決めた共和党のクリスチャンも多く、党内で足かせになっていた。

交換留学で来日したアメリカ人留学生を東京で世話人として受け入れたことがある。敬虔なカトリックだった。来日してまもないある日のこと、息せききって報告された。

「今日、表参道に行ったら十字架のネックレスをしている人がたくさんいた。日本にもキリスト教徒が多いことを知って嬉しい」。十字架をファッションに利用する習慣がないのだ。「ぬかよろこび」はみるみるうちに戸惑いと疑いに、そして怒りに変わっていった。

「今日、フェイクチャーチでアルバイトをしているというカナダ人の偽牧師に会った。ショックだ」。フェイクチャーチというのは式場の中にある結婚式専用で、平時は稼働していない教会のことだ。

日本人はキリスト教を西洋文化の表象で、教会を「お洒落なもの」として捉えており悪気はない、目くじらは立てないで欲しいと説き伏せた。聖書が国際的な慣習でホテルに置かれているようなものだと。しかし、「信仰の冒瀆と商業利用だ。円を稼ぐバイトの偽牧師だけは許さない」と、とりつく島がなかった。

確かに、アメリカでは教会とはコミュニティのものであり、社会貢献のシンボルであり、絆である。コミュニティにメンバーシップがなく、日曜礼拝に人が集まらず、牧師が臨時の存在となれば、建築は教会風でも、「フェイク」という言い分はわからないではない。アメリカでもカジノで盛り上がって衝動的に結婚するカップルのために、ラスベガスに簡易的な教会があるが一般的ではない。

無宗教と不可知論

各種の宗教意識調査では、アメリカ人で特定宗教をもたない人が２０００年代後半以降、増えていることがわかる。ただ、気をつけておきたいのはそのニュアンスだ。

昔の親世代のように自分は教会には行かないという決意で、強く神を否定しているわけではない。上坂昇桜美林大名誉教授が「ほとんどの人が神あるいは崇高な力に関する信念は持ち続けている」と指摘するように（『宗教からアメリカ社会を知るための48章』明石書店２０２３年）、彼らのほとんどはもともと何らかの宗派に属していて、生まれつき無宗教だったわけではない。

仏教やニューエイジなど東洋の宗教に関心がある人も無宗教と回答することがある。彼らにとってユダヤ・キリストの一神教の世界こそが「宗教」で、そういうものから足を洗ったという気分が無宗教回答に反映されることがあるからだ。

ある種の対抗文化である。仏教やヒンズー教などに関心をもつのは、キリスト教やユダヤ教への疑問に由来している。１９７０年代に曹洞宗の流れをくむ禅センターがサンフランシスコに設立されたが、座禅や読経に参加していたのはヒッピーだった。玄米食とか菜食もこういう脱キリスト教のニューエイジ好きからきている。キリスト教の神を信じないとすれば、いったいなにを信じていけるかという深刻な模索だ。

仏教は大学では東洋哲学として教えられることが多く、キリスト教社会では神学部や宗教学で扱う対象とは考えられていないことが「無宗教」回答に影響を与える。そのため、仏教的なことにハマることは「改宗」と捉えない人もいる。アメリカで近年、注目されているマインドフルネスが代表例だ。

往年のコメディ俳優ゴールディ・ホーンはマインドフルネスの非営利団体を運営して、子どもたちに瞑想でストレスや感情を落ち着かせる活動をしている。そのアプローチは心理学に近い。あるインタビューでホーンは「私は自分を仏教徒とは思わない。ユダヤ教徒として生まれたし、それが今でも自分の宗教だと考えている」「特定の宗教を重要視する考えではない。スピリチュアルな生活の追求だ」と答えている。

ところでアメリカでの無神論者は、あらゆる宗教や宗派を勉強し、神が存在しないとの結論に納得ずくで到達した人たちだ。また、不可知論者という人もいる。オバマ元大統領の妹はそれを公言している。神がいるかいないか認識そのものが不可能だとする人だ。なんであれ、「神にも宗教にも無関心」という立場を決め込めない、アメリカの強い宗教性を逆説的に反映している。

「信仰をなにも持たない」と言うと、なにやら故人を弔わず遺体もゴミとして出すとか、まるで善悪の基準がない人物のように勘違いするアメリカの年配のキリスト教徒が皆無な訳ではない。日本ではスピリチュアルな現象に畏怖があるし、家族の埋葬などは仏教に基づく人が多い。だから、私が留学した時代は「無宗教は誤解を招くのでブッディストといっておけ」という乱暴なアドバイスも流行っていたが、細かいことを英語で説明できないと誤解も招く。

アメリカ人には「お守り」や願い事を書く「絵馬」に関心を持たれることがある。ランドセルにぶら下げているものや、車にぶら下げている小さな鈴がついた「袋」を指差して「あれは何だ」と訊かれる。「チャーム（お守り）です」「何が入っているのか」「紙とか木製のお札とか。子どもの頃に開けたことがあるけどバチ当たりだから普通は開けません」「そんなものを信じているのか」。いつものやりとりだ。

道教とか東洋思想全般に浸透する数珠のように、身につけているもので勇気をもらう行為はキリスト教にもないわけではない。「ご家族の病気が治りますように」と小瓶に入った聖なる水をカトリックの信徒にもらったこともある。

「日本は世俗で無宗教らしい」という型通りのレクチャーだけを受けてアメリカ人が来日すると、あまりにも多くのスピリチュアルな行為が日常に埋め込まれている。埋葬もするし墓参りもする。教会や寺院への所属とは無関係に、宗教色が社会全体に自然に表裏一体になっている。「世俗的だがこれは想像していた無宗教ではない」とあたりまえの感想をもたれる。

一般的なアメリカ人にとってアジア体験は宗教の定義を拡張することであり、一神教とは違う世界を知ることだ。映画ドラマに出てくるニューエイジにかぶれる登場人物はその手のことに「片足」を入れている人々である。

宗教とエスニシティ

アメリカ社会における「宗教」と「エスニシティ」のオーバーラップは、きわめて重要な特徴だ。宗教が出身のエスニック集団への帰属を示すものとして作用していて、必ずしも「宗教」の枠組みだけで理解することができないのも、移民社会としてのユニークさである。

エスニックグループのなかでも、様々な「度合い」がある。

「カルチュラリー・ジューイッシュ」という言い方がある。ユダヤ系なのに不可知論者、ないしは無神論者という人も多い。いかにユダヤ系の定義が、本来の「ユダヤ教徒」から文化や歴史の共有共同体としての文化に比重が移っており、事実上の「エスニック集団」と化しているかがわかるだろう。そうでないと「ジューイッシュですが、不可知論者です」という人を説明できなくなるからだ。

名物司会者だったラリー・キングは、ブルックリン出身のユダヤ人だが「ユダヤ系不可知論者」と名乗っていた。晩年は「無神論」とすら言われた。その一方で「カルチュラリー・ジューイッシュ」で「肉と牛乳の取り合わせは想像するだけで嘔吐する」と述べている。ユダヤの戒律では肉と乳製品を混ぜてはいけない。

『Kissing ジェシカ』はストレートの女性が女性同士の恋に目覚めるコメディだ。主人公は20代の新聞記者。舞台はニューヨーク。「スカースデールのユダヤ人なのに、私ってば」という台詞がある。スカースデールはウエストチェスターという郊外住宅地でマンハッタンへの遠距離通勤エリアだ。日本人の駐在員にも好まれる高所得層地域である。同地のユダヤ系は同じニューヨークのユダヤ系のなかでも、ブルックリンなどに比べて富裕で保守的である。この出身地設定が本作の「記号」である。

主人公が女性と付き合っていると知った同僚が「ザッツ・ソー・ラディカル！」と吠える。ストレートの女性が、レズごっこに興じる「実験恋愛」は、東海岸の性革命都市ニューヨークであろうとも、スカースデールの伝統的なユダヤ系の女性としては十分に型破りだからだ。ちなみに原題は「ジェシカ・シュタインにキスをする（Kissing Jessica Stein）」。主人公の人名を苗字込みで入れることであえてユダヤ系と分かるようにしている。邦題からはこのエスニック要素がすっぽり消されてしまっている。

これと同じことはカトリックにも言える。「アイム・カソリック」と言うとき、それは「カソリシズムの信仰に帰依している」という意味だけではない。アメリカでアメリカ人によって発せられたとき、それは「プロテスタントではありません」「ワスプ（WASP）ではありません」、すなわち（アメリカ史初期には非主流派だった）アイルランド系、イタリア系などで、イギリス系ではないという強調表現である。

この場合の「カトリック」は、後発移民としての独自の「誇り」を表した「文化」的意味のほうが強く、宗教的な所属以上にエスニシティを代弁していることが少なくない。「メソジストです」「バプティストです」という発言が純粋に教派を示しているの対して、「わたしはカトリックなので、ケネディの死には思い入れがあります」という発言があったとすれば、これは事実上「エスニシティ」としての意味を発する。「カトリックです」と強調するのは、「アイルランド系であること」への誇りであって、必ずしもバチカンへの想いによる「宗教発言」ではない。

「アメリカ人は本当に自分の信仰のことをよく話す」という理解は、半分正しく、半分誤っているのはそのためだ。往々にしてアメリカの政治文化については、「〜です」と何かを強調する場合、したがって「〜ではない」ということを下敷きにしている。「保守的です」というのは「大きな政府だったり、ヒッピーなアメリカはご免だ。自分はリベラルではない」という意味だし、「リベラルです」というのは「狭量な人種隔離主義者と一緒にしないでください」という強調表現だからだ。「主流」と「非主流」のダイナミクスである。

ジェンダー・セクシュアリティは宗教問題

キリスト教社会ではない日本では理解にしにくいのだが、アメリカではジェンダーやセクシュアリティの問題は宗教問題である。人工妊娠中絶や同性愛の封印が聖書を根拠に行われてきたからだ。アメリカの保守がフェミニズムやＬＧＢＴの運動に同情的でないのは、これらの運動が反キリスト教だからだ。一方、反キリスト教原理主義という一点において、アメリカでは対立関係にあるフェミニズムとＬＧＢＴが共闘してきた。

この原イメージだけでも持っておくと、映画やドラマを相当に楽しみやすくなるだろう。

郊外の人妻たちの情事を描いたドラマ『**デスパレートな妻たち**』は典型例だ。ご近所で起きた不審死を解き明かすクライムサスペンスだが、夫婦、親子の絆を誇示する郊外のアッパーミドルクラスの家庭がボロボロに崩壊している。しかし、それが人間らしさだという賛歌でもある。共和党の富裕なキリスト教徒の偽善がこれでもかと示される。

１９９０年代末、クリントン大統領が白昼堂々、ホワイトハウスで行っていたモニカ・ルインスキーとの不倫がアメリカ人に与えた衝撃は小さくなかった。大統領府の神聖さを汚したとして、アメリカでは敬虔なキリスト教徒を売りに当選したブッシュ息子のキリスト教政権への巻き返しも起きた。

だが、ハリウッドは共和党の「家族の価値」の偽善性への批判も緩めなかった。２０００年代初頭、すました顔をして道徳を語る共和党の家庭こそ裏では崩壊しているという「郊外揶揄」の映画やドラマが増えた。『**アメリカン・ビューティー**』『**デスパレートな妻たち**』はその系譜にある。

『**デスパレートな妻たち**』ではライフル協会会員で大学の共和党クラブで知り合った医師とそ

の妻が出てくる。夫の浮気の原因が性的な特殊な嗜好。息子は大麻に手を出し甘やかす父が与えたスポーツカーで隣人をはねて意識不明にさせてしまうのに罪の意識がない。高校生の娘は学校の部活で「性的欲求節制クラブ」の活動に勤しむが、近所の人妻と不倫している彼氏の気を引くのに躍起。こういう話がクライムサスペンスの謎解きのハラハラ感とともにひたすら続く。

ハリウッドの作品の制作陣はまずリベラルだと思っていい。一部保守系の監督以外のほとんどの作品は保守側の欺瞞をやんわりと崩壊させる悪戯が仕込まれている。

『デスパレートな妻たち』で、元モデルを妻にもつ夫が、不倫相手だと思い込んだ配管工の家に乗り込んで殴りつけるエピソードがある。男同士のカップル写真を見て配管工が同性愛者だと知る。かわいそうに殴られて倒れ込んだ配管工は「僕がゲイだから殴るの？」と訊く。男は「そうだ」と吐き捨てて謝りもせずに出ていく。

性的指向が地域社会に知られることを恐れてゲイはどうせ提訴しないとタカを括られ、好き放題に殴られても泣き寝入りという場面。しかし、男性同士のカップル写真だけで妻の浮気相手ではないと安心するのは無邪気だ。バイセクシャルの可能性もある。結局のところＬＧＢＴへの無知を揶揄している。

Ⅱ章で述べたように、そもそもアメリカは骨の髄まで「カップル社会」である。ひとりぼっちでいることはルーザーだと認定するような偏見がある。「ゲイだけど恋愛に興味はなく独身」

というスタイルが許されない空気とも言える。人間は相手が同性だろうと異性だろうとアダムとイブのようなセットでいるのが自然だという考えだ。だから、デート相手がいないと人格的に問題があるのではと心配される。信念で天涯孤独を貫く人には必ずしも居心地が良い社会ではない。

「美」の世界とゲイ文化

1995年の初渡米のニューヨークでスタンドにある雑誌を片端から買い漁った中に『アドボキット』誌もあった。同性愛専用のこの雑誌がスタンド前面に陳列されていたのはニューヨークらしい。

黒人だけの雑誌や番組というエスニック限定のメディアにも衝撃を受けた。ガムでも歯磨き粉でも看板のモデルが黒人だけになるとハーレムに入ったなと感じられる。屋外広告は消費者の主要人種を調べ抜いて設置しているからだ。いろんな肌の色の人が仲良く全員でガムを宣伝する偽善はそこになかった。黒人街は広告までひたすら黒人街なのだ。

選挙の集票戦略でも同じことをするように指導された。アジア言語だけが詰まったビラを作成した。それは白人差別や黒人差別ではない。同じようにLGBTにはLGBTの世界がある。

ニューヨークの大統領選挙と連邦上院選挙のLGBT向け集票「LGBTアウトリーチ」に部門内で関与したことがある。私の責任担当はアジア系だったがLGBTや女性などジェンダーやセクシャリティは人種や民族のサブカテゴリーで集票対象が重複している。アジア系の女性やＬＧＢＴやＬＧＢＴのニーズを調べて食い込む必要があった。

ＬＧＢＴやフェミニズムの文化を実地で教えてくれたのは集票を手伝ってくれたコミュニティ指導者たちだった。アジア人だった私を家族のように大切にしてくれた。

奇しくも陣営本部での直属の上司のアウトリーチ局長はゲイだった。陣営本部から数ブロック先のカフェの軒先で昼飯後に、上司の服を褒めたら「それは僕がゲイだからでは」とさりげないカミングアウトを受けた。上司はパートナーと国際貿易センタービルの真下に犬と３人暮らしで、オフィスで話しにくい戦略会議で私は入り浸るようになった。

のちにその元上司は９・11テロのトラウマでコロラド州に引っ込み、新たなパートナーと２人の子どもを養子として迎えた。そのコロラドの家にも私は政治の季節になると調査拠点として居候していた。「２人の白人のパパ」の子育ての奮闘に「３人目のアジア人のパパ」として参加させてもらったことがある。

彼には選挙だけでなくファッションの手ほどきを受けた。選挙陣営に議会のときと同じダーバンのスーツで通勤したら「弁護士みたいで変だ。キャンペーンの格好ではない」と言う。カジュアルすぎず、スーツではない、お洒落な格好をしなくては上司の「合格」がもらえなかった。香水の種類や適量、ニットやパンツの合わせ方、など口うるさかった。

芋っぽいアジアの青年を自分流でオシャレに育てる「プリティ・ウーマン」ごっこか、と私は訝しがったが、「お前はゲイじゃないが、家族みたいなもの。ならもっとお洒落にしてほしい」と懇願された。伝統的な性別を超えて想像力を自由に働かせられるからだろうか、おしゃれであることとマンハッタンに住んでいたことにプライドを持っていた。

コスメティックやアパレルへの敬意は凄まじかった。上司の家である日、帰宅するとスーツケースの上にブレザーが店頭ディスプレイ並みに綺麗に畳まれていた。長旅で裾がしわくちゃになったのでクリーニングに出せばいいやと適当にベッドの上に放り投げていたものだ。「すぐハンガーに掛けるか畳め。ブルックス・ブラザーズに失礼だ。ショウ・サム・リスペクト」。仕事でミスをしたとき以上に烈火の如く叱られた。

男女のファッション界を隠然とリードするのがＬＧＢＴという感覚は新鮮だった。ビューティ界全体がＬＧＢＴの美的センスに依存している。映画ドラマにもそれは大いに反映されている。

高級百貨店のショーウインドウや店内デコレーションを手がける『マネキン』の天才肌デザイナーから、『ニュー・イン・タウン』でプロムデビューする女子高生のファッションを担当する美容師まで、いずれもゲイでしかも黒人という設定である。無論、ステレオタイプにも注意は必要だ。特にゲイが映画のような英語版「おねえ言葉」アクセントで話すのは固定観念だ。実際には英語の話し方に性的指向を反映させるとは限らない。カミングアウトしていないこともある。

黒人や女性の権利獲得は社会との戦いだったが、ＬＧＢＴはまず家族との戦いだった。家族が認めてくれなければ、性的指向の多様性が当たり前という風土ができれば、息子や娘を渋々認めるかもしれない。黎明期のＬＧＢＴの社会運動は、親とのわだかまりを解消する家族内誤解の解消という個人的な動機にドライブされた。

『**ウェディング・ウォーズ**』は、家族にＬＧＢＴがいた場合、世間にどこまで明らかにするかのジレンマを扱った映画だ。連邦上院議員の娘の婚約相手の弟が実はゲイ。たまたまウェディングプランナーで、兄は彼に結婚式の演出をお願いしたい。しかし、弟がゲイであることを隠そうとする。

東海岸のニューイングランド地方（北東部）の最北端メーン州が舞台。これがこの映画の鍵だ。メーン州は古き良き共和党の良識派の州とされていて中道色が強い。西海岸やマサチューセッツのボストンほど左派的な州ではない、共和党州である。しかし、共和党地盤の中では最もリベラルな土地で米議会で超党派法案を通すときに民主党案に賛成する議員は常にメーン州だ。民主党の南部の保守的な議員よりよっぽどリベラルなのだ。

しかし、サンフランシスコの政治家ほどラディカルに左派ではない。決して差別主義者ではなく「善人」なのだが、良識や体裁は重んじる。その煮え切らない態度に業を煮やしたゲイの弟は、議員の邸宅前でＬＧＢＴの権利運動を一人で始めてしまう。

ＬＧＢＴの権利に関しては、最も大切な存在である家族に「隠蔽」されることが一番辛く、大切な人の受け入れが前向きに生きる糧になることが本作から伝わる。個人的には差別していない、しかし他人にはカミングアウトしないでくれ、という中道良識派の偽善に切り込む。

対抗文化としての悪魔崇拝？

アメリカのサブカルチャーは政治風刺やリベラルな対抗文化の一部だったりする。漫画誌の『ＭＡＤ』のトゲのある乾いたジョークや、『プレイボーイ』誌などヤッピー向けの成人誌に載る記事やイラストも同系列だ。いずれもシニカルな風刺的風味をまとっている。

サブカルチャーはそもそも社会学者のデイヴィッド・リースマンにより、主流文化への対抗の意味で使用されたのが起源である。１９６０年に栄えた対抗文化の文脈にあてはまるもので、黒人やエスニック集団内で育まれるファッションや音楽、あるいはフェミニズム、同性愛のゲイ文化、ヒッピー文化に類する。だから、アメリカの書店で「サブカルチャーに興味がある」と尋ねると、禅やドラッグやヨガなどのコーナーに案内される。

日本的なサブカルもアメリカに存在するが、アニメやマンガなどの文化やニンテンドー（任天堂）などのブランドも、オタク文化を消費しているというよりは、東洋の現代若者文化へのエキゾチックな興味関心の延長であることが多く、筆者の周辺でアニメや漫画、ゲームなどを好むアメリカ人は必ずアジアや日本にも興味を抱き、多くは日本への短期留学を経験している。

２０１４年から５年連続で６シーズン制作された人気コメディドラマ『**シリコンバレー**』も

アメリカ西海岸のサブカルとアジア趣味を散りばめた爆笑作品だ。架空の巨大IT企業Hooli（フーリー）の元エンジニアの主人公がデータ圧縮アルゴリズムの技術を開発することから物語は始まる。Hooliに提示される1000万ドルでの売却を拒み、投資家の助けで起業する。スタートアップ企業コメディである。

大人数乗りの自転車にチームで一緒にまたがって、ともにペダルを踏みながらアイデアを出し合う会議（バイク・ミーティング）をするとか「意識高い系」の西海岸IT企業の奇天烈な風土をこれでもかと誇張している。シリコンバレー関係者には賛否両論があった作品だが、一周回って極めてリアリティがあるとしてファンを公言する大物も少なくない。イーロン・マスクも当初シリコンバレー文化をバカにする作品だとして眉をひそめていたが、「シーズン1の4回目ぐらいから引き込まれた」ことを告白している。

CEOが自社のプログラマーを揶揄するシーンが傑作だ。「彼らは常に5人組だ。プログラマーは背の高い痩せた白人、背の低い痩せたアジア系、髪を後で束ねた太った奴、変な髭面の奴、それとインド系の奴。その組み合わせになるまでシャッフルしているかのようだ」。ギーク、ヒッピー、南アジア系、東アジア系が揃うとスタートアップ企業のプログラマーチームの出来上がりなのだ。

ギーク枠が本作の主人公。ヒッピー枠がマネージャー的な起業家で、ヨガのような瞑想に凝り大麻常習者の変人。悪魔崇拝者、そして無骨で初心なパキスタン系。経営管理を担当してくれる元Hooliのマネージャーが途中から一人加わるが、彼なしには烏合の衆である。

ところで悪魔崇拝とは何か。この手のカルト信仰のわかりやすい極端な実例に、アメリカのロケット開発の父、ジャック・パーソンズがいる。技術者人生を通してオルタナティブな信仰にのめり込んだ。

スピリチュアリズム、降霊会、ペテン師、魔女、変態的な性交、千里眼、信仰療法など。ジャック・パーソンズは、「東方聖堂騎士団」なる集いをカリフォルニアのオレンジ・グローブ通りの邸宅で開催していた。酒と麻薬にまみれた乱交の宴だったとタブロイド紙が報じたこともある。首に長いコブラを巻き付けてパーティに現れて興奮状態で詩を朗読し、呪文を唱えていたという。

政府の軍事開発のトップシークレットを握る天才開発者が、こんなカルト好きでは洒落にならない。それが関係してか彼の名前は学界からは静かに抹消されている。パーソンズは自邸のガレージで化学薬品を調合中の爆発で事故死したことで、死因をめぐる陰謀論も渦巻いた。

シリコンバレーとこの手の謎めいたオルタナ信仰は実は切っても切れない。ドラマに一人は「悪魔崇拝者」が必要な所以だ。サイエントロジーというトム・クルーズも会員の団体の創始者L・ロン・ハバードがこの「東方聖堂騎士団」をパーソンズから奪い取ったという説もあるのだが、サイエントロジー教会はこれを否定している。

「突き抜けたラディカル」

Google全面協力によるイノセントなコメディ映画『インターンシップ』は、シニカルなギークに場違いな中年が、汗臭い友情や情熱を教えるという古典的な青春コメディである。若者を集めたGoogleの採用プログラムが少し美化して描かれている。ここでもインド系、フィリピン系、白人ギークと定番のチームが組まれる。

また、アマゾンのオリジナル配信作品ドラマ『ベータス』も『シリコンバレー』とそっくりのキャラ配置だ。若手起業家の主人公、親的な存在である中年白人ヒッピー、天才南アジア系（本作ではインド系）、社交に疎いギークのプログラマー。

登場人物たちの東洋趣味も同じだ。大物のテック企業経営者はパーティで魚を捌いて刺身を振舞うほど和食好きで、サブカル全般でジャポニズムに傾倒している。「バツマル」など日本の日常サブカルから輸入された小ネタがこれでもかと詰め込まれる。

脇役の東アジア系はこの作品では日系人だ。英語の言葉遣いなどネットスラング的にアジア人風のテキストの打ち方があり、それを披露するシーンもある。

相変わらず形から入り、形で終わる。寿司は健康的に違いないと、西海岸のベジタリアンがかつて誤解してSushiを「健康食」として広めたことがある。西海岸における「アジアっぽさ」は、陰鬱なニューイングランドのピューリタニズムや南部の悲壮感溢れる人種差別文化と自分たち「突き抜けたラディカル」を差別化する引き立て役の道具でしかないからだ。スシをつまみヨガしてるオープンマインディッドな俺はプログレッシブで「ソー・オーサム」なわけである。

全体としてはまだまだ保守的なキリスト教社会の中で実践するライフスタイルだから意味がある。完全に脱藩してアジア移住を望むわけでもない。日本に定住し日本語を真剣に勉強している本物のアジア通とは峻別すべきだ。リトマス試験紙はだいたい言語能力だ。母語が「世界語」であるアメリカ人が一から別の言語を習得するのは並大抵の好奇心では難しいからだ。「アジア風」に関心があるだけの人は、アジア言語習得は片言以上には絶対に伸びない。

私がよく行っていたアイオワの指圧マッサージがあった。施術の途中でお鉢を叩いてチーンとかゴーンとか余計なスピリチュアル儀式がある。普通に指圧の腕はいいのに残念だが、そもそも東洋マッサージを学ぼうという人はアジア風のスピリチュアルに憧れて業界に飛び込んでいるので、これにも笑顔で付き合ってあげないといけない。施術後は向き合ってお辞儀に両手で合掌である。

「忍者」とか意味不明なTシャツを着たり、変な漢字のタトゥを入れるエキゾチズムの消費は異文化同士「お互い様」のところがありめくじらを立てるより、ツッコミあって楽しんでしまったほうがいい。

日本の１９８０年代からのアイビーファッションやプレッピーブームもその一つだ。三浦しをん原作の邦画『WOOD JOB!』で林業に飛び込んだ主人公の青年がなぜかStanford Universityと書かれたシャツを着ているが、山村では周りの誰も「それ何？」と気にしていないところが逆にリアルだ。

日本慣れしていないアメリカ人なら「何年卒業？」と聞いてくるかもしれない。アメリカには卒業校名入りのパーカーやら野球帽やらグッズを身につける習慣があるからだ。これは学歴自慢というより愛校心確認で、映画やドラマでもお馴染みだが、少しダサい校名ペナントを寮の部屋に貼るし、卒業後は子どもや家族にもお揃いの校名グッズを着せたりする。ナンバープレートのケースやバンパーステッカーなど車グッズは特に人気だが、「私は○△大学卒」と告知しながら公道を走り回るようなもので、日本で同じことをやると自意識過剰で恥ずかしい。

薬物とパーティの文化論

飲酒運転と並んで平均的日本人からは違和感があるのはマリファナ文化だろう。大麻のことだ。州によっては完全合法である。

アメリカが大麻などの薬物に甘い間接的な理由は、1990年にアメリカで吹き荒れたタバコ規制運動も関係している。タバコをレストランから閉め出した根拠が、副流煙による他者への危害だった。これにより「他者にその場では迷惑をかけない」種類の薬物はタバコより害がなく、しかも中毒性が薄いという言い分が通りやすくなってしまったのだ。

それから政治性だ。ヴェトナム反戦時代、ＬＳＤ、大麻などの薬物は反体制を気取った自由の証でもあった。マリファナを吸うのは「ヒップ」で「クール」なことでカウンターカルチャーの体現だった。シリコンバレーの変わり者、ロケット開発で知られるパーソンズが出版した詩の冒頭はこうだ。「我が輩はドン・キホーテなり、我が輩はペイヨーテ、大麻、モルヒネ、コカインに依存して暮らしている」。

そこが酒や一般のタバコと違うところだ。むしろ葉巻（シガー）愛好に近い。クリントン、オバマなどベビーブーマー以降の大統領候補は選挙戦で大麻歴が暴露されるのも常になった。「世代」の影響があるし、ほとんどがリベラルな民主党の大統領であるのもミソだ。保守的な福音派のキリスト教徒は薬物などに手を出さない。

それだけに愛好家同士の「絆」は凄まじい。スポーツ施設などがある高級「クラブ」はビジネス締結の場でもある。しかし、金持ちのスタイルが変わりつつある。ドットコム億万長者が蔓延《はびこ》り、彼らは古参の堅苦しい弁護士と仕事をしない。「クラブ」で仕事の営業はご法度だ。弁護士ドラマ『ＳＵＩＴＳ／スーツ』のシーズン１でやり手の企業法務弁護士が愚痴る。「俺のことをクールじゃないと思ってるんだ。マリファナを吸わないのはナードだと決めつけている」

そこでマリファナを嗜む若い部下が、ＩＴ社長顧客開拓のために、「マリファナパーティ」に潜りこまされるエピソードがある。日本ではあり得ない。

ところで日本に馴染みがないパーティ文化として、「ストリッパー」というものがある。曲芸のようなポールダンスで知られる「ダンサー」である。彼女（彼ら）が踊る店にカップルや仲間とパーティの二次会で雪崩れ込むこともあり予備知識がないまま連れていかれると面食らう。

原理的キリスト教徒は売春や犯罪の温床だとしてアメリカからすべてのストリップクラブを追放する運動を今でもしている。その一方、社会に深く浸透しており、バチェラーズパーティという結婚前の新郎送り出しパーティでは、独身最後の夜に男性の友人が集合し女性ダンサーを呼んではしゃぐ。

『ソーシャル・ネットワーク』の冒頭でハーバード大学の「クラブ」の新学期パーティで踊っている女性たちも、ドラマ**『シリコンバレー』**でナードたちを励ますために呼びだされる「ダンサー」も派遣ストリッパーだ。ニューヨークのプラザホテルでの憧れの結婚式に命を賭ける弁護士と中学校教師の「ブライダル死闘」を描いた爆笑コメディ**『ブライダル・ウォーズ』**のように、女性が男性ダンサーを呼んで開催する場合もある。

「夜の仕事」ではあるが社会的にわりと許容されているものだと知っておくとシーンの雰囲気を誤解せずにすむ。貧困層のマイノリティが生活のためにダンサーをしている形で描かれることもあるが、ヒッピー風のアーティストや自由人もいる。

アイビーリーグの1つブラウン大学の学生が学費を稼ぐためにストリッパーとして働いたヘイディ・マトソンの1995年の自伝**『アイビーリーグ・ストリッパー』**はベストセラーにな

りテレビドラマにもなった。マトソンは労働者家庭の出身であるがブラウン大学に入学。2年目に学費が支払えなくなる。Ⅲ章でも触れた一流大学の学費問題を提起した一方で、マトソンの自伝とテレビドラマは、高学歴の片手間ダンサーがダンスを生業としている女性や業界そのものを上から目線で一方的にネタにしたという批判も浴びた。

地域の祭りへの「遠征文化」もある。ルイジアナ州ニューオリンズで例年2月から3月にかけて行われる「マルディグラ」(カーニバル)だ。由来は西方キリスト教の祝賀祭で、フランスが所有していたルイジアナに伝統が残っている。私も何度か訪れたことがあるが全米から観光客でごった返す様は、まるで街ごとすべてが音楽フェスである。

昼間は山車とパレードが目玉の平和なカーニバルだが、夜になると路上飲酒に厳しいはずのアメリカでは異例の飲酒会場と化す。プラスチックコップのビール持参の集団がそこかしこに溢れる。路上にビーズをばら撒く風習で、女性が上半身だけストリップするという意味不明の行為が生まれ保守派には風紀的に問題視されている。

この全米有数のカオスな祭りにハリウッドが目をつけないはずがない。ちゃんとこの様子を描いた映画がある。『ぼくらのマルディグラ青春白書』では、ペンシルバニア州の仲良し大学生たちがニューオリンズに非日常の「どんちゃん騒ぎ」を求めて繰りだす、ありがちなドタバタ系のコメディだ。ちなみに映画は2011年公開。2005年のハリケーン・カトリーナで水没したニューオリンズの繁華街の復興を強調する応援歌でもあった。

Movie Tips #4-1

『ジーザス・キャンプ』

（Jesus Camp）2006年

監督：ハイディ・ユーイング、レイチェル・グレイディ
配給：マグノリア・ピクチャーズ

夏のキャンプで神との対話を歌や踊りで表現する。そうしたキリスト教の教育の様子を密着で描いたこのドキュメンタリー映画は、キリスト教国であるアメリカで、子どもを信仰に巻き込む是非を問題提起した作品として秀作だった。しかし、アメリカのキリスト教の信仰が、なにか狂気めいたものとして誤解されるリスクを抱えていた意味で、外国人が鑑賞する上ではミスリーディングな「劇薬」でもあった。

本作はアメリカ人向けの作品なので、暗黙の「前提」は共有されている。それは社会に根づいているキリスト教の伝統だ。基本的に無神論者や不可知論者、ほかの宗教等でない限り、市民にとってキリスト教が社会に根ざしたよき伝統だという共通認識がある。世俗派も、その「前提」までは共有している。その上で、子どもへのキリスト教教育の是非を問う作品だ。

だから、世俗的なリベラル派でも、映画に出てくるような妊娠の仕方も知らない年齢の子どもたちに中絶の罪を胎児の人形を使って学ばせることが、一般化できないことはよく知っている。しかし、外国人、とりわけ非キリスト教圏の人には、映画のなかの世界が「アメリカ人キリスト教」のすべてとして映ってしまう可能性は排除できない。外国理解において文脈把握なき「衝撃」はときに有害ですらある。実際に、大学で事前解説なしで学生に鑑賞してもらうと、「宗教は恐ろしい」「だから宗教はいけない」という、宗教アレルギーに一足飛びにいく反応が少なくない。

信仰はコミュニティの大切な一部であり、福音派のすべてが映画に出てくるような者ではない。福音派には民主党支持の穏健リベラル派もいて、カトリックのリベ

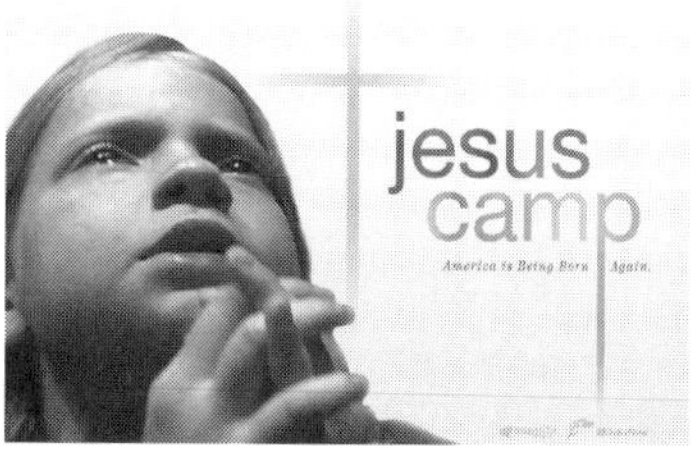

©Mary Evans/amanaimages

ラル派とともに、環境保護活動や貧困対策に汗を流す。地震災害などにさいしてかなりの規模の寄付金をすばやく集める民間団体は教会でもある。マザー・テレサを尊敬し、平和部隊に参加し、伝染病にかかった子どもたちのための病院を作ろうとスラムで汗を流すアメリカのキリスト教徒の若者と世界中で会うことができる。

筆者と20年来の親友にも、そういうカトリック信徒がいる。紛争解決学で修士号をとり、必要に迫られてアラビア語を勉強し、中東やインド、パキスタンで宗教間対話をした平和活動に従事している。こういう姿もアメリカのキリスト教のもう1つの顔だ。

ところで『**ジーザス・キャンプ**』は、ドキュメンタリー倫理においては、ギリギリの線を泳いだ問題作だ。筆者自身のテレビ・ドキュメンタリー制作の経験からもいえるが、この種の潜入ルポものは、対象への批判精神を取材時に発揮すると何も撮れない。「初めてカメラが入る」ことを優先するなら、取材対象を理解している「ふり」はある程度欠かせない。本作の二人の女性監督が早期キリスト教教育に好意的と勘違いされ、現場に迎えられているのは間違いない。

そうでなければ、隠し撮りなしにここまで教会の実態を撮れないからだ。

作品末尾の付録的なシーンでは、木陰で休む黒人の中年男性に子どもたちが布教目的で声をかける。「死んだらどうなると思う？」「天国にいくよ」と答える男性。女の子は「あの人、ムスリムだったと思うよ」と男の子にささやく。道の反対側からそっと撮影している。だが、声を遠くからクリアに拾うには、子どもたちにワイヤレスのピンマイクを仕込む必要がある。

それは教会と親の全面協力がなければできない。

公開作品を観て、自分たちが好意的に描かれているとばかり思った信徒の親子らは唖然としただろう。取材対象が「巨悪」であれば、騙し討ちに近い手法も例外的に許容されるかもしれない。残酷なのは、実名で登場する子どもたちが、アメリカ社会で「どんな成長をしているか」と好奇の目にさらされ続けていることだ。彼らは「子役」ではない。親の許可を得たというだけで、子どもを実名、素顔で露出させたことは、この作品が批判したかった早期キリスト教教育よりも、ある意味ではより暴力的で取り返しのつかない行為かもしれない。

2021年までの英米メディアの報道やSNSでの彼らの発信を見る限り、映画で取材された主要な子どもたちは元気に育っている。キャンプに参加していた頃の強烈な原理的な信仰心には疑いを持つようになった子が多いが、特徴的なのはほぼすべての子が現在も敬虔なクリスチャンではあることだ。そしてキャンプについては少年少女時代の楽しい思い出として記憶していると語っている。そういう記憶の整理の仕方にせざるを得ない面もあろう。自暴自棄になっておらず私としてはホッとさせられた。SNS時代の子たちらしくなかなか耐性がある。

唯一、キリスト教への信仰を完全にやめたという少年は、その理由を父親がゲイであることをカミングアウトしたからだと語っている。『ガーディアン』紙によれば、カリフォルニアの聖地、シャスタ山で「スピリチュアル」の集団と暮らしており、

「東洋神秘主義、量子力学、向精神薬」を追求しているという。キリスト教原理主義に幻滅した人として、お馴染みの「既定路線」でニューエイジ方面の新たな「信じるもの」を探しているようだ。

Movie Tips #4-2

『アメリカン・ビューティー』

(American Beauty) 2000年

出演：ケヴィン・スペイシー、アネット・ベニング
監督：サム・メンデス　配給：ドリームワークス

ケヴィン・スペイシーが演じる中年の父親が主人公であるこの映画は、中産階級の「家庭崩壊」の話だと思われがちだ。繕われた真善美などくそくらえという価値解体の挑戦にみえる。

なるほど、良妻賢母に見える母にも「裏の顔」がある。高校生の娘は両親の不仲を察知し体裁ばかりを気にする母親を見下して、グレていく。父親は自己解放の快楽に発作的に目覚めて、突然仕事を放り出し、娘と同じ高校の女の子に性的に惹かれていくリビドーに素直に従う。

母親の浮気相手は、アメリカでは一大ビジネスとなっている「こうすれば勝ち組になれます」というオーディオブックやら本で稼ぐ「自己啓発講演家」である。正義面した仮面の裏で、誰もがえげつない欲求を抱えており、その実、古き良き中産階級のアメリカなど崩壊している。

しかし、隠れたもうひとつの主題は、社会的な文化カテゴリーの逸脱の限界をめぐる悲哀がある。ここでは同性愛という記号が重要な意味をもっている。アメリカ社会で、同性愛がどういう位置づけにあるかを知らないと、結末の意味が分かりにくい。

一つはネオナチのような保守層にも、個人レベルでは同性愛者がいても不思議ではないという、社会的にカテゴライズされるステレオタイプの解体。もう一つは、しかし結局は、個人はその社会的なラベルの仮面から逸脱することはなかなか難しいということ。その「二段階」の現実だ。

『アメリカン・ビューティー』
DVD：1,572円（税込）
発売元：NBCユニバーサル・エンターテイメント

※2023年11月の情報。

どんなグループにも少数派はいる。しかし、例外者も、長年属してきたグループの建前から逸脱するような生き方はできない。ようするに、ステレオタイプによる分類は結果として正しいという、なんだかぐるりと結論が一周するような話なのだ。同性愛者であることが恥だと公には信じこまされてきた保守主義者の男性は、自分が同性愛者であることに悶々としながらも、最終的には「社会的な顔」を優先し、その葛藤を上手に克服できないという悲劇に突き進んでいく。

銃の愛好家である白人の保守系男性にとって「同性愛者」というものがいかに非キリスト的な恥ずべき存在とされており、対抗文化に象徴される悪しき「リベラル」として、忌むべきと位置づけられているのか。そこにこの映画の決定的に重要な結末がつながる。

なぜ、同性愛者であることを知られることがそこまで社会的に深刻なことなのか。その心境はなかなか理解しにくいかもしれない。「カギ十字」のマークが裏に入った骨董皿を所有している「隠れナチ愛好家」であることや銃を保持していることを示すシーンがこれでもかと挿入されているのは、それらが所有者の「保守」性を示す伏線になっているからだ。

「保守」とカテゴライズされる人のなかに存在する「リベラル」な性質は、社会的な次元での整合性の破綻をもたらす。しかし、それこそが、保守（赤）、リベラル（青）としてメディアで色分けされる政治地図のなかに、グラデーション「紫色」として存在する現実の多様性（パープルのアメリカ）なのだということに、いまいちど

写真：Everett Collection／アフロ

気づかされるはずだ。

銃規制に反対する「小さな政府」主義のアフリカ系の保守がいるかもしれないし、再分配になぜか反対するフェミニストのリベラルがいるかもしれない。しかし、公の空間では、政治場では、二つの立場に収斂させる動力がはたらき、保守だから、リベラルだから、という世間的な記号からの逸脱は、私的な「裏側」にひっそりとしまい込まれてゆく。そんな窮屈さもアメリカのもうひとつの姿だ。

ところで、この作品は学園ものとしても定番の見どころ要素が満載だ。アメリカの公立高校を舞台にした作品は私服に「キャラ」を忍ばせる。雑誌モデル経験が自慢のチアリーダー「女王蜂」は、大人の彼氏をひけらかし、背伸びする。真面目な同級生を「郊外の甘やかされたお嬢ちゃん」と見下す。

一方、この「女王蜂」の引き立て役の主人公の一人娘は、擬似「ゴシックロック」風ファッション。「聖書のセールスマンみたいな格好」だと「女王蜂」に気味悪がられる謎の転校生男子に惹かれていく。「外れ者」の個性派男女の絆に、親たちの偽善への軽蔑と反逆を滲ませる。学園での「虚勢」と秘められた「個性」の対比は面白い。

Movie Tips
#4-3

『刑事ジョン・ブック　目撃者』

（Witness）1985年

出演：ハリソン・フォード、ケリー・マクギリス　監督：ピーター・ウィアー
配給：パラマウント映画

アーミッシュという電気や車を使う生活を拒否している人々がいる。メノー系のプロテスタントだ。ヨーロッパの宗教的迫害を逃れて北米に移住してきたのは一八世紀。アメリカ内陸に根をはったアーミッシュは、今日でも10万人以上の「オールド・オーダー」と呼ばれる厳格派のアーミッシュが、メノナイト教徒に周囲を囲まれる形で居住している。世俗的なリベラルはアーミッシュはおかしなカルトだとして馬鹿にすることが多いが、キルト手芸、木工大工、お菓子作りに優れた素朴な人たちである。私もペンシルバニア州の村に滞在したことがある。

アーミッシュ映画は多いが、公開された時代をまたいで、サスペンス、コメディ、ラブストーリーの部門別に3部作を推薦したい。それぞれコアのテーマが違う。

『刑事ジョン・ブック　目撃者』は殺人犯の目撃者となるアーミッシュの子とシングルマザーをハリソン・フォード演じる刑事が匿う。アーミッシュと心を通わせる話だ。テーマは「非暴力」だ。アーミッシュは非暴力主義で知られる。

最左派の連邦議員ですら軍事力を肯定するアメリカにあって、日本の平和憲法のようなガンジー主義と親和性があるのは、アメリカではキリスト教のある種の宗派だけだ。クェーカー教徒やアーミッシュは戦争を好まず徴兵も拒否する。映画では刑事が所持する拳銃を汚物として毛嫌いする。失礼な観光客にイタズラされても言い返しも仕返しもしない。

だが、この非暴力も部分的に変質した。2001年の9・11テロを境に対テロ戦争を遂行するブッシュ政権を支持する集落が増えて投票もするようになった。軍事

『刑事ジョン・ブック 目撃者』
DVD（通常版）：1,572円（税込）
発売元：NBCユニバーサル・エンターテイメント

※2023年11月の情報。

を忌避して非暴力主義を貫けたのは、アメリカという超大国のシェルター内なら古い小さな生活を守れたからだった。初の「本土攻撃」で安全保障に覚醒した彼らはもう「平和主義」ではない。

ところで、アーミッシュ親子が街中のデリで食べる前に祈る際に、刑事がギョッとするシーンがある。これは私たちには少し誤解を招く。アーミッシュだけの習慣ではないからだ。世俗的な人は祈らないが、私の友人のアメリカ人でも敬虔な人はどんなジャンクフードでも何かを少しでも口にする前に祈る。待たされるのが手持ち無沙汰だったがそのうち慣れた。

アーミッシュは移民当時からの伝統でドイツ語が母語だ。英語もドイツ語訛りを話す。ウィークweekをヴィークveekと言ったり、コメディではドイツ語訛りを誇張する。刑事が終始「イギリス人」扱いされていて字幕だと分かりにくいのだが、非アーミッシュのことをイングリッシュ（イギリス系）と彼らは言う。黒人のこともだ。世俗に出ることをイギリス化するという。

コメディ映画『**大富豪、大貧民**』のテーマは「物質文明」と「夫婦の絆」だ。おもちゃメーカーの経営者とその妻の金持ち夫妻はニューヨークでセレブ生活を満喫しているが、仮面夫婦で家庭内別居状態。会社の金を使い込んだ部下のせいで国税担当官にクレジットカードを止められ追われる中、アーミッシュの村に逃げ込む。

アーミッシュは「政府からの独立」を旨とする共同体で資本主義も腐敗の象徴として敵視する。逃亡夫妻は指輪を外し、化粧を落として偽の親族に扮して村に紛れ

©Mary Evans/amanaimages

『大富豪、大貧民』

（For Richer or Poorer）1997年

出演：ティム・アレン、カースティ・アレイ
監督：ブライアン・スパイサー　配給：ユニバーサル・ピクチャーズ

込む。リベラルな集落から来たということで生活のイロハへの無知を誤魔化す。

この映画のハイライトの一つはアーミッシュの服装改善の話だ。女性はケープドレスというロングスカートの服装だがかつては黒が基調で色が禁止されていた。ファッション好きの偽アーミッシュの逃亡婦人が、服装をカラフルにする発議をする。カラー化は随分前に進んでいるが、その事実にヒントを得たエピソードだ。

長老たちの理解を得るために模様入りの服の「ファッションショー」を開催。モデルのアーミッシュに「ランウェイでは恥ずかしがって下向かないように！ヴェルサーチ、アルマーニ、ヴァレンティノを想像して！」とゲキを飛ばす。誰なのかわからない名前を連発されてキョトンとするアーミッシュ。無事にパープルやブルーの色付きの服が認められる。

現在も模様は禁じられている。妙なルールとしてボタン禁止がある。特殊なホック式、そして男性はサスペンダーが必須である。映画では、逃亡夫婦は敬虔な村ではなんでも「神様」と言っておけばいいとばかりに、チョコレートを食べても「オー、ロード」と大げさに叫ぶ。基本リベラルが信仰を茶化す映画であることには変わりない。

村のパーティの腕相撲で青年が恋を寄せる女性の父親と対戦。勝利と同時に「あなたの娘さんと結婚したい！」と叫ぶ。すかさず父親が皆の衆に「私の娘は今日、婚約したぞ」と宣言。娘の意志も聞きもしないまま周囲が祝福の拍手。保守的な家父長的社会だ。この純愛を貫く「家族的」な村で男は農作業、女は炊事や裁縫とい

『フォロー・ユア・ハート』

(Follow Your Heart) 2020年

出演：ガラドリエル・スタインマン、ケヴィン・ジョイ
監督：サンドラ・L・マーティン　配給：ACIインスパイアーズ

う素朴な生活を重ね、一緒にフォークダンスを踊るうちに離婚寸前の逃亡夫婦の仲が改善するというおとぎ話だ。

一方、『**フォロー・ユア・ハート**』は毛色が全く違うアーミッシュ映画。テーマは「選択」だ。

電気を使わないアーミッシュの昔風の生活や信仰を辞めたい人はどうすればいいのか。アーミッシュの家族で育った主人公の少女は、禁じられている図書館カードを作り、外の世界を知るために読書を始めてしまう。書籍の時代ですらこんな具合で情報格差は激しいのに、ソーシャルメディア時代の今、アーミッシュはますます隔絶されている。ついに少女は心を寄せ合っていた男子にも言わず家出する。

それから10年。ニューヨークで「旅行作家」として成功している元アーミッシュ家出少女の女性が、父の死をきっかけに村に帰省。村中がアーミッシュの文化を捨てた彼女を軽蔑していた。姉は自分の子どもたちにアーミッシュの生活を捨てた叔母がいることすら知らせていない。

「子どもをおかしな考えに染まらせたくない」

「それは子どもたちの選択でしょう？」

取材旅行で学んだのであろうモロッコ料理を振る舞うが村に溶け込めない。閉鎖的な村社会は噂と村の長老の意見が支配する。アーミッシュは集落で集団出家のような状態だ。

主人公が父親に旅先から書き続けた手紙が出てくることで姉の気持ちに変化が生

じる。「韓国にいます。アジアの料理は美味しいよ」と伝える手紙。「コンニチワ・フロム・ジャパン」「アロハ・フロム・ハワイ」

妻を亡くして男一人子育て中の「元彼」の娘に、世界を旅して創作した詩を読む。「サントリニ島の絶壁ほど美しい楽園はない、ノルウェーのオーロラ、トパーズ色の夕ヒチの海、ベルサイユのユリのように薫るところ、モロッコの香辛料市場、カウアイ島の豚の丸焼き、北海道の山の中の温泉、テキサスの夏の夜、しかし常に私の心はここにあった。私の楽園はホームだ」

なぜ彼女がアーミッシュの村を出たのか。世界が見たかったからだ。アーミッシュの生活も信仰もリスペクトされて然るべきだ。しかし、外の世界が見たいと願う子どもがいれば、私としてもその願いはなるべく叶ってほしいと願う。アメリカの隅々にも世界にもアーミッシュの若者が知らない世界がある。

メディア論的にも興味深い作品だ。世界を旅するリアリティテレビ番組の誘いが来るが「(放送作家がいるから)もう書かなくて済むよ」とパートナーに言われ、主人公は急に出演に興味を失う。「私は自分で書きたいの」。決められた台詞を言わされることもしたくないし、番組の内容も自分で表現にこだわって書きたい。作家だからだ。

少し本が売れてSNSフォロアーが爆増するとリアリティテレビの話が来る。だが「出役」になって台本化された瞬間、ショーの「素材」になる。作家であろうと「本人役」の俳優業を強いられることへの覚悟がいる。それが、「構成」があり一定の時間内でオチをつける「商品としてのテレビ」の宿命だからだ。

村との関係に彼女がいったん出す結論には異論もあろう。だが、あるべき「選択」だ。世界中を見てニューヨークで出版やメディアの仕事をして、その上でというのならば。

映画の彼女のような自由人が増えすぎたとき、信仰基盤の共同体は素朴さを維持できなくなるだろう。テレビも見たことがないアーミッシュがＳＮＳの動画洪水に触れたら過刺激になる。信仰を破壊させる外部のウイルスになりかねない。その意味でこれまでのアーミッシュ映画とは違う「問題作」だ。

Race and Ethnicity

V

人種と民族

移民社会アメリカと「英語名」

州や都市や状況にもよるがアメリカの路上で初対面の人が私と出会った場合、その人はまず、私の外見から「アジア系の男性だ」と判断する。ジャパニーズ、チャイニーズ、コリアンなどの東アジア系の顔つきだなと思うかもしれない。でもせいぜいそこまでだ。外国人かどうかには関心をもたれない。中南米系だったとしてもヒスパニックだなと思われるだけで、メキシコ人か合法移民かはたまた不法移民かはその場では気にされない。

マッチングや友だち作りのサービスの自己紹介でも「外国人」か、を問う欄はないし、とくに関心ももたれない。しかし、「アジア人」としては必ず見られる。その話題は避けられない。これ自体は差別ではない。アメリカ文化「三大要素」（II章）の中でもエスニシティ（人種・民族）は最重要だ。「エスニシティは特になし」では自尊心もアイデンティティもないことになる。窮屈に聞こえるかもしれないが、何かのエスニシティに属さないといけない。

アメリカはくじ引きで永住権が当たるし、国内で生まれた子は自動的に市民権を得る。不法移民でも学校に通い普通の暮らしをそれなりにできる。そんな国では「国籍」よりも「エスニック属性」のほうが遥かに重たい情報なのだ。

アメリカで活躍する日本のスポーツ選手やアーティスト、ノーベル賞受賞者は私たちが思うほどには「外国人」「日本人」と区別されていない。「ジャパニーズ」という理解でとどまっていることも少なくない。この英語のJapaneseとかChineseは、国籍だけでなく「日系」とか「中華系」のようなエスニシティを示す言葉だ。

「ハリウッドで一番有名なジャパニーズの俳優は誰？」というアメリカのネット上の質問に、『スター・トレック』の「ジョージ・タケイ」、『ベスト・キッド』の「パット・モリタ」と答える人もいれば、「ケン・ワタナベ」「ヒロユキ・サナダ」だと書く人もいる。そこに日系人と日本人俳優の区別はさほどない。

名前が「ジャック」とか「ステファニー」みたいな英語名ならアジア系アメリカ人だろうか。これは英語名がない日本の発想だ。「よしふみ」を「ヨシ」に短縮するなど、海外向けニックネームに本名の一部を残すのが日本式。「スージー」とか「ウィリアム」にはしない。だから顔がアジア人で「ボブ」だと、移民何世か「ハーフ」の方かなと私たちは思いがちだ。

だが、他の漢字圏は英語名を持つことが少なくない。例えばブルース・リーには李小龍という中国語名がある。香港人だと英語圏イギリスの影響だろうと思うかもしれない。

しかし、台湾でも英語名は「あだ名」ではない。名刺に英語名も入れるし、台湾人同士でも英語名で呼び合う。あまりに英語名だけで普通にやり取りしているので「彼の中国語名ってなんだっけ？」という会話も職場で飛び交う。友達作りのアプリやＬＩＮＥのアイコンも英語名で登録していることが多い。

つまり「本名」が２つあるような感覚だ。香港でも台湾でも英語名は子どもの頃の英語の先生につけられる。そんなものを「本名」にする感覚はやや驚きかもしれない。

アメリカに移民した瞬間から「ウィリアム」になったり、移民先で生まれた子どもだから「ベッティ」にするのではなく渡米前から英語名を併用している。中国大陸ではさほど一般的ではないが、それでも海外と接する仕事の人や英語の先生は持っている。だから、アメリカでアジア人が英語名であってもアメリカ歴やアメリカでの立場は名前からは判別つかない。

全米公共ラジオで働いていたとき、ウィスコンシン州の田舎町の取材先で「マッドでいいかい？」と唐突にニックネームを提案されたことがある。「親しみを込めたい」という。「なんでマッド？」「君の名前がMで始まるから」。え？　そんな理由？　私は咄嗟に「いや、マサで」と拒絶した。怪訝な顔をされた。「他のアジア人には英語名がなければつけてあげている。君はなんで断るのか」という感じだった。

英語名にしたほうがいいケースもある。短縮が英語圏で誤解を招く同音異義語になってしまう場合だ。「マサ」はイタリア料理店名（トスカーナ州の都市名）とか「マーサ」という女性名に似てしまうので、「マーシー」とか強いアクセントをつけて「マッサ」で差別化されがちだった。英語圏にない名前は綴りがどうせ音から再現できない。珈琲の順番待ちをする程度のときは「マイク」にするようになった。「Mで始まる」法則に屈したが、マッドにはしたくなかった。ウィスコンシンのトラウマである。

「健」「譲治」「直美」などにしておくと確かにアメリカでも通じて楽だ。一方、英語名を併用すれば母語本名は英語圏に合わせなくていい。どちらがいいかは好みだ。外国人のニックネームは相手文化への親愛の情も滲ませる。加山雄三さんに憧れていた若い頃のデーブ・スペクターさんは「ユーゾー」と名乗っていた。

アメリカでは名前でも英語の訛りでも、滞在の長さや理由でも、市民権の有無はわからない。渡米者は誰もが明日の移民予備軍として見られる。永久の「外国人」はいない。

アメリカは二重国籍を認めている。二重国籍を禁じている国側の都合で選択をする。「行ったり来たり」感もすごい。アメリカにかれこれ数十年住んでいても台北に戻って投票し、同じ年のアメリカ大統領選挙にも投票する。まさに人生二倍。「アメリカ人」になることがとても軽い。こういう社会に長くいると「アメリカ人か」「外国人か」の感覚が薄れていく。

「ジャパニーズが来るよ」と言われて臨席してみると日系人の方だったりする。事前にアメリカ人に「客人の国籍は？」と聞いても「知らん。ジャパニーズらしい」という回答が関の山。アメリカ社会全体はアジア人のなかの区別に関心がない。だが、中華圏の華人側は「中華系アメリカ人」に同じような親近感は抱かない。この「片面通行」のすれ違いは、後ほど触れる『クレイジー・リッチ！』に余すところなく描かれる。

ところで、アジア系にせよ白人にせよ顔の判別については、自分と同じ人種かどうかではなく幼少期からの「見慣れ」に左右される。海外映画ドラマで難所のひとつだが、日本で育った大多数の視聴者に、白人や黒人は著名な俳優さんでないとなかなか区別がつきにくい。

逆もまったく同じだ。友人（白人）と食事中、「お前、有名じゃないか！ 見つけたぞ」と名前の画像検索を見せられたことがある。スマートフォンにいたのは知らないミスター・ワタナベの顔だった。20年以上の付き合いでも、この程度の顔の認識度なのは彼だけだが、アイオワ州でアジア人の同級生を持たずに育った普通の人の判別能力でもある。

広東や台湾そのもの　アメリカのなかの中華社会

北米のチャイナタウンは「観光地」ではない。移民の生活のために根を張ってきた空間だ。魚でも野菜でも漢字でしか値札が書いていないし英語が話せない店番も多い。広東語や北京語が分からない人に売る気がはなからない。

私の大学院の中国人学生だけのクラスでは、毎学期スライド写真で場所当てに挑戦してもらう。

漢字の看板の街並み。軒先にぶら下がったチャーシュー。海鮮料理の魚の生簀の水槽。中華圏特有の鉄格子や金属製の扉。八百屋や魚屋の値札には漢字しか書かれていないのに、頭上の看板には英語が混ざる。「香港？」と声があがる。

ところが、台湾茶専門店「天仁茗茶」、タピオカミルクティー「ＣｏＣｏ都可」などチェーン店や中華民国の青天白日満地紅旗がたなびく建物。「台湾だ！」。いや違う、中華人民共和国の五星紅旗もある。飲茶で点心の蒸篭ワゴンを押す店員。中華圏全域に展開する日本の「味千拉麺」（本店・熊本）がある。

動画に切り替える。どのレストランや街なかの動画も広東語だ。だが訛りが香港風ではない、広東省台山地方の台山語かも。勘のいい南方出身の学生は気が付きだす。しかし、広州や深圳に青天白日旗があるはずがない。最後の「ＮＹＰＤ」（ニューヨーク市警）のロゴのパトカーが映り込むスライドでどよめきが起きる。

２０１０年から同じことをしているがまず当たらない。スライドを入れ替えて台湾の大学での授業で試みてもあまり当たらない。映り込む通行人も東アジア人ばかりで渡米経験がない中国人や台湾人には、アメリカだと識別できないのだ。

私は２０００年、ヒラリー・クリントンの上院選とアル・ゴア副大統領の大統領選のニューヨーク支部で「アウトリーチ」というアジア系向け集票の統括を任された。

中華系、韓国系、インド系、パキスタン系、フィリピン系など複数のアジア系社会の指導者やエスニックメディアに水面下で接触して、票固めの根回しをする仕事だ。日本人としては異例だが、下院議員の差配で実現した。経緯の一部は拙著『アメリカ政治の現場から』（文春新書）や当時私を取材したジャーナリストの清水克彦さんの著作（『ラジオ記者、走る』新潮新書）にも記されている。

苦慮したのはアジア系の内紛の実情だった。アジア系で無視できない最大勢力は中華系なのだが、派閥が細かく割れていた。伝統的な広東系、台湾系の中の国民党系と本省人系、それ以外の大陸系といった分裂だ。広東語系と北京語系の言語対立もあり、広報物を掲載する中文メディアで、アメリカの政治家の人名を広東語、北京語のどちらの音訳（アルファベット表記）で書くのか、香港式、台湾式の使い分けなどに神経をすり減らした。

また、出身国・地域の政治も面倒だった。移民期の党派性は、アメリカでピュアに「保存」されている。今時の台湾ではそう多くない蔣介石を心底敬愛する「中華民国」魂の外省人系の移民から、台湾の民主化運動に尽力した「党外」（非国民党）政治亡命者や長老派教会、日本語世代の高齢者まで。私は台湾の政治に、奇しくもアメリカの華人社会で、実地で巻き込まれた。この選挙の仕事の前にワシントンの議会で台湾ロビーの窓口を担当させられた経験が思いがけず役立った。

それぞれの派閥にボスがいる。中華総会や国民党などから商工会の会長、エスニック新聞の編集長まで。言語も違うし民主党と共和党に求めるものも違う。相談する順番や協力相手を間違えると支援筋の面子を潰し二度と陣営に協力してくれない。

自分の市議選の宣伝のためにバーター協力を求めるしたたかな台湾系もいた。上司のアウトリーチ局長は中華系のコントロールの全権を私に丸投げしていた。陣営として彼を出入り禁止にすることもできたが、私はこの市議候補の中華系社会内部での「力」が役に立つとみて、彼の便乗宣伝を半分黙認した。コミュニティリーダーの長老たちとの阿吽の呼吸だった。

チャイナタウンに半分居を移し、同じ釜の飯を食い、懐に飛び込んで、「ボス」たちに下手くそな広東語や台湾語で挨拶をして回って顔を覚えてもらった。資金集めパーティの開催やエスニックメディアに広告や仕込み記事を依頼するためだ。同じことをインド系や韓国系など1つ1つのコミュニティでしてまわったが、常に軸足はチャイナタウンに置いた。

この仕事のおかげでアジア系社会の内部についてそれなりの土地勘を養ったが、その経験から言わせてもらえば、アメリカの白人の主流社会はいまだに「アジア系のアメリカ」を上っ面な理解でしか受け止めていない。

「理解不能な世界」としてのチャイナタウン

「チャイナタウン」が代弁する「アジア系の世界」には、他のエスニック集団とは異なる特別な象徴の意味がある。

ここにあるのは「理解できる世界」「理解不能な世界」の断層だ。

ホワイトエスニックと呼ばれる白人の民族集団がある。アングロサクソン系以外の白人移民だ。アイルランド系のほか、南欧系のイタリア系、ギリシャ系、東欧系のポーランド系など細分化される。だが、彼らも大きな意味では「白人」の中に溶け込んでいる。

黒人は激しい人種差別の被害にあってきたが、奴隷制の下でアフリカから文化的には切り離されてしまった皮肉から、「英語」と「キリスト教」を核とした集団だ（元奴隷ではない現代の自由移民のアフリカ系は全く別）。言語と宗教の双方で文化面ではアメリカの「主流」である。

中南米系のヒスパニック社会も中南米の伝統文化はスペインとポルトガルによってかなり断絶されてしまった。スペイン語という言語においてもカトリックという信仰においてもヨーロッパの伝統を受け継ぐ集団である。

それに対して、言語（文字）から宗教から何から何まで数千年に及ぶ独自のルーツをアメリカに持ち込む異質な集団がアジア系である。この断層は学歴や所得など階級による分断線ではなく、「文化」に関するコアな異質性だ。だから白人中心にときには黒人やヒスパニックまで含む「主流」のアメリカ社会を「理解できるこちら側の世界」とすれば、「理解できないあちら側の世界」の象徴はアジアなのだ。中東、イスラム圏も同じような扱いに入る。

その「神秘」の象徴が「チャイナタウン」であり、東アジア、東南アジア、南アジアなど全アジアを代表する「あちら側の世界」である。実際にはコリアンタウンもあればインド人街もあり、アジア系内部は細分化されている。しかし、アメリカに最初に誕生した「理解できない世界」は、歴史を紐解くと広東移民によるチャイナタウンだった。

銀行強盗サスペンス映画『**インサイド・マン**』は、犯人グループのバンがブルックリンからマンハッタン橋経由でニューヨークのチャイナタウンに入るシーンから始まる。マハヤナ仏教寺院を曲がって移転前の飲茶の名店「金豊大酒楼」を走り抜ける。

トンネルやブルックリン橋から向かえば強盗先のウォール街に近道のはずなのに、映画では犯行仲間を同乗させる口実で漢字の看板の洪水の中をあえて走り回らせる。サントラの軽快なインド音楽「チャイヤ・チャイヤ」が鳴り響く。「英語が外国アクセント」らしいという設定の謎めいた犯人グループのエキゾチックな世界観に観客を引き込むためだ。

『グレムリン』のモグワイ（悪魔怪物）

アメリカの「チャイナタウン」は歴史的には移民が身を寄せる阿片窟的なゲットー扱いで、香港にかつてあった無法地帯「九龍城」のような猥雑さに魅力がある。映画にはその表象が随所に埋め込まれている。

『**チャイナタウン**』は1930年代のロサンジェルスを舞台にした社会派クライムサスペンスだ。作品終盤チャイナタウンで起きる惨劇に際して刑事役は言う。「気にするな。チャイナタウンだ」。未解決がデフォルト。犯人もうやむやになる闇社会的なアンタッチャブルな空間として描かれる。それこそイギリス統治下の香港政府が手を出せなかった九龍城のようなものだ。

1980年代映画を代表する人気作『**グレムリン**』に登場する「モグワイ」とは広東語で悪魔怪物を意味する。映画はペンシルバニア州の架空の町に住む一家の話。発明家の父がチャイナタウンで息子への贈り物を探す。掘り出し物探しにうろついて怪しげな骨董品屋で、魔法使いのような風貌の謎めいた店主からモグワイという小動物を手に入れる。光、水、夜の餌のタブーを破ると数が増えて悪魔のような凶暴な「エイリアン」に豹変する。

『**グレムリン2**』ではドナルド・トランプがモデルの不動産王がニューヨークのチャイナタウ

ンの再開発でモグワイを所有していた骨董品屋を取り壊す。再開発後のチャイナタウンの完成予想図は東洋へのステレオタイプむき出しの建築だ。立ち退きを迫りにきた不動産王の手下が骨董品屋の店主の格言めいた返しを「それは孔子か？　ブルース・リーか？」と茶化す。白人の中華系への理解はその程度の知識である。

チャイナタウンの奥地にはモグワイのような謎めいた生物が売られているのかも。容易に足を踏み入れにくい魔界。それがチャイナタウンに当てはめられた記号だ。ステレオタイプではあるがある側面の「現実」を反映している。

ただし、必ずしもヘイトや差別の対象ではない。西洋文明でははかり知れない神秘への尊敬のような気持ちも込められているからだ。

マイケル・キートンとニコール・キッドマン共演『**マイ・ライフ**』では、広告業界で成功する男が妻の妊娠と同時に自分がガンにおかされていることを知り、生まれてくる子どもにビデオメッセージを残す。西洋医学では治せないと知った主人公は、町外れのチャイナタウンで東洋医学にすがる。気功師のような男は主人公の家族をめぐる精神的なトラウマを癒す。

特殊な能力による「切り札」としてチャイナタウンの中華系が描かれることが少なくない。西海岸のニューエイジ信仰にもつながる。

ブルース・リー伝説から『カラテ・キッド』再ブームまで

東洋文化がプラセボの魔術のようなものだけであれば「理解できない」世界は「詐欺」でおしまいだ。だが、「力の証明」がアメリカのプラグマティズムを納得させてきた。

その真髄がマーシャルアーツの武術である。最初に注目を集めたアジア系主演のアクション映画が、「武術家の役」を俳優が演じるか、武術家が「映画で技を披露」するかでは真実味が変わる。

香港でイップ・マンの弟子として技を磨いた武術家ブルース・リーが、サンフランシスコの道場でジークンドーを伝道し、たまたまドラマ『**グリーン・ホーネット**』で人気者になった。その延長に『**燃えよドラゴン**』以降のヒットがある。

要するに、本物の武術家がテレビや映画に出るようになった。彼の作品はいずれもフィクションの体裁をとった「武術ドキュメンタリー」である。アジア文化の地位向上に寄与した価値はここにあるのであり、「アジア系の映画監督・俳優」におさまるものではない。

「強いもの」を素直に認めるのがアメリカのプラグマティズムだ。ブルース・リーの伝記映画『**ドラゴン/ブルース・リー物語**』では、シアトルのワシントン大学で哲学を学んでいたブルースに喧嘩を売る屈強なアスリートたちが、投げ飛ばされる。その直後に駆け寄ってきて「その技を教えて欲しい」と頭を下げて弟子入りを懇願するシーンにそれは凝縮されている。香港の宗主国のイギリスは「野蛮」な武術を真剣に学ぶことはなかったがアメリカは違った。

このブルース・リーが築いた遺産があったから、武術家ではなく俳優が演じた武術映画『**ベスト・キッド**』もヒットした。同作はブルースやジャッキー・チェン系譜の武術アクション映画ではない。アメリカの「学園もの」映画である。ニュージャージーからの転校生がカリフォルニア州でガキ大将にいじめに遭う。師匠ミヤギに空手を習い「ルーザー」の汚名を返上する。

当時の「日本ブーム」も追い風だった。『**ベスト・キッド**』全米公開の前年、１９８３年８月に『タイム』誌が大規模な「日本特集」を組んでいる。経済大国のハイテク技術の神秘が注目され、「意識高い」食事としてスシやトーフが人気を集めた。

しかし、27年後の２０１０年版、満を持してリメイクされたのは中国バージョンだった。北京を舞台に師匠役もジャッキー・チェン。空手から中国武術に作り替えられた。いじめられっ子役の少年が白人ではなく黒人になったことにも時代の変化は滲んでいた。

ところが一転、２０１８年にオリジナル『ベスト・キッド』の続編ドラマシリーズ『**コブラ会**』の配信が始まった。主役のダニー役のラルフ・マッチオと宿敵ジョニー役のウィリアム・ザブカの夢の共演が実現。ユーチューブとネットフリックスで配信されブームが再燃した。配信プラットフォームを通して若者が親世代の作品にハマる二世代リバイバルの好例だ。

35年後、ダニーは自動車販売会社でリッチになっている。ジョニーはホームレスと勘違いされるほど落ちぶれているが、空手道場「コブラ会」を立ち上げ、かつてのミヤギのように弱い子を鍛える道を歩む。

しかし、いかに武術がアジアの「謎めいた世界」の象徴とはいえ、普通のアジア系の子どもが誰しもカンフーや空手ができるわけではない。チャイナタウンの「魔窟」で育ったわけでもない。等身大のリアルなアジア系は『**ファン家のアメリカ開拓記**』までテレビ画面や映画スクリーンには現れなかった（Movie Tips 5-2）。

『**コブラ会**』には「新車を買うともれなく盆栽プレゼント」とか、日本企業とヤクザを混同した『**ライジング・サン**』の悪趣味な日本ステレオタイプの再現も少なくない。そこは1980年代のパロディとして割り切りたい。ジャパンマネーの台頭著しかった1970年代から80年代にかけては、日本のサラリーマンいじりは映画のパロディの定番だったからだ。

1980年代初頭のゴールディ・ホーンのコメディ映画にはよく変なジャパニーズが出てきた。夫と死別した若い女性がひょんなことから陸軍の訓練兵になる『**プライベート・ベンジャミン**』では、東京から来たという「キム・オーサカ」と名乗る男がバーで絡んでくる。写真が撮れる腕時計を自慢したりドル札をちらつかせて口説く。

アメリカ国務省による架空の中東の国への接遇を描いたドタバタコメディ『**ゴールディ・ホーンのアメリカ万才**』では、王族を接待した場末のバーの常連が日本人のサラリーマン軍団という謎の設定。ホーン演じるバーのアイドルが声をかけると「ア、ドーモ、ドーモ」とペコペコお辞儀する（ちなみにこういう時の英語字幕は「SPEAKIG JAPANESE」）。侍の人形つきの誕生日ケーキが日本人のおっさんに振舞われる。

世界最高峰の「ガチ中華」とアメリカ版「偽中華料理」

アメリカ暮らしや長期の観光で大味の肉料理に疲れた頃の「箸休め」といえば中華料理であろう。映画ドラマでも頻出するのが、アメリカにおける中華料理だ。テイクアウトやデリバリーでの大衆的な浸透度はピザと並ぶ。若者や一人暮らしの都市生活の胃袋の定番だ。「今夜はチャイニーズにしよう」と言って、白い紙製の箱に詰められた麺やらおかずを箸でほじくっている映画のシーンによく遭遇するはずだ。アメリカ人の多くが箸を器用に使えるのは、寿司や日本食の浸透だけでなくデリバリーの中華が理由だ。

アメリカの中華料理が決定的に日本と違うのは、全体として「ガチ度数」が高いことだ。中華系移民拠点のサンフランシスコそしてニューヨークの二大都市を筆頭に、大規模かつディープな華人社会が根をはる都市では本格料理が食べられる。ちなみに「中華料理」は日本語だ。本来は、広東料理、上海料理、四川料理といった地域別の分類を必ずする。味付けもレシピも具材も全然違う。アメリカのチャイナタウンは広東料理が主流である。

「ガチ度数」の高さの背景の1つは、大規模な中華系の移民社会の存在で、彼らがアメリカの白人社会に同化しないまま、食文化を移民先のアメリカでも完全に維持した。もう1つは、日本的な「町中華」の有無だ。

日本には中華そばやラーメン屋さんが日本食の一部として定着してきた。天津飯など本場にないものも生み出し、餃子から麵類まで日本独自の味覚を定着させている。それだけに八角が効いた本格的な味付けを苦手とする日本人もいる。フカヒレスープのコース料理を出すような高級店ではない大衆「ガチ中華」には、かつては日本人には需要がなかった。

アメリカにはもともと「町中華」がない。チャイナタウンでは中華系が自分たち向けの本場の味をそのままアメリカ人一般にも食べさせてきたからだ。その「ガチ度」は日本の観光地化された中華街とは比べ物にならない。香港や広東省以外であそこまでリアルな飲茶を食せる地域は、台湾や大陸中国の他地域でもそう多くはない。映画ドラマのディテールにも盛り込まれる。

ただ、「ガチ度」は、大規模なチャイナタウンを抱える都市(中華系需要もある)とそれ以外のアメリカ(アメリカ人一般しかいない)では濃淡がある。「それ以外」では日本料理もコリアンや別のアジア人が経営していることが少なくないし、中華料理もアジア風フュージョン料理として出回っている。

大統領選挙の調査で私が十数年通っているアイオワシティにある中華料理店は、寿司コーナー、キムチコーナーありの店だが、地元民は「チャイニーズ」レストランだと信じ込んでいる。ダウンタウンのホテルの小洒落たアジアレストラン「フォルモサ」は人気だが、台湾料理とはなんの関係もない(フォルモサはポルトガル語で「麗しい島」で台湾を意味する)。寿司とナシゴレンをビールで食べる店だ。ミネソタで住んでいたダルースという田舎町にはレストラン「テイスト・オブ・サイゴン」があった。ベトナム料理とは無関係でアメリカ版の中華である。

大体、アメリカの田舎にはどの街にもこういう「アジア料理」があり、それが中華メインかベトナム風か寿司屋かは経営者と地元民の好みでメチャクチャである。極端に辛いものを口にしないアメリカ人向けの中華はたとえ四川料理でも総じて甘い。台湾南部の砂糖多めの味付けとはまた違う甘さだ。

そしてアメリカでは「フォーチューンクッキー」が食後の会計時についてくる。「クッキー」は英語名で素材感は駄菓子のえびせんべいに近い。2つに割ると中の白い小さな紙に格言が書かれているが、中国語から直訳で英語化されたもので、占いとしての具体性はゼロだ。子ども騙しのような「おまけ」だが、日本人にはガチャガチャを開けるようなワクワク感がある。

創作料理として提供されるアジア料理通の都会人向けのフュージョンもある。ソーホー（ニューヨーク）でベトナム料理風を軸に提供していた「ケリー＆ピン」は『**セックス・アンド・ザ・シティ（SATC）**』にも登場した実在のオシャレな店だった。

アメリカ映画ドラマの中国語

ところで、中華系、中国語という単色に塗り潰されてしまうが、言葉、特に方言には要注意だ。ミシェル・ヨー主演で２０２２年に大ヒットした『**エブリシング・エブリウェア・オー**

ル・アット・ワンス』は中国語の方言知識があると面白くなる。

広東省から駆け落ちで渡米した中華系の夫妻はコインランドリーを経営している。一人娘は生意気盛りで母親は気持ちが通わせられない。この娘がレズビアンであることを受け入れられないこともある。店の税務処理で税務署に呼び出されるところから、複数の異次元の世界（マルチバース）と行ったり来たりするSF要素がふんだんに盛り込まれたコメディだ。圧巻なのはセリフに占める中国語の総量である。ハリウッドのメジャー作品でここまで本格的に英語以外の言語を散りばめるのは珍しい。

ランドリーの一家は家庭では北京語を話すが、広東出身なので母語は広東語という設定だ。主人公エブリンを演じる俳優ミシェル・ヨーはマレーシア出身の華人。母語は英語で広東語は事後に学んだというヨーの劇中の北京語に訛りがあるのもリアリティを増す。映画冒頭では祖父が中国から訪れるが広東語しか話せないので、英語と北京語しかできない孫とは意思疎通できない。だが、広東語と北京語が相互にまるで通じないことを知らないと笑えない。

アメリカの中華系移民は圧倒的に歴史的にも広東語ばかりで、広東から来た一家がアメリカでわざわざ北京語に切り替えているのは不自然だ。セリフを全部広東語に統一させなかったのは、おそらく娘役のステファニー・スーなど若い中華系の女優が広東語を話せないからだ。広東語話者が北京語を話すことはできても逆は難しい。

スペイン語よりも多様で異国感があるアジア言語は、映画ドラマでもアクセントの記号となる。『**キューティ・ブロンド**』では、登場人物の白人女性がネイルサロンでベトナム系のネイリストに向けて突然ベトナム語を喋り始めるシーンがある。あまりにネイルサロンに入り浸り、アジア移民のネイリストの母語まで覚えてしまったという誇張だ。難解なアジア言語を一般の白人が話せるようになることはまずないという前提があるから笑いになる。

アメリカのチャイナタウンがエキゾチックな空間として観光地やデートスポットの扱いを受けていないわけではない。日本のミュージシャン佐野元春さんが1980年代のニューヨークで書き上げた曲「VISITORS」には「輝きが消えるまでせつなく燃えてるチャイナタウン」という一節があるが、チャイナタウンはマンハッタンに滞在する世界のアーティストたちにエキゾチックなインスピレーションを掻き立てる磁場だった。

ニューヨークの恋愛映画には、かなりの頻度でチャイナタウンでのデートが出てくる。モンタージュといわれる音楽だけでシーンを見せる作品半ばのシーンで、チャイナタウンを歩いて珍しい骨董品や叩き売りの野菜を「ウインドウ」ショッピングするデートシーンはお定りだ。

ライバル的な一流シェフの男女が恋に落ちる恋愛映画『**幸せのレシピ**』では、デートでチャイナタウンのベイヤード街に繰りだす。サフランソースの秘密の具材、コブミカンの葉が入手できるからだ。二人が買い物をするのは「鴻利西瓜菜」。実在の商店で、コロナ禍でも住民のために開店し続けた。

華人街には「観光チャイナタウン」「生活チャイナタウン」の2つの性格がある。ニューヨーク三大華人街の中では、マンハッタンのチャイナタウンは両方のハイブリッド型で古い広東移民の生活の場でありながら外来者のデートスポットでもある。クイーンズやブルックリンのチャイナタウンは生活拠点色が強く、一般の映画シーンにも出てくることは少ない。

「中華系アメリカ人」と教育で成功する移民への賛歌

歴史ドキュメンタリーではなくハリウッドの娯楽大作でキャストがアジア系だらけの映画はほぼ前例がない。『クレイジー・リッチ！』はアジア系映画史を塗り替えた爆弾作だった。ニューヨークで出逢った中華系アメリカ人女性レイチェルとシンガポール人男性のカップルは結婚秒読みの「シリアス」な付き合い。彼氏の里帰りに同行するが、彼氏の実家がシンガポール最大の富豪だとわかる。しかも、親族が中華圏各地で財をなしていた。

金持ち一族の「クレイジー」でド派手な金遣いが大げさで笑いが止まらないが、隠れたテーマはアメリカ育ちの2世以降の「中華系アメリカ人」と、香港、台湾、中国、シンガポール、マレーシアなどの土着の華人の文化の不和だ。アメリカ人が「アジア人」とくくっておしまいにする世界のなかの「見えない壁」だ。

レイチェルだけが「アメリカ人」で、残りは中華圏に居住している華人。シンガポール人の彼氏も外国人で、レズビアンで個性派の親友も留学後はシンガポールの実家に戻っている。主役の「中華系アメリカ人」の母娘の孤立感がひたすら切ない。アメリカ生まれの華人のことをアメリカン・ボーン・チャイニーズの略で「ABC」と呼ぶ。彼らが中華圏に「帰省」すると様々な不和が起こることがある。

中国大陸から台湾、香港、シンガポールなどに散り散りになっている華人は、国民国家を横断して複数の国に親族を抱える。富裕な一族や華商でなくても、共産化した中国から他地域に出ていった人たちの親族交流は、国際政治の変容とは無関係に継続している。だが、アメリカやカナダなど白人系の移民国家で世代を重ねるとそこにはある種の断絶も生まれる。この映画は正面から政治を扱うことは巧妙に避けているが、民主主義社会との政治的な断絶もある。

本作はハリウッド映画なので、移民して苦労して子育てした労働者、つまり主人公の母娘に同情的だ。留学や投資をするアメリカ在住者でも、貧しい同胞移民を見下す態度へのそこはかとない批判が滲む。

こうなるとエスニック論ではなく階級論だ。インド系でも中東系でも、出身国のカーストの上位にいたり富裕な滞在者は基本「アメリカ」を消費はするがアメリカ人にはならず、失うものがない移民だけが死ぬ気でアメリカに溶け込む。アメリカ社会は今でも後者を賛美する。

アメリカの最後の砦である「教育」への希望と誇りが底流にある。映画で富豪の華人に見下されるレイチェルに忍ばせた反撃の記号は、軍事力でもウォール街のマネーでもない。「ニューヨーク大学教授」「経済学博士」という知のブランドだった。習近平主席とオバマ元大統領の娘は同時期にハーバード大学にいた。権威主義国の指導層ならば自国の国産学位にこだわるわけではない。良い教育を与えたい一心でかアメリカで学ばせる現象は実に興味深い。あくまで「一方通行」で逆側の現象は起きていない。大学がアメリカの究極の資産といわれる所以だ。

主役のレイチェルが冒頭、彼氏の親族との交流を甘く見て「チャイニーズはみな同じよ」という。そのときのChineseは「華人」の意味だが、若い世代には内外文化ギャップに甘さもある。レイチェルの母もミシェル・ヨー演じる彼氏の母も「あなたはアメリカ人だ」と繰り返す。

エスニック絡みの映画は言語表現のリアリティでは妥協を強いられる。本作もアメリカ人に英語で見せる都合優先で、上海の中国人同士が英語で話すし、英語もシンガポール英語ではない。中国語が苦手なレイチェルと周囲の会話は英語でも不自然ではないが、華人同士は彼らの言語で話すので再現すれば全篇字幕だらけになる。

シンガポール華人社会は福建語（福建省の閩南《びんなん》語でのちの台湾語の土台）中心で、作品中にも節目に福建語のボキャブラリーを差し込んではいるが、全体として広東語の台詞が多い。

ブルース・リーはアメリカ人か香港人か

アメリカ市民権があっても、アジアに生活経験や基盤が分散していると「顔」を使い分けられる。典型例がブルース・リーだ。

ワシントン州シアトルのウイング・ルーク博物館で、リー没後40年を偲ぶ展示会が開かれたが、アジア系アメリカ人の歴史の共有がテーマだった。リーはアメリカでは「アジア系アメリカ人」でアジア系の地位向上に尽くした人物として賞賛されているのだ。実際、カリフォルニア生まれの「ＡＢＣ」でもある。

すでに触れた伝記映画『ドラゴン／ブルース・リー物語』は、白人のリンダ夫人の自著が原作である。武術を介してアメリカで承認を勝ち得ていく青春、そして異人種間結婚をめぐる苦悩と喜びが清々しく描かれている。

ところが、私が訪れた香港・新界の沙田にある香港文化博物館で開催されたブルース・リーの展示会「武・藝・人生＝李小龍」はまるで趣向が違っていた。子役時代の映像や貴重な遺品の展示に加え、楊逸徳監督のドキュメンタリー『李小龍風采一生』（２００９年）が上映されていた。このドキュメンタリーでは出演する香港側の友人・知人らが、揃いも揃って「香港人としてのリー」を熱弁している。夫人のリンダは添え物か、まるで存在を無視され、「李小龍はあくまで香港のもの」という空気感に満ちあふれていた。

どちらかが「間違い」ということではない。リーがリンダ夫人に見せていた「顔」と、香港の旧知の仲間と広東語を話す際に見せていた「顔」は必ずしも同じではないからだ。

パキスタン系のコメディ映画

Ⅱ章の「恋愛」項目で紹介した『ビッグ・シック　ぼくたちの大いなる目ざめ』の主演・脚本を務めるパキスタン系のコメディ俳優クメイル・ナンジアニは、パキスタンのカラチ出身の親と共に18歳でアメリカに渡った移民1世である。家庭ではウルドゥー語で育ち、学校では英語だった。ナンジアニはいくつかの移民ステレオタイプを逸脱している。

第1に移民は英語が苦手という誤解だ。インド系やフィリピン系と同様に英語圏の宗主国の流れをくむ地からの移民は英語で教育を受けていれば、言語的にはアメリカに難なく馴染む。

第2に移民は貧困だという誤解だ。ナンジアニの父親は精神分析医でかなり富裕である。ナンジアニはアイオワ州のリベラルアーツ大学を卒業する。親兄弟を食わせるためにという窮状とは無縁だった。映画ではコメディアンの夢を追う傍らウーバー運転手をしていた架空の演出で南アジア系のステレオタイプに部分迎合しているが、実際にはフルタイムの安定した仕事に就いていたという。

言葉や経済的な苦労をした移民一世特有の問題をバイパスできた彼のようなケースにこそ真の文化摩擦が見て取れるとも言える。ナンジアニが象徴するのは、ムスリムに関するステレオタイプだ。ナンジアニは厳格なスンニ派として育てられるが、アメリカでは世俗化してしまう。映画では祈っているふりをして親を騙しているシーンが出てくる。そもそも本当に厳格な信者であれば、コメディアンなど目指さない。

アメリカのコメディでは、マイノリティが人種や出身地、ときには障がいなど境遇を利用して笑いをとる古典的な手法がある。ナンジアニはそれを潔しとせず避けてきた。しかし、9・11テロを境に考えを変えた。ムスリムへのバッシングが横行し始めたからだ。

あるときコメディクラブで「タリバンに帰れ」と客席に野次られた。無視すると、ただ惨めに見える。野次を笑いに変えることにした。「その通り！　私はテロリストです。コメディは正体を隠す副業です」。観衆は爆笑の渦だ。

映画ではタリバンがＩＳＩＳに置き換えられて似たようなシーンが登場する。20代も後半にさしかかるナンジアニに親は安定した弁護士になって欲しいと願う。ナンジアニは「ロースクール出願のためにＬＳＡＴを受験している」と嘘をつく。パキスタンでの職業ヒエラルキーは「医者、法律家、それ以外のすべての仕事、ＩＳＩＳ、コメディアン」とステージで独白する。コメディアンがテロリストより下に位置付けられている自虐ネタはお約束だ。

宗教を真面目には実践しない世俗派ムスリムがコメディアンとして成功しても、それが宗教対立の克服の糧になるわけではない現実も立ち塞がる。ナンジアニは白人には人気があるが、敬虔なムスリムやパキスタン系同胞の間では複雑な受け止められ方をしているからだ。

黒人映画　「文化」としての人種を共有するということ

トム・ウルフ原作『虚栄のかがり火』はアップタウンのセレブ社会の俗物性を揶揄した社会派作品だが、ニューヨークの黒人を描いた人種映画でもある。

ニューヨークの黒人社会で独自の地位を築いた人物にアル・シャープトン牧師がいる。

ニューヨーク市内で偽りのレイプ事件を広めることで白人への憎悪を高めようとした試みが明るみになったほか、コリア系やユダヤ系への敵対姿勢を隠さず民主党内では支持層内部に分断を招く存在でもあった。

この映画ではメディアと教会を舞台に黒人社会に眠っている白人への憎悪を焚き付けデモを形成する手法がニューヨークの黒人社会を素材にリアルに描写されるが、シャープトンが牽引役の黒人教会の牧師のモデルとされた。

アメリカの黒人社会のあいだでは、散発的なアフリカ回帰運動のようなものはあっても、一般の黒人の心理的な帰属はルーツの西アフリカの部族にはない。オバマのようにケニアのルオ族に望郷の念をもつのは父親がケニア人留学生で、ケニアの親族が具体的に判明し、現在も存在しているからだ。

奴隷制や人種隔離制度の辛酸を舐めている黒人は、人種的にはアフリカ系でも、アフリカ大陸の信仰や部族とは切り離された「アメリカの黒人」という独自のエスニシティとして出発している。

この経緯は、アフリカからの自由移民、つまり文字通りの「アフリカ系」の到来によって逆説的な分裂を「アフリカ系」内部に生み出している。首都ワシントンなどでタクシーに乗ると運転手が、エチオピア移民の黒人ドライバーだったりする。彼らと親しくなると、アメリカの黒人社会に今ひとつ溶け込めないという悩み相談に発展することがままある。

アメリカ黒人のあいだでは、奴隷制や公民権運動の歴史共有のアイデンティティが濃厚すぎて、自由意志でアメリカに職を求めて渡ってきた実利的なアフリカ系移民は、肌の色が同じでも、市民権を得ても、「アフリカ人」扱いされることがある。このジレンマを一番知っているのがオバマだ。

ケニアからの留学生の血を半分受け継いでいるオバマも、人種的に自動的に「アメリカ黒人」になれたわけではない。シカゴ南部で黒人の貧困を撲滅するための住民運動にのめり込み、自らのアイデンティティを追求した。「黒人のたましい」に真剣に向き合うオバマの姿はコミュニティの黒人の心を打ち、南部育ちの黒人以上に黒人らしい「アメリカ黒人」としてのバラク・オバマを生み出した。ミシェル夫人との恋やミシェルの実家のロビンソン一家との邂逅も、オバマの「アメリカ黒人」化を深めた。

アメリカの人種政治で興味深いのは、同胞として認知される条件は「歴史や文化」の共有であることだ。肌の色がほとんど白人並みに白いアフリカ系も黒人として扱われるし、自らそれを望む。白人とのバイレイシャルは「血の一滴」の法則で白人として分類されることを認められなかった過去があるが、それを理不尽と思う黒人はいない。むしろ一滴でも黒人の血が入って黒人の親に育てられれば、それを誇りに思う気風がある。

極論すれば、人種が別でも黒人に育てられれば、あるいは黒人と結婚して黒人教会に通い、コミュニティにどっぷり浸かれば、名誉ブラザー・シスターになれる。黒人有名歌手ライオネル・リッチーの養女で、白人モデルのニコール・リッチーは「心は黒人」と公言しているが、アメリカの黒人はそれをあたたかく受け入れる。

しかし、人種が同じでも、それにあぐらをかいて精神を心底共有しないのであれば、本来のブラザー・シスターではない。つまりアメリカにおける人種は、医学的な分類である前に「文化」なのだ。

映画の中の黒人については偏見や誇張が数えきれないほどある。そのステレオタイプをどこまで許容するかはアメリカ人や黒人自身の問題で私たちが意見すべきことではないが、モーガン・フリーマンに配役されるような、もの静かで思慮深いキャラもいれば、**『ホワイトハウス狂騒曲』**のインチキ下院議員、**『ゴースト／ニューヨークの幻』**でウーピー・ゴールドバーグ演じる占い師（サイキック）など詐欺師的なコミカルな役も多い。

女児の驚異的歌唱力という設定もハリウッドで繰り返されているステレオタイプだ。子役専門の芸能事務所のドタバタを描いたマイケル・J・フォックス主演**『ライフ with マイキー』**も天才的な未来の黒人歌姫が事務所を救う話だった。ひょんなことからプレップスクールに売れないバンドマンが偽の代用教師として現れてロックを教える**『スクール・オブ・ロック』**では、同じく黒人の少女が凄まじい歌唱力を披露する。

アメリカのなかの外国「ハワイ」の映画

日本人にとって最も馴染みがあるアメリカはハワイだろう。キャプテン・クックがハワイを「発見」し、メーン州から宣教師の一団が来て以降、ハワイ王朝はアメリカに併合され、準州への道を歩んできた。白人宣教師一族は、二世代以降はサトウキビなど農園を経営していたが、労働力として東アジア人が入り込んでくる。

明治元年以降、サトウキビ農園の労働力として移民した日系人は持ち前の勤勉さでメキメキ台頭。あっという間にハワイ政界で、州知事、連邦議員などを席巻した。日系人が勢力を維持した一つの理由は初期移民が「写真花嫁」というお見合いで、日本人同士で結ばれ、ピュアに日本人の文化と苗字を維持したことと、真珠湾の基地の島ハワイでは戦時動員され、アメリカ本土の日系人と比べると一律に財産没収や強制収容には遭わずにすんだことがある。

中華系にとっては孫文が革命の牙を研いで滞在した由緒ある地なのだが、移民労働者は男性ばかりで多くはハワイ先住民と結ばれ「華人」としては文化遺伝子が薄まった。ホノルルにチャイナタウンはあるのにリトル東京がないのは、ホノルル全体がリトル福岡、リトル山口のようなものだからだ（九州や中国地方の移民が多く「県人会」もある）。フィリピン系などの躍進で多様化はしているが、ビジネス界も州議会も日系人が今でも多数派だ。さらに沖縄移民が本土日系とは別の大きな勢力として根をはる。

戦後日本のハワイ熱もあった。『アップダウンクイズ』『新婚さんいらっしゃい』など昭和の素人参加のクイズ番組の一等プレゼントは必ずハワイ旅行だったし、大相撲の外国人力士でも初期はハワイ勢が活躍。今でもハワイは人気の観光地にして移住先だ。私もハワイは大好きである。オバマ評伝（『大統領の条件』）の取材で２００９年は7回も訪問したし、オアフ島は隅々まで行き尽くした。

しかし、ハワイをまず体験するか、アメリカ本土に住んでから訪れるか、外国人のハワイ観はこの順番で１８０度変わる。私は後者だった。１９９９年、ワシントンからの一時帰国で激安チケットを入手したが、自費でホノルル２泊の条件付きだった。初ハワイは偶然訪れた。

ホノルルに着いた瞬間が文化的には「帰国」だった。高速道路Ｈ１からの車窓にはアメリカ本土にはない建築が映り、寺らしき建物の境内でアジア人が遊んでいる姿が見える。久しぶりのおにぎりは美味で、日本語も耳に心地よく響いた。再開発前のワイキキは簾がかかった「海の家」風の商店が並び、関東出身の私には伊豆を思いださせた。「熱海だ」。この感想がローカルの日系人に面白がられ「アタミにはいつ戻ってくるの？」とジョークめかして言われる。

私にとってのハワイの価値は、「アメリカなのに日本」ということに尽きる。逆に言えば「アメリカ体験」の平均には適さない。本土とハワイは文化的に断絶している。アメリカ人一般のハワイへの無垢な無知は驚きを通り越して首をかしげざるを得ないときがある。基本的には「パラダイス（楽園）」という印象止まりで、祖先が併合した経緯もまるで知らない。

『**E.T.**』の少女役で知られる子役出身のドリュー・バリモアが、記憶障がいの女性を熱演した『**50回目のファースト・キス**』は面白いハワイ映画なのだが、ハワイのメディア関係者の間では酷評された。ハワイ在住ライター、アメリア・キムが指摘するように、この作品だけでなくハワイが舞台の映画は往々にしてキャスティングの人種設定が雑で、家中がトロピカルな花柄で溢れているステレオタイプだらけだ。

本作でも家の中で靴を履いたり（ハワイは日系文化の影響で土足禁止の家が多い）、フィリピン系俳優に先住民を演じさせたり（白人観客にはバレない）、富裕層の別荘の海岸線沿いのビーチハウスにローカルの庶民が住んでいたり、野生の植物を摘むかのようなパイナップル狩り（現実には農園管理）など、ローカルの人には我慢ならないようだ。

『**アロハ**』、『**ファミリー・ツリー**』など近年の他作品でも、ハワイ先住民やハワイ先住民と中華系混血の主役級を白人俳優がそのまま演じている。

アメリカの映画製作者は圧倒的に白人だ。彼らはユダヤ系のほかアイルランド系、イタリア系など白人エスニックの文化は微に入り細に入り正確に表現する。黒人文化も黒人が監督や脚本家の作品はニュアンスが詳細だ。

それに対して、アメリカのエスニック集団別の民族解説でもアジア系は無視されることが少なくない。映画論で豊富な蓄積があるアイルランド系やイタリア系、黒人ではなく、本書が東アジア系、特に中華系に焦点を絞ったのはそんな理由もある。

アジア系映画製作者のアジア系ステレオタイプへの迎合はあるが、彼らの文化描写の正確さも一方で増している。落とし穴は、むしろ白人製作者が「マイノリティの拠点」を描く場合である。

ハワイでは白人は「支配者」として君臨してきたがアジア系とハワイ先住民の文化を知らずにはどうしてもハリボテになる。南国のリゾート、エルビス・プレスリー、サーフィンの聖地で片付けられがちだ。

日本人の大多数はアメリカ人一般よりはるかにハワイの玄人だ。ハワイ映画に関してだけは、マニアの目線で厳しく採点してみてもいい。日本版リメイク『**50回目のファーストキス**』が大成功したのはハワイという地の利もある。日系人や先住民がほとんど出てこない白人映画を撮るぐらいなら、日本人の俳優が日本語で演じるほうが、ハワイを舞台にした映画は不思議とリアルなのだ。ハワイとはそういうところである。

Movie Tips
#5-1

©Mary Evans/amanaimages

『ブルワース』

（Bulworth）1998年

出演：ウォーレーン・ベイティ、ハル・ベリー　監督：ウォーレン・ベイティ
配給：20世紀フォックス

白人上院議員と黒人の相互理解を描いた映画だ。人種をめぐる偽善と真実を問う作品である。人種問題をめぐる映画といえば、『ミシシッピー・バーニング』など「公民権運動もの」「南部もの」がお定まりと思われがちだが、現代アメリカ、とりわけ都市部の人種問題のスナップショットを味わうには、本作に勝るリアリティを持った作品は近年ではない。

カリフォルニアの上院選で再選を目指すブルワース上院議員の風変わりな選挙戦を舞台に、黒人の信頼を勝ち得ること、本当の意味の人種的和解とはなにかを問う。ポイントは、共和党と民主党のバトルである本選ではなく、民主党の予備選が舞台であることだ。黒人の味方とされているアメリカの民主党。その偽善性をえぐりだすには格好の舞台だ。

民主党はマイノリティに優しい党とされてきた。しかし、黒人はわだかまりを持っている。マイノリティ票に媚びながら、その実、ビバリーヒルズの金持ち献金者にしか関心のない、口先の偽善に敏感なのだ。ブルワースは、偽善を排し、体当たりで、貧困にあえぐ黒人の文化を理解しようと挑戦する。

自暴自棄になった上院議員のブルワースが自分に保険金をかけ、殺し屋に自分の殺害を依頼することから物語は始まる。折しも民主党の予備選挙がスタート。殺し屋の差し金でボランティアに潜り込んだ黒人女性に惹かれ、生に未練を抱いたブルワースは殺害キャンセルを願いでるが時すでに遅し。

いっそ暴れてやれと、ニット帽にサングラスのラッパー姿で、金権政治の裏を暴くラップ演説を歌い出す。ブルワースが引っかき回した政治討論番組は放送事故寸前。人気はうなぎのぼりで、実在の有名司会者ラリー・キング（本人出演）も「俺の番組に出演させろ」と大興奮。

白人警官がギャング風の黒人少年たちをぞんざいに扱うシーンは、白人が黒人地域のパトロールを怖がり、過剰な正当防衛の一線を超えるさまをリアルに描写する。「ホワイト」である上院議員が、黒人女性に恋をして、彼女にとっての「マイ・ニガー（私の愛すべき黒人男子）」になろうとする。はたしてなれるのかどうかが映画の結末を左右する。

ちなみに差別用語は、差別されている人々が使えば、誇りを表す言葉に転換することがあるが、「Nワード」としてアメリカの放送禁止用語であるニガーもそのひとつだ。黒人たちは親愛を込めてニガーと呼び合う。白人がそう勝手に名付けた過去を皮肉る目的もある。言葉だけ丁寧にしておけば安全というメディアが、アフリカン・アメリカンという呼称に固執する滑稽さも滲む。

作品では黒人が、自分たちアフリカ系出身の政治家に夢を託すのではなく、黒人と心で通い合う白人政治家ブルワースに投影した点に現実性がある。白人だけど黒人に囲まれて育ったビル・クリントンをノーベル文学賞作家のトニ・モリソンはかつて「初の黒人大統領」と呼んだ。白人に敵対心を抱かせない黒人政治家か、ブルワースのような、黒人を心で包み込む白人政治家か。いずれにせよ人種横断的な人物が、アメリカの「統合」の最初の「きっかけ」として必要だった。

ケニア人（外国人）と白人の国際結婚のバイレイシャルにしてハワイ日系社会とインドネシア育ちの「アジア系文化」の体現者オバマは、「ブルワース」になるには複雑すぎた。だから単純化するために部分的に蓋をしたのだ。インドネシアの現地校でインドネシア語で育ったことは今でもアメリカ国内ではあまり知られていない。

黒人に黒人と認めてもらい、白人には黒人の人種的な利益だけを求める旧来の黒人政治家ではないことを知ってもらい、ヒスパニック系にはマイノリティ全体の味方であることをアピールしなくてはならなかった。多様性は政治ではときにハンディになる。こうなると、どうしても「カメレオン」にならざるを得ない。

バイデン政権のカマラ・ハリス副大統領も同じ悩みを抱えてきた。アメリカはどれか1つのエスニック属性を選ばされる。インド系で黒人でもあるという人をインド系社会も黒人社会も認めない。インド系の母親に引き取られ、ほとんどインド文化で育ったハリス上院議員は連邦議会刊行の「アジア系政治家名鑑」に掲載されていた。今は「黒人副大統領」になった。

Movie Tips
#5-2

©Everett Collection/amanaimages

『フアン家のアメリカ開拓記』

(Fresh off the Boat) 2015年〜2020年

出演：ランドール・パーク、コンスタンス・ウー
放送：ABCテレビ

民族集団のアメリカ社会での定着度の1つのバロメータに、ドラマやシチュエーションコメディでの扱われ方がある。1作完結の映画ではなくシーズンを重ねる地上波テレビなら尚更良い。ご近所のコリアン一家とか、日系セールスマンとか「脇役」ではなく、あるエスニック集団だけで主演が成立し、しかも同じ集団を超えた広い視聴者層を獲得する。これがなかなか難しい芸当なのだ。

大多数の黒人からは遊離した富裕な一家でも『**コスビー・ショー**』が革命的だったのは、アメリカ全体が視聴する黒人主演の家族ドラマはそれまでになかったからだ。

その『コスビー』のいわばアジア系版として全米の人気を集めたドラマがある。台湾出身の夫妻が、母親と3人の息子と新天地アメリカで暮らすホームコメディだ。原題『**フレッシュ・オフ・ザ・ボート**』は「船を降りて新鮮」つまり「新移民」という意味。シーズン6まで放送され、一般のアメリカ人にとっての「アジア系アメリカ人」のイメージを形成した。

ドラマは実話を基にしている。主人公はレストラン経営者にしてリアリティテレビの人気者、エディ・フアン。両親は湖南省と山東省からの外省人で台湾暮らしをへて渡米した。エディは首都ワシントン生まれの二世。その後一家はフロリダ移住でレストランを成功させる。それも中華料理店ではなくアメリカ風のステーキハウスなのが面白い。

エディはニューヨークで企業弁護士としてエリート街道を歩んでいたが、金融危

写真：Everett Collection／アフロ

機で職を失う。スタンダップコメディアンと大麻の売人という危ない「脱線」を経て、家業の「食」に回帰。シェフとして台湾料理店の経営で成功する。幼少期を振り返るベストセラー自伝がドラマの原作だ。

一家の住むフロリダ郊外には近隣にも学校にもアジア系がほとんどいない。婦人会は上から目線の白人奥様族ばかり。有色人種が白人だけのコミュニティに溶け込む苦労話には日本の私たちも引き込まれる。

ユダヤ系の夫妻に養子にもらわれた中華系の子が転入してくるエピソードがある。音楽の英才教育を受け、頭にキッパというユダヤの丸い装飾を身につけてすっかりユダヤ系だ。中国語も話せずルーツに関心もない。それなのに学校は外見を理由にエディを世話役のペアにする。

マイノリティは同じ人種民族とセットにしておくのが幸せという偏見はアメリカに根強い。同じ人種でカップルになるのが自然だと言わんばかりだ。異人種間ましてや国際結婚は映画ドラマにもなりにくい。本作はそれをチクリと刺す。アメリカの白人社会に作られたアジア系イメージの拒絶だ。

ところで、このシリーズはシーズン1最終回にちょっとした政治的な「炎上」を起こした。『**クレイジー・リッチ！**』のレイチェル役で躍進したコンスタンス・ウー演じる若い母親が、中華アイデンティティに覚醒してチャイニーズ風に生活を改めようとする。黒人のヒップホップ文化にかぶれ「ラッパー」化する息子を案じてのことだ。世界の国や地域を紹介する学校の文化学習でも、エディに「チャイナ」を

『フアンの世界』

(Huang's World) 2016年〜2017年

出演：エディ・フアン
配信：バイスランド

選びなさいと命じる。

しかし、文化紹介の「出店」にかけられた旗は、中華人民共和国の「五星紅旗」だった。放送後これが物議を醸した。台湾出身の一家が「チャイナ」を紹介する上で、中華民国（リパブリック・オブ・チャイナ）の青天白日満地紅旗であれば意味も通る。もちろん台湾本省人からすればそれも「国民党の旗」ではあるが、外交では民進党政権も使用する共通の旗だ。

一家が現在の中華人民共和国から移民した文字通りの「中国系」ならばなにも問題なかったが、一家は同国が成立した1949年に台湾に渡っている。番組はアメリカと正規の国交がある「チャイナ」を無垢に選んだつもりかもしれないが、「チャイニーズ（華人）」という英語だけでもそもそも範囲が曖昧な言葉なのに、国旗は視聴者に混乱を与える演出だった。特定の言語や文化を安易に「国旗」で表すことのリスクを顕にした例だ。

ただ、エディ一家は中国大陸出身の外省人の魂を濃く受け継いでおり、台湾人というよりもアイデンティティ上はチャイニーズ（華人）にある。彼は「エスニック的にチャイニーズで、台湾出身」と自称する。リアリティ番組『フアンの世界』は、エディが本人出演で世界各地の料理を批評する番組だが、シリーズ冒頭の初回から台湾「里帰り」だった。小籠包の有名店から夜市の食べ歩きに加え、アングラのローカル文化としてビンロウという土着の合法ハーブまで取り上げていて面白い。

台湾「里帰り」編の第二弾（エピソード7）では台湾の歴史を掘り下げた。これが異例に政治的だった。台湾アイデンティティの民進党（緑色陣営）とは違う、中華アイデンティティの国民党寄り（藍色陣営）の歴史観をベースにナレーションや構成が組まれる。国民党が支持基盤として食い込む原住民（先住民）の文化のほか客家語のラジオ放送を取材する。一方、日本統治時代から台湾にいた閩南系の歴史や日本時代は薄味あるいはやや辛口の扱いだった。

両親の出身である中国大陸を訪問して家族のルーツに想いを馳せつつ、台北では天安門事件の指導者ウーアルカイシと食事をして台湾の独立や民主主義について異論を交わす。アメリカ人に見せる食文化リアリティテレビとは思えない踏み込みだ。政治的な立場を隠さないエディの熱い演出が彼の人気の源でもある。

『**ファン家のアメリカ開拓記**』は、子どもに持たせるランチが小籠包とか、家の食器がなんでも見せかけの中華風とか安易なステレオタイプも少なくないが、祖母が全く英語が話せないのはリアリティがある。高齢者の一世移民はほとんど英語ができないまま一生を終える。

Politics and Power

VI
政治と権力

アメリカの大統領映画ドラマ

アメリカの映画ドラマで人気ジャンルのひとつに「大統領もの」がある。『**リンカーン**』『**JFK**』『**ニクソン**』など実在の大統領の史実に沿った作品はもとより、歴代の大統領に仕えたホワイトハウスのバトラー（執事）の目線からアメリカの時代の変遷を描いた『**大統領の執事の涙**』など異色作もある。ホワイトハウスには専属カメラマン、料理人のような人たちが政権をまたいで大統領一家に仕えている。彼らは歴史の目撃者である。

架空の大統領が登場するサスペンスやコメディも多彩だ。大統領が環境問題のロビイストと恋に落ちる『**アメリカン・プレジデント**』、そっくりさんが「影武者」として昏睡状態に陥った大統領の代役を務める『**デーヴ**』、ハリソン・フォード主演のアクション『**エアフォース・ワン**』は空飛ぶホワイトハウス、大統領専用機の存在を知らしめた。

史実と絡めたコメディもある。『**キルスティン・ダンストの大統領に気をつけろ！**』はニクソン大統領とウォーターゲート事件をモチーフにしたコメディ。社会科見学で訪れた先のホワイトハウスで大統領に気に入られ、事件に巻き込まれていく。

直接、大統領が主人公でなくても、『**インデペンデンス・デイ**』『**アルマゲドン**』など宇宙人来襲や災害など「この世の終わり」ものは人類代表の英雄的指導者としてアメリカ大統領が必ず扱われる。

アメリカ人の大統領への特別な関心と尊敬をうかがわせる。

だが、一般的なイメージに反して、アメリカの大統領は何でもできる絶対的権力者ではない。アメリカの建国者は「権力の分散」を意図した。連邦議会が思いのほか強い力を持っている。大統領に法案の提出権限はなく、議会を通過した法案を認めるか拒否するかしかできない。予算はすべて議会で作成される。立法は議員立法として、大統領と無関係に選挙区利益で行われる。大統領は議員に法案への賛否を拘束する権限もない。だから議会に「手足」を持たない大統領は孤立する。議会工作に長けたベテラン議員に依存するしかない。

アメリカの政党は弱いつながりしか持っていない。党議拘束もないし、政党幹部は公認候補の指名権すら持っていない。予備選挙や党員集会で、政党の公認候補を有権者が直接選ぶのだ。日本でいうところの党本部や党首が存在しない。大統領は党首ではない。完全小選挙区制で、議員の忠誠の対象は党ではなく、州と選挙区にある。

そこでいきおいアメリカの政治玄人も唸らせるリアリティと物語性を両立させた作品は3つのジャンルに収斂される。スタッフ、大統領以外の権力、そして選挙だ。

ホワイトハウス「西棟」の大統領側近たち

1つめのジャンルは「スタッフなど裏方」の群像劇だ。この分野で金字塔を打ち立てた名作シリーズ・ドラマは『**ザ・ホワイトハウス**』だ。架空の民主党大統領、ジョサイア・バートレットに仕えるホワイトハウス「西棟」の補佐官たち、とりわけ広報チームの日々のオペレーションをつぶさに描いた。ビル・クリントン政権のホワイトハウスがモチーフとされていて、女性報道官として活躍するC・J・クレイグはクリントン政権で誕生した女性初の報道官ディ・ディ・マイヤーズがモデルだ。

ホワイトハウスの権力で重要なのは大統領との「近さ」だ。それは政策はすべて政治的な判断に左右されるからだ。特定の政策が、その政策固有のすばらしさで実現することはまずない。支持率、選挙の近さ、メディアの関心をみて、政治的に可能な政策を選ぶ。そこで政策専門家ではなく、政務のスタッフが大統領顧問として異様な力をもつ。

補佐官の中では執務室が大統領の隣の首席補佐官がバディ役として最高権力を与えられている。フォード政権ではのちのブッシュ息子政権で国防長官、副大統領に就任するラムズフェルドとチェイニーが首席補佐官を歴任した。

補佐官は議会承認が要らず大統領のコネだけで就任できる。外交担当の国務長官、軍事担当の国防長官の地位は閣僚の中では高いものの、政策の決定権はホワイトハウスが握る。閣僚同士のパワーバランスは政権によりけりだ。ブッシュ息子政権1期目は国防長官（ラムズフェルド）が国務長官（パウエル）よりも力を発揮したが、2期目に国務長官が復権した。就任したコンディ・ライスが大統領と極めて近い関係だったからだ。

アメリカは総じて閣僚よりも大統領補佐官に権限が集中していて、国務長官の頭越しにホワイトハウスの安全保障担当補佐官がものごとを決めてしまうことはよくある。

2つめのジャンルは「大統領以外の権力」に光を当てるものだ。議会や州知事との駆け引きかもしれないし、平時の「無力」ポストが異常に力をもつ物語も面白い。**『ハウス・オブ・カード　野望の階段』**では、連邦下院議員を主人公にした地味さがリアリティを増した。

アメリカの内政官庁には日本の中央官庁のような強大な権限は存在しない。立法も予算も連邦議会主導だ。大統領の政党が議会で少数派になるとたんに法案が通りにくくなる。**『バイス』**に描かれるブッシュ政権は政権末期の中間選挙まで共和党多数の議会だった。上院は連邦判事や閣僚の承認、条約の批准の権限があるが、下院には予算の先議権があるので副大統領のチェイニーは「金の蛇口」として重視した。下院議員は人口比で選出され任期は2年で定数435。上院は各州2名の任期6年で定数100だ。

上院が一票の格差を度外視しているのは州の平等原則のためだ。雇用や陳情の議会アクセスにも州格差があり、人口が少ない州は競争率が低い。野心的な高学歴者で溢れる大都市州とは正反対のワイオミングが故郷のチェイニーは有利だった。

そもそも副大統領は大統領に不測の事態があったときに繰り上がる以外は「閑職」で、ブッシュ政権のチェイニーはきわめて例外的だ。コンビで戦う選挙中が華。就任後一転して影が霞む。ニクソン大統領の辞任劇では副大統領だったフォードが繰り上がった。

閣僚にも格差がある。国務長官と国防長官、司法長官、財務長官は特別だし、貿易が懸案の政権では通商代表、国連大使もアメリカでは政治任命の「閣僚」で重要なポストだ。

一方、政権や政党、時代の波にもよるが、内務長官、教育長官など内政閣僚は大統領との距離も遠く、発言も重視されにくい。住宅都市開発庁長官というさほど重要ではない閣僚が今日から大統領代理を務めることになったら、世界はどうなるか。

この「もしも」に挑戦したのがドラマ『サバイバー 宿命の大統領』だった。年に1度、大統領が施政方針を述べる一般教書演説には、副大統領、閣僚、最高裁判事、連邦議員が勢揃いする。つまりテロリストに会場の連邦議会を狙い撃ちされたら連邦政府の指導層が一瞬で消える。「生き残り」をつくるために、閣僚で1名、議員で1名、演説に参列せず、ワシントン近郊の政府の施設で待機する。この制度自体は実在のものだ。このドラマをきっかけに「待機要員」の経験者が経験談を語りはじめ周知となった。

トルーマン、ジョンソン、フォード。大統領の死亡、暗殺、スキャンダル離任など理由は異なれど、戦後アメリカの「繰り上がり」大統領は「棚ぼた」と陰口を言われるハンディを負う。それでも彼らは副大統領候補として選挙戦を勝ち抜いている。このドラマのケースはその副大統領ですらない。安全保障に疎いナイーブな元住宅都市開発庁長官の臨時大統領はとにかく「決断」できない。選挙の洗礼もなしに、二線級の閣僚が臨時で務める大統領にカリスマなどない。アメリカでは一国一城の主人である州知事に見下されるのも当然だ。

「保守」と「リベラル」

3つめは選挙と有権者にフォーカスしたものだ。『パーフェクト・カップル』はクリントン大統領の1992年の選挙戦の内幕を暴いた原作本『プライマリー・カラーズ』の映画化だ。女性スキャンダルを乗り切る最善の方法は、夫婦でテレビに出て夫人が支えることだ。妻が叱って赦したならもういいではないかと火消しができる。実際にクリントン夫妻が予備選で使った戦術の数々が映画には見事に再現されている。

ところで、日本の右翼と左翼と、アメリカの保守とリベラルは違う。もちろん、アメリカでも左派をレフト、右派をライトと英語で表現するが、日本のそれと一致しない部分もある。一例をあげれば、日本では「左派」であれば、労働者、女性、LGBTなどが一丸となって、差別、貧困、平和、環境などのために言論を尽くす印象がある。しかし、アメリカではこの左派内の分断や同床異夢が激しく錯綜している。

労働者も南部白人労働者であれば、経済では再分配や賃上げを求めても、文化的には反移民的だったりLGBTに不寛容なことは少なくない。労働者は全般的に愛国的で必要な戦争には賛成したり軍を賛美する傾向がある。

また、女性同士で愛し合うレズビアンなど固定的なジェンダーを放棄するLGBTと、女性というジェンダーを大切にするフェミニズムとの対立の歴史もあり、彼らも完全に同じ陣営にはいない。

富裕層率が高い「文化リベラル」は、貧困問題よりも差別のポリコレ問題が主要争点だ。政党による区分けはメガネを曇らせる。「共和党VS民主党」＝「保守VSリベラル」ではない。民主党支持者なのに銃愛好者や原理的なキリスト教徒はいるし、当然ながら共和党支持者が差別主義者だというのは偏見だ。自由貿易協定への賛否ひとつとっても、共和党の右派と民主党の左派が反対し、両党の中道が推進派だ。民主党を日本の左派の仲間、共和党を日本の右派の仲間と考えると、争点や政策によってはしっくりこないことがある。

保守とリベラルの意味にも要注意だ。Ｉ章でみた州の独立性を最優先し、連邦政府の役割を最小限に考えるのがアメリカの保守である。「小さな政府」で規制緩和や減税を求める。逆に連邦政府が様々な局面に介入することをある程度までは是とするのがリベラルだと考えておけばいい。「大きな政府」で再分配を是とする。

アメリカの場合、これに文化的な価値観が絡む。銃所持の権利、中絶や同性婚を認めない原理的キリスト教などは「文化保守」。環境保護、ＬＧＢＴの権利重視などは「文化リベラル」だ。

地域性も大きい。沿岸部や都市部はリベラルで、内陸や農村は保守的。北東部州の共和党議員より南部の民主党議員のほうが保守的だ。

どの争点で「どの時代」「どの州・地域」かによって、リベラルと保守の濃度が全然違う。かつて南部諸州は民主党が優位だったが、住んでいる人が変わらないのに、ある時期から共和党に彼らは鞍替えした。共和党はかつて「リベラル」な政党だった（奴隷解放宣言のリンカンは共和党）。現在では保守色の濃い政党に変質している。

保守とリベラルの有権者へメディア戦略を指南するのは選挙コンサルタントという専門職だ。当選後はボスを政務面から支えるため政権入りしたり議員事務所で幹部になる。ボリビアの大統領選挙陣営に雇われるアメリカ人女性コンサルタントの活躍を描いた**『選挙の勝ち方教えます』**のように、外国の選挙を請け負うことは現実にもある。アメリカ選挙産業の輸出だ。

テレビCMによるネガティブキャンペーンやターゲット有権者への擦り寄りを下品に描いたのは**『チョイス！』**である。架空の現職の共和党大統領と民主党の挑戦者が争う大統領選。開票したら全米49州の選挙人数が同数で、残りはニューメキシコ1州。その同州も票がタイという確率的にあり得ない設定だ。

電子投票機の不具合で投票が無効になった男はトレーラーハウス暮らしの無党派。10日後の彼の「再投票」までのたった一人に向けた選挙キャンペーンの映画だ。

電力会社の献金をもらう大統領は新規のダム建設を推進していたが、男の釣り場の川が干上がるとわかると建設を中止。環境保護団体の喝采を浴びる。男が不法移民に言及すれば、民主党候補は国境警備強化を謳い、ゲイを擁護したと勘違いされれば、共和党大統領が警官や軍人など右派に尊敬される職場での同性愛の権利推進を約束する。

本来の保守とリベラルがどんどん逆転していく。たったひとりの票を獲得するために、原則を放棄する矛盾が面白おかしく描かれる。保守派が好んで観戦するカーレース（NASCAR）の伝説のレーサーのリチャード・ペティ（共和党支持を公言）、アメリカを代表するミュージシャンのウィリー・ネルソン（同じく民主党支持を公言）が本人役で出演。彼らが両党の候補の「応援セレブ」として票集めに手を貸すのも、アスリートや芸能人が政治にもろに関わるアメリカのリアルを反映している。

労働者系左派が珈琲の注文に苦しむ？　サンフランシスコ

もう一つわかりにくいのはライフスタイルをめぐる政治性だ。「モノの政治学」と言ってもいい。アメリカではサンフランシスコの民主党支持者がGMのピックアップ・トラックに乗ることはあまりない。大豆の農業ビジネスを手がける富裕な共和党の友人は「アウディとかフォルクスワーゲンましてやテスラには乗らない」と断言する。そもそも彼らは輸入車を好まない。

経済的に購入できないという層をのぞいて、富裕層が車選びをする場合、民主党富裕層が好む車と、共和党富裕層が好む車に、明らかな違いがある。格差問題ではない。文化なのだ。資産と年収がまったく同水準の人の車種を投票先から判別することは日本では困難だ。

消費における「リベラル」な意識高さの定義も政治が決める。「マクドナルド」は健康に敏感なリベラルなアメリカ人には文字通り「ジャンクフード（クズ飯）」だ。『スーパーサイズ・ミー』はガールフレンドが菜食主義者の監督が、マクドナルド的な食生活を批判する目的でドキュメンタリーを撮る。マクドナルドを食べ続けることで健康悪化しなければ批判が成立しない。

これも地域差が激しい。都市では「ジャンクフード」でも田舎の白人にとってはパンケーキチェーンの「アイホップ」と同等の立派な朝食「レストラン」だからだ。

スターバックスは環境対策を牽引する「シアトル・リベラル」の会社である。消費で支持政党や経済階層がわかるというのは、州や地域の文化差、エスニックな食文化、キリスト教社会などがあまりに複雑に絡んでいるアメリカ特有のもので、日本にそのままの形で持ち込める政治マーケティングではない。

リベラルは「意識高い系」西海岸リベラルと、労働者系土着リベラルに分かれる。ちなみにこの違いを認識するのは後者の土着系で、前者の「意識高い系」はこういう分断があることを認めようとしない。

労働者系土着リベラルの表現者として有名なのはマイケル・ムーアだ。地元ミシガン州で労働者向けのミニコミを発行していたムーアのもとにサンフランシスコの流行雑誌の編集の誘いが舞い込む。ムーア監督の初のヒット作『ロジャー&ミー』の冒頭で彼はこう言う。

ムーア「サンフランシスコはミシガンの正反対の世界だった。失業者はいないはずだが、誰も働いているように見えない。午後3時にカフェは満席。たった一杯の珈琲の注文が自分には悪夢だった」

〈注文をとる店員〉「エスプレッソ、ダブルエスプレッソ、カプチーノ、ダブルカプチーノ、ラテ、ダブルラテ、モカ、ダブルモカ、カフェコンパナ、マキアート、ダブルマキアート、カフェビアンコ、あるいはハウスブレンドです」

〈ムーア〉「クリーミングパウダーを置いてないような街には馴染めなかった。ミシガンの自動車労働者向けに月1のコラムを書きたいと提案したら、上はハーブティーの取材をしろという。私は労働者の顔写真を表紙にしたいと要求。経営者は考え込んだ挙句、カリフォルニアと私がミスマッチだと宣言した」

ムーアはわずかなサンフランシスコ暮らしでミシガンに戻った。これは「右か左」かの差ではなく、「土着派」か「都会の意識高い派」の違いなのだ。

この生活スタイルに根ざした谷間はときには、アメリカでは政治思想に優先する。「土着系」は民主党支持者でもライフルで狩りをする。左派でも銃規制には反対だし、敬虔なキリスト教徒だ。保守で共和党支持でもネオコンなどの都市エリートは反共なだけで、ＬＧＢＴの権利に優しく、銃規制にも理解を示すこともある。

共和党、民主党にそれぞれが雑多に生息している。２つしかない支持政党を確認しても、その人のよりどころまではなにも見えない。鍵はむしろ「文化」に属するものだ。アメリカの場合は政治分析をする際、どうしてもこの種の文化理解が欠かせない。合理的行動の「合理」の定義が違うからだ。

この「土着」と「エリート」の党内の分裂が破裂し、「土着」の反乱が起きたのが２０１６年だった。民主党がサンフランシスコ的な意識高い「エリート」に乗っ取られたと感じた、労働者層はトランプになびいた。共和党主流のエリートはトランプとその支持者を毛嫌いし、反トランプに回った。トランプ以降の分断線は従来の二大政党の対立ではない。

貧困なのに共和党を支持する保守がいるように、富裕な金融やハリウッド関係者が多いユダヤ系も7割以上が常に民主党を支持し続けている。黒人もビジネスやスポーツなどで成功しても民主党支持をやめない。それは反ユダヤ主義や黒人への隔離政策との戦いである公民権を民主党のジョンソン政権が支持したからだ。それ以来、彼らは富裕層に利益がない税制を政策とする民主党をあえて「文化」を理由に支持している。

中央政府への反発「ワシントン嫌い」

日本における権力基盤は霞ヶ関の中央官庁である。民間や地方まであらゆる分野に許認可が及び、最も優秀な人材は霞ヶ関を目指してきた。官僚の汚職が大ニュースになるのはそれだけ信頼や期待の裏返しでもある。

この感覚でアメリカの映画を見ると不可解なシーンが多い。州権主義のアメリカにおいて一義的に外交以外のすべての領域である種の「国王」のような存在にあるのは州知事である。そして知事を制約する州議会である。さらに知事以上に別の意味で特別な尊敬を集め、市民に近い存在が市長と宗教指導者である。

　連邦政府の役人は間抜けで無能な「小役人」として描かれる。『**ゴーストバスターズ**』ではこの対比が鮮明だ。幽霊の襲撃の混乱で、危機対策の陣頭指揮をとる市長。その市長も指輪にキスをするほどへりくだる相手は地元教区の司教だ。

　三揃いスーツの環境保護局の役人はゴーストバスターズの幽霊格納が環境基準を満たしていないと問題視するが、市長に相手にされない。ニューヨーク市長の危機対応で重要なのは公務員票や組合票に支えられた「再選」であり、彼らアイルランド系やイタリア系が崇拝する教会幹部の意向である。

　ニューヨーカーが求めるのはニューヨーク愛に満ちた親分肌のポピュリストだ。木端役人は惨めな存在に貶められる。ここまで誇張されなくても、連邦政府の間抜けな役人はどの映画にも登場する。

『**大富豪、大貧民**』では、国税に相当する内国歳入庁の担当官がピエロ化される。追っているのは脱税疑惑の経営者なのに、まるで連続殺人犯かテロリストでも捕まえるＦＢＩ捜査官かダーティハリー気取りで銃を構える。もちろん税務署の職員が銃など携帯しない。自分の小さな権力に酔っている勘違い野郎に描く。連邦の役人をコケにするいつものギャグだ。しかも反税の風土のあるアメリカでは徴税部門はひたすら悪人でしかない。

『**エブリシング・エブリウェア・オール・アット・ワンス**』でもランドリー経営の中華系一家を申告書類の不備で高圧的に締め上げる州の税務署の担当女性が「バケモノ」にされてしまう。

例外は、鉄壁の肯定記号である「愛国心」の鑑である国防や諜報部門、そして人種差別をする南部社会に切り込むＦＢＩなどの捜査当局だけだ。『ミシシッピー・バーニング』などでは白人社会の地方警察や地方政治の腐敗に連邦権力のメスが入る。北部史観や人種問題では連邦政府の権力が肯定化される。

それ以外のすべての分野では連邦政府は「無用の長物」扱いだ。よほど公共的な志がないと、アメリカでは学歴競争社会のトップランナーは行政官になることを望まない。ロースクールを頂点とした文系エリート競争では中程度の「ルーザー」とみる偏見もある。アメリカの公共政策大学院はキャリア官僚養成所ではない。アメリカには珍しく海外に関心があったり、フィールド（現場）好きの使命感溢れる若者が集まる。

警察組織も日本と違う。市警の監督組織は警察委員会だからだ。これは非警察官が委員を務める点では日本の公安委員会に似たものだが、事実上、霞ヶ関の警察庁が都道府県警本部までの指示系統で組織される官僚機構としての日本の警察組織とは似て非なるものだ。

アメリカの警察には「キャリア」がいないと言われるが、現場警察の中でのエリートはいる。中央の官僚である警察官僚が、警察官も兼ねて現場の捜査を指揮する中央集権的システムではないだけだ。ＦＢＩは地方警察の管轄では扱えない越境的な問題を扱う組織で、決して地方警察の親玉ではない。だからドラマ『X-ファイル』で宇宙人を扱うのはＦＢＩだ。

ＦＢＩが乗り込んできても市警はペコペコしない。上司は市長だからだ。日本での「キャリア」や官邸への忖度に相当するものがあれば市政筋への配慮だ。NYPDの女性刑事と黒人タクシードライバーの凸凹コンビのドラマ『TAXIブルックリン』では、市長が署長経由で現場に特定の富豪の事件の捜査をねじ込んでくるシーンがある。

「市長の命令だ。今すぐ行け！」と署長は叫ぶ。

日本的な「車検」がないDIY社会

この政府の管理嫌いを端的に表す風土は、いくつかの分野では極端に突出する。日本的な意味での統一的な車検制度のなさは好例だ。自動車整備を政府認定で制度化するのは難しい。

開拓時代から「日曜大工」だのDIY全般が当たり前の日常であるアメリカでは、ガレージであれこれ工作したり、自分の家を設計したり直したり家庭での「機械いじり」が当たり前だ。中でも車社会のアメリカ人が特別の思い入れを発揮するのが自動車で、改造とか簡単な修理に関する知識や経験がある人は少なくない。

その象徴が全米公共ラジオNPR系列で放送されていたボストン発の長寿ラジオ番組『カートーク』だ。ある世代以上のアメリカ人で知らない人はいないという国民的な化物番組だ。「車のエンジンがギシギシ、変な音がする」とか自動車の相談を一般リスナーがコールインしてきて、それに2人の車に詳しいDJが笑いを交えて回答する素人いじり番組だった。日本でもFEN（現AFN）で流されていたが、日本人が聴くと「ディーラーや整備工場に持ち込めばいいのに」という違和感しかない。

アメリカ人は「異音」の正体に自分で当たりをつけて、時には自宅のガレージで車体の下に自分で潜り込んで解決を試みる。そのお手伝いや指南をする番組だから人気があったのだ。車の異変について主婦でもお年寄りでも自分であれこれ細かく説明する。

最終的に回答が「整備に持ち込め」でも、故障の理由はコレコレだから、交換する必要があるのはこの部品だけというアドバイスをくれる。ディーラーの言い値では交換させない。

このなんでも自分で解決してしまおうとする「自動車ＤＩＹ」文化では、どうしても車検という制度が馴染まない。国家や政府に対する素直さとともに、自動車整備に対するブラックボックス的な素人さも要求するからだ。

社会全体の安全よりも、個人の自由を優先する概念は、銃規制の有無だけでなく車検にも関係している。私のアメリカでの最初の車はシカゴで購入した中古のシビックだったが、イリノイ州も引っ越し先のバージニア州も車検が緩かった。

シカゴでは治安が最悪のサウスサイドに住んでいたが、窓ガラスやバンパーがないのは当たり前。よく扉がない車がそのまま走っていた。防音もないのでカーステレオが最大音量で夜の街に遠くまで響き渡る。扉にガムテープでビニール袋や段ボールを貼り付けた爆走車もいた。

シカゴ市警は取り締まらない。日本で慣れ親しんだ「車検」概念もぶっ飛ぶ。

危険な逆走も頻繁で信号を信用せず身を守る癖が身についた。青でも赤でも前から車が突っ込んでくるからだ。ニューヨーク名物の赤信号を平気で渡る歩行者も同じだが、信号を無視する代わりに、信号を守ってもひかれるときはひかれるので自己責任でという感覚に近い。

秩序が全ての日本から最初に違和感があるのは、この種の「自分勝手」に見える動きの数々だ。自己責任に基づく無秩序さは政府管理への反発と符合している法則性が見えてくる。効率性の問題ではないのだ。

アメリカでもルールとして強制されるわけではない市民が自主的に慣習化しているフェアな秩序には従う。郵便窓口のような「行列」には文句1つ言わずただひたすら並ぶ。カード番号で呼び出す効率化の発想はない。飛行機で降りるときも、どんなに時間がかかっても、窓席から通路席まで座席列番号が浅い客が退席するまでは後部の人が抜かさない。

デストピア嫌悪へのこだわり

アメリカ人が凄まじくこだわるテーマに「自由」がある。SF映画のデストピア系と言われる一連の娯楽作品の下敷きにあるテーマでもある。

1984年のマッキントッシュのテレビ広告はその象徴でもある。スキンヘッドの囚人のような人々が無思考に眺める「ビッグブラザー」のスクリーン。秘密の警察集団に追いかけられながら駆け込んできた女性アスリートがハンマーを投げ込んで「催眠」を解く。

最高視聴率を誇る全米フットボールの決勝戦で、業界を牽引していたIBMへの挑戦を叩きつけた伝説のCMだ。一義的にはビッグブラザーはIBMを意味していたが、それだけではなかった。オリジナルの案ではビッグブラザーはカール・マルクスに似せる予定だったことをリドリー・スコット監督は明かしている。

スティーブ・ジョブズの伝記作家、ウォルター・アイザックソンはこう述べている。

「『1984』はジョージ・オーウェルの小説です。彼がその中で言っているのは、巨大な政府や企業がビッグブラザー的に私たちを管理するということです。スティーブ・ジョブズはコンピューターが個人に力を与えると信じていました。それがマッキントッシュの全てであり、だからこそジョブズは1984のテレビCMを愛していたのです」

ジョブズが1984のモチーフにこだわったのは、オーウェル流の全体主義の『動物農場』とは違う世界をアップルなら提示できるという自負だった。コンピューターがデストピアを生むのか自由の武器になるのか。CMはナレーションで終わる。

「1月24日、アップルコンピュータはマッキントッシュを発売します。なぜ1984年が『1984』のようにはならないか、お分かりになることでしょう」

デストピア描写で定評がある往年の映画に『**ソイレント・グリーン**』があるが、1966年刊行の小説を原作とする1973年公開だ。設定した「未来」は2022年。凄まじい格差社会、人口増加で肉や野菜などが希少価値をもち、一般人はソイレント社なる会社が製造する謎の合成食品を食べて暮らしている。人権、食の安全をめぐる消費者運動などリベラルな運動とも共振するテーマだ。

２０１２年には『**クラウド アトラス**』が全米で公開され、翌年２０１３年にアジア公開されたが中国での大幅なカットが話題になった。１８４９年から２３２１年まで６つの異なる物語で構成される。輪廻転生がモチーフだが、コアにあるのは「自由」をめぐる問題だ。『**ソイレント・グリーン**』にも似た部分があるのは、２１４４年の未来都市ネオソウルで、人造のクローン労働者が革命家に自我を覚醒させられ、支配の「真実」を知りレジスタンスとして逃亡し闘う物語だ。

この種のデストピアはテクノロジーの発展で自然にそうなるのではなく、あくまで人為的に作られる。つまり、政治だ。仮想現実ドラマシリーズ『**ワイルド・パームス**』でも黒幕は上院議員だった。

２００７年カリフォルニア、上院議員が所有するメディア企業「ワイルド・パームス」社が運営するテレビチャンネルが「教会の窓」なるヴァーチャル・リアリティ番組を放送する。特殊な薬物を利用してのＶＲやホログラフィなど仮想現実の政治利用を描いている。上院議員の背後には新興教団がいる。１９８０年代に台頭したキリスト教連合のテレビ伝道チャンネル、ハリウッド俳優にもメンバーが少なくないサイエントロジーなどにヒントを得て、政教問題にメディア支配を絡めた、てんこ盛りの社会派作品だった。

自由主義の「リバタリアン」組織がレジスタンスとしてこの野望と戦うのだが、ＡＢＣテレビ放送は1993年。時代を先取りしすぎて当時批評がついてこれず、最近になって見直されている。サントラ音楽を坂本龍一さんが担当したので日本ではVHS発売・レンタルされた。シルヴェスター・スタローン主演『**デモリションマン**』ではデストピア化は市長の方針である。治安維持という点では市民の利益になっているように見える。1993年公開のこの作品の真骨頂は、「クリーン」な社会を旨とした独裁制の未来を予見的に描いたことにあった。

犯罪がない「クリーンな社会」になった近未来が舞台。ロサンジェルスがモデルの架空の都市の警察は管理社会の防人かはたまた手先か。無菌的にコンピュータで管理された社会は口汚い言葉にペナルティが科せられる。

過剰な「言葉狩り」のネタは、すでにアメリカで激しさを増していたポリティカルコレクトネスへの反発でもあった。キャンセルカルチャーという言葉が身近になる30年前のことだ。日本で地上波テレビ公開時に解説者の淀川長治さんは独裁の主は「東アジア」になると解説した。だが、中国のテクノロジーと経済の台頭前、ハリウッド作品でアジアを投影したモチーフはいずれも日本だった。カタコトの日本語や変な日本風ファッションを乱雑にもちこんだ『**ワイルド・パームス**』もそうだが、1990年代までのSFはサムライから経済大国まで、とにかく日本いじりが溢れていた。

企業がデストピアの推進役になることも勿論ある。

『**ロボコップ**』は治安が最悪のデトロイトを浄化するため、瀕死の警官の肉体をアンドロイド化して無敵の警官を誕生させる話だ。ロボット開発を行うオムニ社（ＯＣＰ）は、財政破綻状態の市政府に代わって市の運営や警察の管理をしている設定で、政府による全体主義ではなく、特定の一企業が政府の代わりをしてしまうアメリカ風の「民営化デストピア」だ。

体裁こそ一丁前に報道風だが、企業プロパガンダと偽善を垂れ流すだけのニュース番組もオムニ社が掌握し、ジャーナリズムも死んでいる。

『ザ・インターネット』の予見的リアリティ

サンドラ・ブロック主演『ザ・インターネット』の原題は『ザ・ネット（The Net）』。当時日本語では「ネット」という呼称が未定着で原題のままでは意味不明だった。

ウィンドウズ95発売の年に公開された本作には懐かしさと未来予見が混在する。フロッピーディスクは今見ると古臭いが、公開当時は感熱紙式のワープロが日本ではまだ主流だった。電子メール黎明期。学生は大学の情報センターなどに電車に乗って「メールを見に行く」滑稽さで、休校も合格通知も何もかも文字通り「掲示板」の札で確認した。

自宅のネットも電話回線なのでつないでいる間は話し中になった。「電話がかかってくるから。パソコン通信やめなさい」と家族に怒られた。この時期のネット環境の日米差は本当に激しかった。１９９０年代後半に留学先で驚いたのはラップトップＰＣでノートをとる姿だった。

『ザ・インターネット』のストーリーはよくある陰謀サスペンスアクションだ。ハッカー映画としては、ロバート・レッドフォード主演『スニーカーズ』が早かったが（運動靴ではなく「sneak」は忍び込む意味）、データ改竄でネット上での人格を書き換えられてしまうサイバー攻撃は極めて斬新かつ予見的だった。

本作は未来のライフスタイルも的中させている。アマゾンの本格的浸透より5年以上も前、ウーバーイーツ登場の20年以上も前のことだ。オンラインで在宅勤務をしてネットで食事から宅配までワンクリックで済ませる主人公の生活は「未来の私たち」だった。

サイバー攻撃による人格乗っ取りは滑稽な笑い事でも陰謀論でもない。実際に私は経験している。アメリカの移民局のデータがハックされ、違う人物に書き換えられてしまった。2017年、「エスタ」というアメリカビザ免除入国システムに登録しようとしたら、「あなたには不法移民歴がある」として却下された。米政府の友人が内々で調べてくれたところによると移民局のデータでは、私と同姓同名で同じ生年月日の日本人が「父親のクリーニング店を継ぐために不法入国したため強制送還された」となっていた。

私の姓はありふれた日本名だが、名は読み方が一般的ではない。生年月日とセットともなると偶然の一致はまずあり得ない。また、移民1世が「クリーニング業」という職業的な固定観念がどうも日系人的ではなかった。

恐怖を感じたのは、データ上で強制送還されたことになっている一九九八年の当該月、確かにミネソタ州ミネアポリス空港で私が入国していたことだ。適当な記録をこしらえたのではなく、実際のデータを土台に部分改竄されていた。

　国務省の友人は「生年月日と姓名が同じ人がたまたま不法入国したんだねえ」と笑いながら、10年有効の商用ビザを用意してくれ、連邦議会の事務所が再入国トラブル防止の「身の潔白」を手伝ってくれた。米政府の安全保障にも関わる経緯もあるのだが、いずれにせよ私はこの「アイデンティティ乗っ取り事件」のせいで当面は「エスタ」取得をできず、商用ビザを更新してもらうことになった。

「偽データ」がなかなか抹消されず、入国審査のたびに審査官に「お父さんは今どこだ？」と尋ねられる。「東京ですが。クリーニング店の件？」と答えると、「ああ、なるほど、お気の毒に」と笑いながらスタンプを押してくれる一連の会話がルーティンになってきた。

　ウイニー誤認逮捕事件ではないがハッキング関係は自分が身をもって経験するまでは、誰にとっても陰謀論にしか感じられない。

ソーシャルメディアによる透明性の逆説

　LinkedIn登録は2003年の同サービスの開始直後、Facebook登録は2007年で、ソーシャルメディア利用は日本人の同世代では早い部類だったが、一旦使用を止めるのも早かった。Facebookには当時日本版がなく繋がっていたのはアメリカを中心に英語圏の人たちだけだった。

しかし、そこで問題が起きた。

アメリカではライフル協会の会員が同時に環境保護団体のシエラクラブの会員であることはない。キリスト教原理主義の教会へ日曜日に通う人にLGBTの親友がいることもほぼない。投票行動上は共和党か民主党のどちらかに完全に帰依せず、選挙のたびに入れる先を変える「無党派」は存在しても、個別の争点には賛否があるのが常で、思想的な「無色透明」は極めて少ない社会だ。

A氏とB氏と別々に友情があったとして彼らの仲が悪そうであれば2人には交友は開示しない。それがアナログの人間関係だ。しかし、ソーシャルメディアでは人間関係が可視化される。私はアメリカの議会や選挙に深く関わっていたし、日本帰国後も報道にいたので社会問題に無定見なはずはないと、外国人枠の甘えが通用しなかった。

保守派の友人から、「どうしてこんな極左の議員たちやラディカルな活動団体と繋がっているのか」と問われ、リベラル派の元上司や友人からは「ネオコンや保守系のキリスト教団体、共和党の地方支部の人と繋がっているけど『事故』よね?」と追い詰められた。

大学院時代から日米の映画を語り合えた「映画仲間」のアメリカ人の親友が、勤務先のインテリジェンス(情報機関)で分析局から作戦局に転籍になり、外国籍の友人を持てなくなり、「友達」を外して「外交官」という「別人格」になったのをきっかけに、私も別人格のダミーアイデンティティを作るかSNSを止めるか考える節目があり、後者を選んだ。

日本でFacebookやTwitterの日本語版ができて流行り始めたのは、英語版で「事故」らしい

「事故」をあらかた経験して閉じた後だった。日本語版で日本語という閉じられた系の中で友人と繋がり国内で意見を発信することから始めていれば、私のＳＮＳとの付き合いはずっと平和なものだったかもしれない。

『ザ・サークル』は、なんでもライブカメラで可視化することがいいのかというプライバシー問題を問いかける作品だ。サスペンスとしての起伏に乏しく批評家には酷評されたが、扱うテーマは深く一見の価値はある。ベストセラーになった原作小説は２０１３年に刊行されている。

『ハリー・ポッター』のハーマイオニー役で知られるエマ・ワトソンがシリコンバレーの巨大ソーシャルメディア企業「サークル」に入社し、会社の目的である世界の個人データの共有化と可視化の実験役にして広告塔に利用されていく。

小型のカメラを装着してトイレ以外の24時間を配信するのは日常を公開してコメントを得るライブ配信者と変わらないが、それが「会社の仕事」であるところが異様である。しかし、世界最大のインフルエンサーになれば、そのインフルエンスを善にも悪にも活用できる。

可視化自体は善にも使える。それはこの企業のトップが言う通りだ。警官にカメラを付ければ人権侵害案件は減少するし、取り調べの可視化も同様だ。ただ、問題は誰のどこまで何を可視化するのかという点で、可視化を推進するテクノロジー企業の経営者が自らをまず可視化しないのであれば偽善的だ。また、可視化に応じる自由な社会の内側だけがどんどんめくれる一方、権威主義体制はデータを集めても対外的な可視化には応じないかもしれない。犯罪者追跡ショーのシーンがあり、都合よくイギリスが舞台になるが、同じことはロシアや中国ではできないだろうし、ローカルの政府がハッキングしてデータを改竄すれば冤罪も生まれかねない。

徹底した透明化はデモクラシーの一つの方法ではある。台湾のデジタル大臣のオードリー・タンの手法で知られる方法だ。タン氏は取材を受けるときに一つの大きな条件を課していて、それは取材風景ややりとりを一言一句、アップロードすることだ。マスコミに都合の良い切り取りをさせない抑止力として革命的な措置だった。私がインタビューした際もそのやり取りをすべて先方がアップロードした。

ただ、この方法にも弊害がないわけではない。可視化を徹底すれば「見られている」前提での振る舞いが基本となり、こそこそしたこともできなくなる代わりに、即興のトークでは説明しにくい複雑な「本音」は地中に潜りやすくなる。オンレコ取材は正々堂々としてはいるが、本質的な真実を炙り出すには逆効果で、これは記者会見が政治家を追い詰めたり失言を期待するには効果的でも、裏の本音を引き出す場に適さないのと同じだ。

『**ザ・サークル**』でトム・ハンクスが演じる「サークル」社の代表は言う。「知ることは良いこと。全てを知ることはもっと良いこと」。それはそうだろう。しかし、そのためには視覚上、見えないものを見ることも必要だ。視覚聴覚にすべてをさらけ出すことではない「思考」によって点と点を線で繋ぐことが、むしろ本当にすべてを知ることの手がかりかもしれない。

経験した景色をシェアする行為はYouTubeやInstagramで行われていることで、見える景色は広がったが、それと実際の旅行は違うもので、下手に視覚体験してしまうことで物理的に行けないことへの不満感を誘発するかもしれない。

サークルのアカウントを通して有権者登録をするシステムをエスカレートさせ、投票にサークルのアカウントが必須になる未来像も示される。生活の隅々で使用するアカウントなのだから有権者には取得をいっそ義務付ければいいという発想で、こうして一企業が政府の代わりをするようになる。グーグルアカウントによる紐付けやビッグデータ問題を彷彿とさせる。

寡占を相対化する競争相手という選択肢が存在することは唯一の救いだ。デモクラシーとジャーナリズムが一応は健全に存在し、政府と独占企業が一体化していない限りは、欺瞞を暴く道は残されている。

アメリカの映画やドラマでこれでもかと示されるデストピア未来像が現実を風刺していながらも、完全な現実になりきるほどの恐怖感がないのは、エンタメで「デストピアのパロディ」をやるぐらいの自由がハリウッドにはあるからだ。

Movie Tips #6-1

『ラブ・ダイアリーズ』

(Definitely, Maybe) 2008年

出演：ライアン・レイノルズ　監督：アダム・ブルックス
配給：ユニバーサル・ピクチャーズ

「大統領」が誰だったかはアメリカ人が時代を振り返るときに記憶をつなぐ絆になる。「あの頃、僕らはケネディに熱狂し、ニクソンに幻滅した」とナレーションが流れれば、脳内だけタイムマシンにすぐ乗れる。大統領は党派を超えた1つの時代を象徴する「世代」の記号だ。

「政治ラブコメ」というジャンルがある。底流は「オリバー・ストーン」風味なのに、表のプロットが普通のロマンティック・コメディ。ベトナム戦争や米中ピンポン外交をモチーフにした『**フォレストガンプ　一期一会**』ほどわかりやすい「時代」系とはまた違った作風だ。

『**ラブ・ダイアリーズ**』の主人公ヘイズが地元ウィスコンシン大学在学中、折しも92年の大統領選が訪れる。時はブッシュ父政権。湾岸戦争で英雄になるも、「絶対に増税しない」という約束を破って支持率下落。12年続く共和党政権を断ち切る切り札が、中道穏健派の新星クリントンだった。

大学寮の部屋にクリントン夫妻の写真を飾り、写真の前で「私が大統領だ」と念仏のように唱える。気色悪い政治おたく（ポリティカルジャンキー）の誇張だ。アメリカの政治志向の若者は選挙に無給スタッフとして参加することからキャリアを築く。

ヘイズはクリントン陣営入りする。行き先はアーカンソーの選対本部ではなくニューヨークの支部。ヘイズと同僚が滞在する「ニューヨーカーホテル」は、マディソンスクエアガーデンの斜め後ろの実在のホテルだ。出身校の同窓人脈で献金

『ラブ・ダイアリーズ』
DVD：1,572円（税込）
発売元：NBCユニバーサル・エンターテイメント

※2023年11月の情報。

チケットを売りさばき頭角を現す。

黒人初のモーニングショーのアンカーとなったNBC「トゥデイ」のブライアント・ガンベルがブッシュ大統領の息子にインタビューする本物映像が出てくる。寄り目のブッシュは目が泳いで挙動不審で頼りない。

「チェンジ」を掲げたクリントンが何かを変えてくれると信じて、事務所の若いスタッフは誰もがクリントンに心酔していた。勝利の夜、スタッフはクリントン陣営のテーマソング「Don't Stop」を流して大騒ぎ。ヘイズは黒人の同僚と選挙コンサルタント会社を設立する。

だが、複数の女性をめぐる恋愛と仕事の失敗に翻弄され人生は暗転。ニューヨークで夢破れた「ルーザー」となっていく。モニカ・ルインスキー疑惑で大陪審に召喚されるクリントンを映し出すテレビ画面に、ヘイズはデリバリーの中華麺を投げつける。心酔していたからこその裏切られたという思い。輝いていたクリントンが中道化を経て疑惑報道で崩れていく過程と田舎のリベラル学生が夢を見失い崩れていく過程がシンクロする。

アメリカの学生にとって「青春とは政治」であることが少なくない。公民権運動、同性愛者や女性の権利運動、反戦運動、環境運動、保守的な教会活動など、若者はシングルイシューを起点に、大学内の民主党と共和党のクラブに参加し、選挙にも加わる。青春の理想をともにした政治家がいる。大統領になれなかった敗北の選挙ほど思い出深い。バリー・ゴールドウォーター、テディ・ケネディ、デュカキス、

サンダース。ヘイズが青春の理想をともにしたのはクリントンで、２０００年代末のリベラルな若者にとってはオバマだった。

青春の熱はいつか醒める。娘をもつ父親となり、青春の夢から醒めたヘイズが、セントラルパークでシークレットサービスに囲まれながらジョギング中のクリントンを見かける。

「大統領閣下！92年のあなたの選挙で働きました。ヘイズです！」

そっくりさん役者が演じるクリントンは、親指を突き出して謝意を示す。憧れのクリントンは心臓疾患の再発に気を遣って汗を流すひとりの老いたニューヨーカーになっていた。ヘイズのなかで「クリントン時代」が幕を閉じる。冷戦終結後の妙な高揚感だけが充満していたあの時代に青春を送った人への鎮魂歌である。

時代ものの特有の記号遊びも面白い。陣営のレンタル携帯はトランシーバーのような大きさ。日本のバブル期パロディで出てくるあれだ。パキスタン人が店番をしているデリでキャメルのタバコを買おうとすると、ウィスコンシンでは想像できない高さ。ニューヨークの猥雑さが田舎青年を毒しながらも鍛えていく。ニューヨーク青春映画は星の数ほど存在するが、本作は政治と恋愛を絡めた独自色が面白い。「オバマ時代」「トランプ時代」「バイデン時代」をモチーフにした「政治ラブコメ」が登場したら本作と見比べてみるのも楽しいかもしれない。

Movie Tips
#6-2

『バイス』
（VICE）2019年

出演：クリスチャン・ベール　監督：アダム・マッケイ
配給：ミラー・リリーシング、メトロ・ゴールドウィン・メイヤー

私にとってもチェイニーは忘れようがない副大統領だ。2000年大統領選挙で、私はブッシュの対立候補のゴア陣営ニューヨーク支部にいた。アジア系集票の広報戦略を練る立場だった。「ブッシュは愛嬌があるが無能。チェイニーは手強いが無愛想」と揶揄し、「父ブッシュ時代の重鎮による傀儡政権になる」と「ブッシュ王朝」批判で戦った。だが、のちに民主党も「クリントン王朝」の樹立を目指す。この節操のなさに「内輪で大統領職を回すだけか」という民衆の怒りがトランプを押し上げた。「職業政治家ではない奴を大統領にしろ」と。

私の研究室には、在りし日の世界貿易センタービルの写真が飾ってある。ロウワーマンハッタンは陣営同僚が多く住み寝食を共にした地域だった。この写真を撮影した部屋に住んでいた元上司は、9・11テロでPTSDとなり政界を去った。

その後も私とチェイニーの不思議な因縁は続いた。

「ペンタゴンも燃えている。すぐ局にあがれ」。テレビ東京虎ノ門旧本社に招集されたのは2001年9月11日夜、米東海岸は朝だった。帰国後に入社した同局で経済部WBS（ワールドビジネスサテライト）担当記者だった。報道フロアは蜂の巣を突いたような騒ぎと化し、WBSも小谷真生子キャスターのまま異例の延長放送を行った。

私は旧知の議会関係者に安否確認と情報収集を試みたのち、映像編集室で外電翻訳に明け暮れた。凄惨な生映像を分類し、叫び声ばかりの英語を日本語字幕にして副調整室でテロップ入力。週末の特番班に召し上げられ、ツインタワーの内部を詳

『バイス』
BD&DVD&デジタル
提供：バップ、ロングライド
発売元：バップ

解するＣＧを製作した。被害者の叫び声とタワー崩壊の夢をよく見た。

　翌年、私は政治部官邸クラブに異動し、小泉総理、安倍官房副長官の番記者、外務省キャップと一貫してブッシュ政権、もとい「チェイニー政権」外交をフォローした。9・11対応以降の対テロ戦争は事実上チェイニーが主導していた。

　本作中には「Japan」「Koizumi」は出てこない。だが、小泉・ブッシュの親しさは本物だった。ブッシュの鶴の一声で同政権は小泉訪朝を黙認した。ルイス・リビーという日本通がチェイニーの右腕だったことも大きい。日本を舞台にした小説の作者でもある異色の首席補佐官だ。彼を介して日本は早期に「チェイニー室」の動きを察知した。

　留守番役の多い副大統領だが、チェイニーは節目には訪日した。だが、当時の日本外交の最大の攻めの案件「国連安保理改革」には、この最良の日米関係も梃にできなかった。チェイニーもイラク戦争支持と引き換えに日本の常任理事国入りを後押しするほど無条件の日本贔屓ではなかった。

　本作日本公開時の18歳は２００１年生まれ。若者は9・11テロ後生まれの世代に突入している。なぜ今さらチェイニーなのか。本作が奇抜な構成で問題提起するように、チェイニーが副大統領を引き受けたことで世界が変わった。それはトランプ政権にも繋がっている。

　オバマ政権はイラク戦争への反動で生まれた。２００８年大統領選前、米兵の犠牲増加や捕虜虐待報道で反戦論が吹き荒れ、戦争賛成の前科があるヒラリーは失速。

戦争に反対していたオバマが党内で担がれた。そもそもは9・11テロ後の愛国世論がイラク侵攻を後押しし、議会もお墨付きを与えた。だからこそ物語は9・11テロから始まる。あのテロが起きていなければ、世界は違ったものになっていた。そしてオバマは大統領になっていない。

ゴア政権になっていれば9・11は起きても、イラク侵攻はなかっただろう。だから2000年大統領選で民主票を食い、ブッシュに漁夫の利を与えた第三党「緑の党」のラルフ・ネーダーこそがイラク戦争の原因というジョークもある。ネーダー支持者はこう言い返す。「おかげで黒人大統領が誕生した」と。そしてブッシュ、オバマの2代の政権への不満を代弁したのがトランプだ。イラク戦争批判でブッシュ家の弟ジェブを潰し、海外非介入「アメリカ・ファースト」で台頭した。そして黒人大統領8年への不満も煽った。チェイニーは皮肉にも後続2代の政権の間接的な生みの親だ。「反動」の種を播いた主だ。

チェイニーは外交安全保障において大統領を凌ぐ権限を手に入れた。2000年大統領選ではフロリダで再集計騒ぎが起きるが、これがチェイニーには福音だった。脆弱な「正統性」の負い目からブッシュ周辺は点取りに焦った。「思いやりのある保守主義」より、対テロのほうが政権浮揚にはなる。本作で繰り返し出てくる「一元的執政府論」が副大統領の権限強化に利用された。

物語では2人の人物が鍵となる。まず妻のリン、そしてドン・ラムズフェルドだ。彼らなしに政治家チェイニーは存在しない。リンは野心を夫のチェイニーに託す。

また、ラムズフェルドと師弟関係になり仕えたことで、トントン拍子にホワイトハウスに職を得る。

チェイニーはイデオロギーに染まっていない。ラムズフェルドと同じ「保守強硬派」だが、民主主義を拡張するネオコン的信念はない。政党に無関心なままラムズフェルドの破天荒な魅力に惹かれて共和党を適当に選ぶシーンがある。同場面は演出としても、真に「保守」であったのかは怪しい。「理念なき」現実外交を仕込んだのはラムズフェルドだった。

だが、「怪物」を育てた彼も、かつての部下に人事権を握られていく。持病（心臓）に加え、物語のアクセントになっているのは、チェイニーにレズビアンの娘がいる実話だ。キリスト教保守を地盤にする共和党ではＬＧＢＴ容認は御法度。だからこそ民主党は同性婚への超党派支持をチェイニーの娘の例に訴えた。チェイニーは娘の同性愛受容で、リベラルからのイラク戦犯論の緩和を狙ったとの意地悪な評価もある。

それも含めてチェイニー夫妻が背負う十字架であり、権力という魔物に取り憑かれた人間のリアルな叙事詩である。

Movie Tips
#6-3

Visual Press Agency/アフロ

『ハウス・オブ・カード　野望の階段』

(House of Cards) 2013〜18年

出演：ケヴィン・スペイシー　製作総指揮：デビッド・フィンチャー
製作・配信：ネットフリックス

候補者を誰が公認するか、選挙資源を誰が用意してくれるかが、議員の行動を決める。議会に戻れなければ政策は実現できない。再選を最優先に考えれば、選挙区に背いてまで党や大統領に忠誠を示し続ける意義は薄い。だからこそ、議会で法案を通す多数派工作には特殊な技術が要る。賛否を決めかねている議員に貸し借りをつくる政治取引を個別に行う。

『ハウス・オブ・カード　野望の階段』の主人公、フランク(フランシス)・アンダーウッドはその政治取引の達人である。南部サウスカロライナ州選出の民主党下院議員で、幹部職である院内幹事という設定だ。フランクは議員の利害を把握し、それを巧みに利用する。猜疑心を用いて仲違いさせる。弱みを握られた人間は忠誠を尽くすしかなくなる。フランクは弱みにも無慈悲に付け込む。アルコール依存症の若手の下院議員、退役軍人の若手女性議員など、フランクは恐怖政治で言いなりになる「手足」を増やしていく。

権力の街ワシントンで重要なプレイヤーは「プレス」と呼ばれる新聞、テレビなどのメディアの記者だ。権力側から見れば、新聞やテレビは政治を有利に転がす「空気」作りに利用する道具である。都合のいい記事を書いてくれる記者を抱えることは武器になる。20代の頃、学術研究を経てから飛び込んだワシントン政治の生々しい世界で、ナイーブだった私が最もショックだったのは、理論的、政策的には相当に魅力的で優れた法案が、純粋に政治的な事情で次々と葬られていく現実だった。

政治的な大義と議員の選挙区利害を満たすことが優先で、そのために世論を演出する。その専門家を「スピンドクター」という。たとえば、1992年のビル・クリントンの大統領選挙陣営でメディア操作を担当した人物にジョージ・ステファノポロスがいる（ABCアンカーに転身）。

ステファノポロスはメディアの弱点に付け込んだ。他社にスクープを抜かれることに怯え、その裏返しとして「一社独占」の誘いに弱い性質だ。記者会見やリリースを介した全社向けの「平場」の情報提供には旨味がない。裏で特定の記者だけに「一本釣り」で話を持ちかけ、恩を売ることで番組や紙面を政治利用する。何かトラブルが起きたときに、リークで情報を撹乱する。ステファノポロスは予備選中に拡散したクリントンのスキャンダルをメディア操作で毎回鎮火させ、本選での勝利に導いた。

本作では記者が政治に利用される。社内の特ダネ競争は、リークの背後にある権力側の意図を詮索する心の余裕もかき消してしまう。驚かされるのは、本来であればステファノポロスのような側近が担当する記者との接触やリークによる情報操作を議員本人のフランクがやってしまうことだ。

スマートフォン時代になって、情報源が記者と個別連絡を取りやすくなった。野心的な若手の女性新聞記者はベテランを見返してやろうと背伸びをする。リークに飢えているから、格好のカモになる。

内部情報の「紙」が手に入れば、上司も他社を出し抜く欲求には抗えない。記者は有名になり、報道番組で「パンディット」と呼ばれるコメンテーターとして露出する。経営側は「スター記者」で収益を上げようと出演を追認する。このワシントンの政治記者の成功物語の1つの類型が描かれる。「シングルソース」(1つの取材源)での「抜き」は往々にして、権力の何らかの意図に利用されがちだ。フランクの場合は、政敵を追い落とすためだ。ネット時代には新聞記事は常時アップロードされる。ニュースサイクルが24時間になったことで、リークによる情報操作の回転も速くなった。権力の監視を旨としているはずのジャーナリズムが「政治の駒」になり、功名心はいつしか政治家との適切な距離も奪っていく。

マッチポンプのような政治とメディアの関係に痛烈な皮肉を忍ばせている。

ワシントンの人的ネットワークは、かつての同僚関係を軸に展開する。フランクの議会事務所で部下だったことがある黒人ロビイストが、本作では重要な役割を担う。

私の事務所の直属の2人の上司はホワイトハウスのオバマ大統領の議会担当補佐官とペローシ下院議長の首席補佐官に転出。オバマ政権の医療保険改革法(オバマケア)は、こうしたネットワークを駆使した舞台裏の調整で可決された。フランクをとりまく人的ネットワークの「蜘蛛の巣」には一定のリアリティがある。

一方、アメリカの政治家にとって重要なのが配偶者だ。日本でも政治家の配偶者は重要な役割を担うが、表に出る存在ではない。アメリカ大統領はイギリスの国王と首相を兼ねたような存在で、行政部の責任者であるとともに元首として国を代表する。大統領と副大統領候補の配偶者はカメラの前に立つことを求められる。

大統領選挙の年の夏の党大会では親族がそろって壇上に上がる。２００８年民主党全国大会の初日のハイライトはミシェル・オバマの演説だった。夫と党の政策を代弁する政治演説を効果的に行える人物でなければいけない。将来、大統領を狙う議員であれば、特に配偶者は重要だ。

フランクの妻のクレアは、政治的資質の面で申し分ない。フランクが南部の保守的な民主党政治家である一方で、妻のクレアはリベラルな顔を代弁する。専業主婦に満足せず、非営利団体の活動を陣頭指揮する。権力のほうがマネーよりも追求のしがいがあると考えるフランクの野心はシンプルだが、クレアの場合、どこまでがリベラルな理想主義で、どこまでが政治的野心なのかが見えにくい。その境界の曖昧さがクレアのミステリアスさを倍増している。

夫に利用されているようでいて、夫と政治を利用しているのは彼女のほうかもしれない。アメリカの政治家の場合、子どもがいない夫婦は珍しいが、フランクたちにはなぜか子どもがいない。この不自然さが、かえって全人生を権力奪取に賭ける夫婦の執着を如実に語る。

権力という共通目的で契約を結ぶのは夫婦だけではない。アメリカでは選挙陣営の幹部スタッフが、そのまま政権や議員事務所で顧問や上級補佐官になる。有権者を知らない政策専門家ではなく、選挙区や世論に敏感な選挙経験者に政務の手綱を握らせたいからだが、当選前から自らに賭けてくれた信頼感を優先する心理もある。将来のキャリア生命が「一蓮托生」になっている腹心が必須だ。

フランクの周囲には秘密を守れる忠誠心の塊のような部下がいる。「バックチャネル」の代理人として隠密裏に動く首席補佐官にとどまらず、警護官まで目をかけて手なずけていく。

大統領という孤独な存在にまず必要なのは、同じ政党内にも跋扈する政敵の罠を嗅ぎ付けてボスを守る政治的パートナーであって、政策エリートではない。

本作の現職大統領もこの「孤独」の問題を抱えている。芯がない政治家は人の意見に惑わされる。側近を抱き込まれ、閣僚人事まで誘導されかねない。策士フランクは巧妙に場面で発言を使い分け、大統領と周辺を操縦していく。

『ハウス・オブ・カード　野望の階段』は本物のプロ、すなわちアメリカの議員たちも観ている。犯罪サスペンス的な部分はともかく、政治描写のディテールは極めて正確だと、議員やスタッフは口を揃える。彼ら本物の政治家は、有権者の手前、作品全体に貫かれるプラグマティズムとシニシズムを立場上は肯定しにくい。しかし、アメリカの政治家が大声で「絶賛」できないジレンマが、逆説的にこの作品のリアリティのインパクトを物語ってもいる。

Works and Career Path

VII

職業とキャリア

医療ドラマを変えた『ＥＲ　緊急救命室』

古今東西、映画やドラマには「職業もの」というジャンルがある。大体は本業の人からは「あり得ない」展開や大袈裟な描写が滑稽に見える。原作は精巧でも映像化の過程で陳腐になってしまうこともある。だが、フィクション作品は突飛だから面白い。設定や描写のリアリティが保たれていればいい。

本職の業界の人を納得させるのは、その業界や現場が抱える真のジレンマを見事に描き出したときだ。その職業の本質を摑み取っているかどうか。映画ドラマでは一部の職業がよく扱われる。弁護士とビジネスの世界が多いのは訴訟社会だからでもあるが、それらがアメリカ社会公認の「エリート」かつ「成功者」だからでもある。

医師が学業的に優秀な人がなることや尊敬されることは世界共通だが、弁護士や刑事のようにはテーマになりにくかったのは、ルーティンは淡々としていてドラマチックな展開に演出するにはリアルな再現に手間がかかったからだ。専門性の考証のハードルも高かった。

ドラマ『ＥＲ　緊急救命室』（以下、ＥＲ）が日本で放送されたとき、視聴者が混乱したことのひとつに「看護婦さん」が誰かわからないことにあった。首から聴診器をかけカラフルなスラックス姿の人たちがナースには見えなかったのだ。グリーンやベントンなどの主役級の医師たちに物怖じせず指示も出す。看護の専門家でドクターの助手ではない。『ＥＲ』は小さなカルチャーショックを与えた。

日本では放送当時、「看護婦」はまだナースキャップ付きの伝統的なナイチンゲール風の制服だったし、今でも医師とは服装上の違いがある。アメリカではネームタグを見ないとドクターなのかナースなのか、どの職位のどの専門家なのかわからない。免許は州で発行され制度や名称も違うが、正看護師に概ね相当するRNとその下のLVNなど看護師も細分化されている。アメリカでは正看護師は入院患者の生活上の世話など医療行為にあたらない仕事をしない。州によっては薬を処方したり、死亡確認、抜糸など日本で医師が行う仕事もしている。

映画やドラマに会計のシーンが出てこないのでわかりにくいが、日本的な意味での国民皆保険がなかったアメリカでは、生死に関わらない場合、病院で保険プランを確認され、支払えない場合は自費になる。入院は高くつくのでとにかく在宅医療だ。産後も長くて2日、帝王切開でも5日で家に帰される。長く病院にいられない分、病院の処方なしに自分で買える薬の範囲が広い。治療後も家で自分でガーゼ交換や傷の手入れをするのが当たり前で、それを支える訪問看護は浸透している。

ドラマで描きやすいのは救急医療だった。ERの集中治療室なら、保険の有無にかかわらず事故後に誰もがいったん平等に搬送される先で応急処置はされる。毎日なにかしらの激しいドタバタがあるので、アクション的な群衆劇の脚本にも馴染んだ。

私はシカゴでストレス性の腸炎で下血が止まらなくなりノースウエスタン大学病院で治療を

受けたことがある。食べる暇がなく断食気味だったので栄養失調でもあった。点滴で回復し幸い長期入院は免れたが、保険に入っていなければ大変な請求額になっていた。

『ER』がのちの同種の職業リアリティものに多大な影響を与えたのは、1カメラ1シーンの長回しの撮影手法だ。カット割りをしない。救急搬送されたら、医師や看護師が駆け寄って、ストレッチャーを押しながら状況確認。応急処置に入る一連の緊迫のシークエンスをドリーショットで後退りしながら撮影する。視聴者はまるでその場にいるような気分になる。バーチャル効果がてきめんの手法だが、巨大なセットと凄まじいリハーサルが要る。後ろを通りかかる人、すれ違いざまに交わすセリフ。物を渡すきっかけ。すべてがタイミング通りに「フラッシュモブ」的に同時成立しないと撮り直しになる。

もう一つは専門用語で妥協しなかったことだ。わかりやすくしない。小説や脚本は通常、読者や視聴者への「説明」をセリフに代弁的に盛り込む。不自然だし、くどくなる。実際の会話はドラマのように雄弁だったり、いちいち説明調ではない。せめて会話の内容のリアリティを保とうと医師の監修のもとに医療現場のやり取りの「本物感」を重視した。日本語吹き替えの台本でも「レジデント」「バイタル」など過度に日本語に訳さず雰囲気を残した。私の知人のアメリカの医療従事者たちも「アメリカの医療ドラマにもごく一部の矛盾はあるが、医療事実はおおむね正確」とそれなりのリアリティを認める。

セラピー社会の精神分析医

日本で馴染みがないものに「ホームドクター」と精神分析医がいる。「ホームドクター」とは医師版の顧問弁護士、顧問税理士だ。「かかりつけ医」とは少しニュアンスが違う。保険に加入できる中産階級以上のアメリカ人は、健康相談をするカウンセラー的な医師を持っている。特段の症状がなくても医療相談のアポを取るし、セカンドオピニオン先の相談や推薦状まで手助けしてもらう。まさに「顧問」なのだ。「病院」ではなく医師個人との関係性だ。医師が移籍しても関係が継続する。

日本は「かかりつけ病院」が常だ。そもそも一般外来で、医師の専門を事前に調べ込んで個人名で選ぶ風習は薄い。担当医は病院に割り当てられるものだが、それで上手に回っている。

実はこの日本の風習をどこまで自然に受け入れられるかが、医療保険制度に頑迷に反対しているアメリカの保守派の医療観の理解の鍵になる。

かつて共和党のレーガン大統領は医療保険を社会主義的に国が管理すれば、患者は医師が選べず、医師は開業も自由にできないと力説し、医療界は医療保険制度に反対してきた。アメリカ人は税から報酬を受け取ることに否定的なイメージを抱きがちだ。マイケル・ムーア監督『**シッコ**』では、国が管理する医療制度では医師は自由な診療ができず、所得も下がるというアメリカ人医師の誤解を正そうとイギリスの制度を紹介した。

日米の医療制度の違いで代表的なのがアメリカは日本的な意味での集団的な「健康診断」「人間ドック」が社会習慣としてないことだ。年次診断の保険プランもあるが、遺伝や家族の既往症などリスク分野だけをカスタマイズする。年齢一律で内視鏡検査をしたりしない。完全に自己責任だからこそ、家族歴まで把握するホームドクターが必須になる。

それからアメリカ特有なのがカウンセリングを行う精神分析だ。サイカエトリストという。心療内科の病気を患っていなくても、高度なプレッシャーにさらされる知的職業の人はだいたい何がしかのカウンセリングを受ける。「私のサイカエトリストが言うには」とか「明日のランチはダメ。セラピーだから」という会話はよくある。

『幸せのレシピ』（V章）では腕はいいのに客に逆ギレする感情問題を抱える女性シェフが、レストランのオーナーの指示でセラピーに通わされる。冒頭から全篇、カウンセリングの対話に内面の悩みを語らせてしまう。医師を相談役にしてしまうと恋愛物語もキャリア物語もうまく回るのでよく登場する。脚本的に便利な方法だ。

倦怠期やいざこざ解決に、夫婦でセラピーを受けるという行為もよくある。メリル・ストリープとトミー・リー・ジョーンズが夫婦を演じた『31年目の夫婦げんか』は、倦怠夫婦が精神分析医のカウンセリングを受ける話だ。

とにかくアメリカ人はセラピーが好きだ。タバコ、アルコール、薬物、性行為など中毒を断つための集団セラピーのシーンも映画によく出てくる。輪になって座り、「私はボブです」「（一同）ハイ、ボブ」「私はなんども失敗しました」としみじみ語る、という具合だ。参加者が悩みを吐き出し、それをカウンセラーの司会のもとに仲間で励まし合う。

心の問題を解決する方法として宗教もアメリカ特有の解決法だ。よくあるのはカトリック教会の懺悔室で神父に悩みを打ち明ける方法だ。映画ではそこで秘密がバレたりドタバタの原因にもなる。

ニューエイジや新興宗教的なものに手を出す方向も同じだ。スピリチュアルの「グル」とかチャイナタウンの気功師とか、謎めいたものやあるいは新興宗教に科学的なはずの高学歴層のアメリカ人ほど依存するのは、内面の問題を精神分析医やカウンセラーなど第三者に解決してもらう慣習がもともとあるから、そして「科学的」カウンセリングではダメだったからでもある。

アメリカ版「体育会系」としての「ブート・キャンプ」と軍人

日本の近くにある民主主義社会でも韓国、台湾など、期間や内容には違いがあれども男子には兵役がある。アメリカにはベトナム戦争の頃までは徴兵制度があったが、湾岸戦争以降は志願制になっている。だからベトナム戦争の当時はアメリカ市民になることは、前線に駆り出される緊張感と表裏一体だった。男の子を連れての移民にも覚悟がいった。第二次世界大戦のイタリア戦線で活躍したハワイ日系部隊のように軍役は愛国心アピールになるので、新移民だからこそ手をあげる場合もある。

幹部になるのであれば士官学校に入る必要があるが、一生の職業としないつもりの若者が一時的に軍に入ることは少なくない。大学の学費を払ってくれるし「世界が見られる」という好奇心で海軍や海兵隊を希望する若者もいる。

『華氏911』で描かれているような格差社会を利用して兵隊をかき集める闇もあった。だが、それだけではアメリカ社会の強い軍人への尊敬や愛国心を正確に摑めない。アメリカではサンダース議員のような左派も愛国的だ。連邦議会にはどんなにリベラルでも軍を忌み嫌う議員はいない。国のために何かしたいと志願して末端の兵士としてイラクに駐留していたアメリカ人の友人がいる。なんとか無事に帰国した。学費肩代わりの餌に釣られたわけではない。MBAをもっているビジネスマンだ。

ベトナム戦争の後しばらく、前線でアメリカ兵の犠牲が出なかったが、イラク戦争で地上戦の戦死者が出るようになり軍に入る覚悟感の空気は様変わりした。

アメリカ人一般に軍隊生活は辛い。アメリカには小中学校に「前へならえ」も「気を付け、休め」もない。「集会」では周囲にわらわらと集まったり適当にあぐらをかいて座り込む。

ラジオ体操にしても運動会の組体操にしても、共産圏のマスゲームのようなものと紙一重として気味悪がられるのは、何より日本への不理解、そして集団行動へのアレルギーが根にある。大会の入場もだらだら歩く。手足を揃える「行進」は文字通り軍隊を連想させる。ダンスは盛んだが一人一人の技を競うもので、アーティスティック（シンクロナイズド）・スイミングのような競技でなければ、一糸乱れぬ動きを目的にした体育教育もない。

一列に綺麗に並ぶ行動も教育上経験したことがないところからの出発だ。上官が怒鳴り散らし、「プッシュアップ（腕立て）あと百回！」と叫ぶ。アンフェアなことをしたずるい奴を糾弾するときと同じく、集団で顔をにじり寄せて罵倒することで威圧感を加える。上司にも教師にも「敬語」を使わないでいい社会で、「サー」を語尾につける。『デスパレートな妻たち』では麻薬に溺れる子が「ブートキャンプ」に送られる。軍隊式の合宿所だ。親でも更生できない子の解決法が、アメリカでは軍の規律というのは皮肉だ。

だが、アメリカの軍は「男らしさ」を追求する職場で、かつて女性やLGBTはハラスメントに遭いやすい閉じられた空間だった。現代のマッチングアプリ物語の『ラブ・ハード』で『トップガン』を仲良く視聴する主人公の男女が、マーヴェリックとアイスマンの友情シーンで「『トップガン』ってこんなにホモセクシャルな映画だったたっけ？」と軽口を叩きあう。「男しかいない」マッチョ的な世界だけに、一周回って「ゲイ映画だろ」という際どいジョークだ（2022年『トップガン　マーヴェリック』では旧作にはいなかった女性パイロットが活躍する）。

9・11テロの真のヒーロー、愛国者としての消防隊

軍を一般生活に近いところに展開した職場が警察や消防だ。軍と同じ世界観なので映画ドラ

マでもとにかく登場人物は怒鳴るしぶっきらぼうなべらんめえ調で喋る。粗野だがそれがかっこよくて粋なのだ。

彼らの社会からの尊敬のされ方は軍と同じだ。愛国心と地域奉仕が違和感なく「同じもの」とされているアメリカ社会では、保守でもリベラルでも尊敬の対象である。

9・11テロで亡くなった2977人にはニューヨーク市消防局の隊員343人が含まれている。あの日、FDNY（ニューヨーク市消防局）では、マンハッタンだけでなくブルックリンやクイーンズまでニューヨーク市内の75の消防署から消防隊がロウワーマンハッタンに駆けつけて人命救助にあたった。その後も多くの隊員が後遺症に悩まされている。

マイケル・ムーアは彼らに目をつけ『**シッコ**』で「愛国者で率先して活躍したニューヨークの元消防隊員が医療を受けられないのはけしからん」という企画を盛り込んだ。消防隊、しかも9・11で後遺症があるとなれば保守派も絶対に黙る。これは効果的だった。

従来、イタリア系など白人エスニックが多かった職業で、連続放火事件をめぐるシカゴ消防を描いた『**バックドラフト**』でも主人公の消防士はアイルランド系という設定だ。彼らはルーズベルト政権期から長年、職能別の労働組合を通じて、民主党の組織票に組み込まれていたが、気質的には共和党の保守に合致する。黒人でもヒスパニックでも富裕層でもないのに共和党を支持する人は軍人、消防隊員、警官などが少なくない。民主党は「愛国」アピールのために、消防隊や警官の票を重視しなおしている。

地方ではプロの消防隊ではないボランティアの割合が高い。これは日本の消防団に近いものだ。少数だが地方の公的機関ではなく企業が運営する営利的な消防組織もある。州や自治体で部門の規模やレスキュー専門チームの練度が違う。ニューヨーク市が映画ドラマの舞台にもなりやすいのは大規模な組織を擁するためだ。消防隊は防火頭巾ではなく、丸みのあるトップハットの防火ヘルメットをかぶっている。シルバーではなく黒や黄色の防火服が特徴的だ。

救急（パラメディックス）が消防の一部隊であることは日本と同じだ。救急隊員は消防隊と同じ格好をしていて医療関係者というよりもレスキュー隊に見える。救急車は日本の丸みを帯びたワゴン型よりも四角い運送トラック型が多い。デザインは自治体ごとにさまざまで統一的ではない。白ベースに青や赤いラインのものもあれば、消防車と同じ赤ベースのものがある。サスペンスやホラーでは容疑者が犯罪を行う車に利用することもある。

かつての救急車は病人や怪我人を病院に現場から輸送するだけだった。救急医療の一部になったのはごく最近で、ロサンジェルスや西海岸で発展したのはスピードを出す高速道路が多い温暖な自動車社会では交通事故が多かったからではないかとされている。

ロサンジェルスの消防局を舞台にした1970年代ドラマ『**エマージェンシー!**』が救急医療をリアルに描き、このドラマが影響して救急の重要性を認識した地域の自治体もあったほどだ。必要な資格や教育は例によって「州」でバラバラだ。短大で2年で終えられる専門教育が中心だ。

アメリカは警察と消防・救急の電話番号が同じで「911」である。2001年のテロの日付と同じなのはただの偶然。高校での銃乱射事件で通報している緊迫した音声が『ボウリング・フォー・コロンバイン』に収録されている。

アメリカの警察　市民の敵か味方か

警察ものは『ビバリーヒルズ・コップ』『NYPDブルー』『ロー&オーダー』『特捜刑事マイアミ・バイス』『サウスランド』『ブルーブラッド～NYPD家族の絆～』など映画ドラマでは弁護士ものと並んで人気のあるジャンルだ。だが、「英雄」でも消防士と警官では描かれ方が違う。消防士は公務員というよりも自己犠牲の戦士だが、警察は善でもあるし悪でもある。その差は極端だ。悪の極みは汚職警官だ。

マフィアや闇社会を描けば、必然的に警察の腐敗を描くことになる。一部の警察はグルだからだ。『蜘蛛女』はニューヨーク市警のクズ刑事の話だ。マフィアに捜査情報を流しては、妻に隠れて庭に裏金を溜め込み、仕事をサボって不倫相手とホテルにしけ込んでいる。狂気をはらむ謎の美人凶悪犯の護送中、この女のハニートラップにハマり刑事の人生が暗転していく。警察の職を失いマフィアにも追われる羽目になる。

ある世代以上の日本人にアメリカの警官として記憶にあるのは警察学校のダメ生徒たちが警官として半人前ながら巣立っていく映画『ポリスアカデミー』シリーズだろう。黒人警官を多く登場させたことが唯一のリアリティだったが、ひたすら人畜無害なドタバタを描いたコメディだ。

警察分署や警官の現場描写に一定のリアリティがあると評判だったのが『**サード・ウォッチ**』。消防や警察ものではリアリティを追求するならば、次々と事件が発生しないと面白くない。そこで犯罪に事欠かないニューヨークが舞台になる。交通事故、災害の犠牲者救命、地下鉄での緊急出産、路上売春、立てこもり。警察、救急、消防を同時に詰め込んでいて見応えはある。

映画の「包囲」「突入」のシーンに欠かせないのが特殊部隊（スワット：SWAT）である。1960年代に暴動鎮圧のために発展した部隊でロサンジェルス市警（LAPD）が先行的だった。1980年代にレーガン政権の麻薬との戦いで組織壊滅のためにサブマシンガン、アサルト・ライフルなどで武装した警察集団の需要が高まり、軍隊並みの技能を有するテロ対策部隊を兼ねるようになった。

そのものずばりロサンジェルス市警のスワットを描いたのは1970年代のテレビシリーズからスピンオフした映画『**スワット**』だ。ダラス市警のスワットを密着でフォーカスしたリアリティテレビ『**ダラス・スワット**』などもある。

ライオット・ポリス（暴動鎮圧警察）という俗称があるように、日本の機動隊と同じで過激派の鎮圧が元々の職務だった。アメリカではこれが少しデリケートなのは、「暴動」の主体や大元の騒ぎの原因は白人による人種差別だったりするからだ。

善玉、悪玉が複雑で、市民を守るためとしてむやみに発砲して被害者でも出れば、警察は悪者になっていく。テロ対策もそうだが、往々にして警察組織は眼前の秩序維持をめざすので、運動の理由に配慮していられない。そこで民主化運動や人種差別反対運動などの敵になることもある。

だが、実際には白人警官が黒人を蹂躙するという単純な構図ではない。黒人比率の高い都市では、現場の黒人警官も多いからだ。昔の南部の保安官と違って、都市部の警察はもはや「白人組織」ではない。黒人警官は板挟みの立場にある。彼らは法の執行によって仲間から裏切り者と思われかねない。

アメリカではTikTok（ティックトック）を政治風刺を行うプラットフォームとして左派が広めた妙な経緯があるのだが、そのおふざけ動画で、NYPDの警官をおちょくる動画がコロナ禍にバズったことがある。警官は保守派でマスクをしない、コロナ対策に配慮せず逮捕のためにベタベタ接触してくる、などを揶揄した動画だった。ヒスパニック系や黒人など多くはマイノリティなのに権力側の犬という批判にさらされがちな悲哀がある。

大統領警護で知られる「シークレット・サービス」はこれまた別の存在だ。クリント・イーストウッドが古参のベテランを演じた『**ザ・シークレット・サービス**』を筆頭に政治映画の常連職業だ。補佐官以上に四六時中、大統領など政治家と行動を共にするのは彼らだ。政治家の裏の姿をすべて知っている。その情報やアクセスを悪用しようと思えばできてしまう。フィクションの世界ではシークレット・サービスが実は悪玉という展開は好まれる。

重要で専門性が高い仕事でもルーティンの姿が物語になりにくい職業もある。パイロットもその一つだ。『**トップガン**』のような戦闘機もの、飲酒による墜落事故の危機など乗務員倫理を扱う『**フライト**』、最新鋭の巨大旅客機を舞台にした『**フライトプラン**』などハイジャックものは成立するが日常はなかなか映画にしにくい。

アメリカで一番有名だが世界では全然知られていない人

アメリカでは誰もが知る歴史的セレブリティに、テレビのトークショーの司会者（ホスト）がいる。フィル・ドナヒュー、ジョニー・カーソンを知らないアメリカ人はいない。大統領並みに著名だ。しかし、日本では無名だ。ハリウッドで買い付けをする映画部門のメディア関係者もトークショーには見向きもしない。

昼間の「デイタイム・トークショー」は完全なアメリカ内需ソフトで、扱うテーマが純国内向けだからだ。麻薬中毒、幼児虐待から不倫まで一般のゲストを招いて語り、階段席の観客がマイクを握り自説を語る。配信時代になっても国際的なセレブになる気配はない。

黒人女性オプラ・ウインフリー、レズビアンを告白しているエレン・デジェネレス、元シンシナティ市長ジェリー・スプリンガーなど一癖も二癖もある司会者が、アメリカの裏にひそむ憎悪偏見をあぶり出すテレビ番組で視聴率を稼いできた。ネオナチ、一夫多妻主義をいまだに続けるモルモン教の一家、ＫＫＫなどが出演し、取っ組み合いの放送事故になることもある。他人のプライバシーを切り売りし、夫婦喧嘩を見せ物にする。

ブリッタニー・マーフィー主演『**カレの嘘と彼女のヒミツ**』は、デイタイム・トークショーの話だ。主人公はニュージャージー州のトークショーの見習いスタッフ。この手の番組は、スタッフもスタジオも独立してその番組だけを制作する、いわばサーカス一団のような形態で運営されている。出来上がった番組を、キー局に販売する形式でスタッフは放送局員ではない。そのため極限まで過激なことができる。

また、アメリカはコメディアンが政治風刺をやる習慣が根強く、地上波の深夜枠はスタンダップコメディアンの冠番組のトークショー枠で、独白の政治や芸能風刺、ゲストとの軽妙なトーク、フリップネタ的なブラックジョークなどで構成される。この派生系が偽ニュース番組の形態をとった時事批評ショーで、いずれもキャスターはコメディアンである。

映画も一見ただのコメディのようで風刺作品というものが少なくなく、私たちには「真面目」な史実系作品と見分けがつきにくい。例えば、『**バイス**』はそっくりメイクで俳優が演じた風刺コメディである。

拙著『メディアが動かすアメリカ』で解説したように、アメリカではコメディアンはジャーナリズムの風刺部門として扱われていて、党派性を押し出して政治批評をやる。

こうした日本にない分野を日本の著名人で説明するのは「当たり外れ」の幅が大きい。オプラがアメリカの黒柳徹子さんというのは黒人とフェミニズムが絡むオプラのファン層との類推でも、政治性の激しさでも違う気がするのだが、デーブ・スペクターさんが指摘していたようにタモリさんがアメリカのトークショー司会者に似ているのは事実だ。日本のお昼の長寿番組のトークコーナーはアメリカのそれにかなり近かった。

しかし、似ているのは著名人を招いての差し向かいのトークコーナーの立て付けの雰囲気だけで、バラエティ部分には類似点がない。コメディアンや俳優など大人数が会して集団でゲームをしたり、「ひな壇」席でエピソードを披露するショーはアメリカにはない。あれは日本独自の演出で、それがアジア各地で模倣されていった。メディアはなんでもアメリカのモノマネというわけではなく、ニュースでもバラエティでも取捨選択され世界でローカル式が編みだされた。

「アナウンサー」はいない、キャスターは全員記者

たとえば、日本の「アナウンサー」に相当する職業はアメリカにはない。アメリカではニュースの読み役のキャスターとして出てくる人は全員が記者で、彼らが読むことも兼ねている。「アンカー」と呼ばれる人々だ。代読はナレーターでもできるが、「誰が読むか」で信頼は決まると、アメリカでは考える。

アメリカは長年の伝統でニュースはジャーナリストが読むことになっている。ジャーナリス

トの条件は取材経験。つまり記者歴。だから報道アナウンサーが存在しない。記者にアナウンサー的な訓練をほどこす。ところがこの2つの技能はなかなか両立しない。アメリカのニュースキャスター映画ドラマはこのミスマッチのジレンマを風刺的に描くものが圧倒的に多い。『**ブロードキャスト・ニュース**』では、記者として無能なのにカンニング装置のプロンプターの読みが上手く、アドリブに長けたハンサムな男がアンカーとして出世する。一方、抜群の取材力を持つベテランが、生放送で上手にニュースを読めずにアンカーになれない。

世界には、一律ニュースはアナウンサーに読ませ、記者は取材と原稿に徹する道もある。優秀な読み専門のアナウンサーを育ててきた日本や韓国の方式だ。しかし、アメリカはどうしても記者に読ませる。グレゴリー・ペックとかレオナルド・ディカプリオにアンカーやインタビュアーをさせる話が出てはたち消えた。芸能人にニュースを読ませるルビコン河は渡ったことがない。アジアでは台湾も厳格にアメリカ式である。記者しかニュースを読まない。

アメリカ式には副作用もある。取材力はあるのに外見はパッとしない読みの下手な記者が潰れていく。新聞記者に転向もできるが、アメリカではテレビのほうが格上で都落ちになる。

一方、ジャーナリストとして未熟なアンカーが失敗した例に、1970年代から80年代にNBCニュースの週末の顔だったジェシカ・サビッチがいる。記者として未熟な半人前以下なのにリポートの巧みさと美貌だけで超特急でアンカーに出世する。

経験の裏付けがないまま祭り上げられたサビッチは、精神不安定から薬物に手を出してしまい、ついに原稿につまる放送事故を起こす。その二十日後に恋人の運転する車で川に落ちて他界した。体内からアルコールが検出された。わずか35歳で不遜にも『アンカーウーマン』という題名の自伝を刊行して、社会と業界にスター扱いされた「成功者」の突然のそして哀れで残酷な末路だった。

この「サビッチの悲劇」以降、ネットワーク上層部は美貌と読みの上手さだけでアンカーに抜擢することにふたたび慎重になった。今もルックスとアナウンス技術だけでは絶対にアンカーにしない。

ロバート・レッドフォードとミシェル・ファイファーが共演した『アンカーウーマン』はサビッチの悲劇に着想を得たが、商業上の「大人の事情」で脚本が書き換えられ、ありきたりなラブロマンスになってしまった。ただ、名プロデューサーの演出力が操り人形としてのアンカーの輝きを左右するのは『ブロードキャスト・ニュース』と同じで真実味がある。

テレビ局はどの州にも全米に満遍なくあるが、一カ所に落ち着かずコロコロ転じていく。このアメリカの記者すなわち未来のアンカーのテレビ局の転職の道筋は、都市の序列カーストと比例する。

すごろくの頂点に君臨するのはニューヨーク。政治の都ワシントンだけは特別扱いだが、それでも二番手だ。ロサンジェルスとシカゴがタイでその下に控え、ここまで上り詰めたらテレビ記者人生としては相当なものだ。そのあとはニューヨークに攻め登るだけ。

地方局は有象無象だが、どの記者もスクープを一発当てるか、地元の視聴者に人気を得て上のランクの都市に這い上がることしか考えてない。地元愛のあるローカルテレビの記者は稀。

『アンカーウーマン』で主人公はフロリダ、フィラデルフィア、ニューヨークと歩む。**『チョイス！』**ではニューメキシコ州のFOX系列の地方局でヒスパニック系の女性記者が千載一遇のチャンスを摑む。大統領を決める「一票」を投じる男の直撃に成功したからだ。しょぼい犯罪報道ばかりの片田舎の局を離れるチャンスだとプロデューサーも有頂天になるが、あっという間に全米、全世界からメディアが押し寄せネタを奪われてしまう。「なんでもいいから田舎州を離れて都市に行きたい」という地方テレビ人の腰の落ち着かなさがきわめてリアルだ。

ムードメーカー「おどけ者」のお天気キャスター

アメリカの「アンカー」への異様な尊敬とその反動としてのパロディは少なくない。コメディ映画**『俺たちニュースキャスター』**のローカル局の男性アンカーはダンディな口髭で見栄えこそ「アンカー風」だが中身はスカスカ。ライバルの女性アンカーに大人げなく嫉妬する子どものような人間だ。

そして道化役のお天気キャスターを描いた爆笑作がニコラス・ケイジ主演**『ニコラス・ケイジのウェザーマン』**である。アメリカ社会における「ニュースショー」、特にお天気キャスターの位置づけが実に正確だ。ストレートニュースを淡々とコンパクトに伝える夕方ニュースとは異なり、朝番組は出演者が家族的な雰囲気のなかでお互いに軽口をたたきながら番組を進めることが期待される。

そのなかでお天気キャスターの役割は、真面目なニュースの緩衝剤で、「おどけ者」としての「三枚目」の存在でないといけない。本作品のモデルとなっているNBCのニュース番組『トゥデイ』ではタイムズスクエア前に集まる通行人や一般のファンのもとに繰り出していき、出身地やニューヨークに遊びにきた理由などをインタビューして番組を盛り上げるのもお天気キャスターの役目である。

この作品でも、気象予報士の資格のないお天気キャスターはうだつのあがらない中年男性で、気象専門家におうかがいを立てながらなんとか放送をこなしている。

クロマキ（グリーンバック）の前で饒舌に演じることだけには長けている。ネットワークの朝番組に抜擢され、ニューヨークへとキャリアの階段を上っていく。だが家庭はボロボロだ。隠れて喫煙する肥満の娘、情緒不安定でカウンセリングの対象になっている息子、そして駄目夫婦。アメリカのニュース番組におけるお天気キャスターは所詮「道化」でしかない、そんな冷酷な現実を描く。

NBC『トゥデイ』で一世を風靡した黒人司会者のブライアント・ガンベルが演じる「ハローアメリカ」という架空の朝番組のお天気キャスターに抜擢されるが、妻は別の男のもとへと去り、子どもはニューヨークのタイムズスクエアから中継で出演している父親を一瞥するだけで尊敬もしようとはしない。ローカル局時代は街角でいたずら半分にゴミを投げつけられる。お天気キャスター、ひいてはメディアに登場する放送有名人へのアメリカ社会での真の評価は底の浅いものであることを強調している。

主役の男にはピューリッツァー賞作家の父親がいる設定だ。この親も晩年は過去の栄光にすがるしかない抜け殻のようになっているのが興味深い。アメリカのメディアにおいては、「電波芸者」（息子）も作家（父）も均質な存在で、永続的「権威」などないのだという虚無性が滲むとことん皮相的な映画だ。

新聞ジャーナリズムに関するテーマでは、古くはウォーターゲート事件報道の『ワシントン・ポスト』を描いた『**大統領の陰謀**』、近年では『ボストングローブ』のカトリック教会の児童虐待の闇に切り込んだ実話を基にした『**スポットライト**』など名作揃いだが、どれも舞台は大新聞ばかりで、過度に英雄化されているところもある。

アメリカのブン屋の泥臭い世界と街ネタを絡めている作品のほうにリアルな日常やアメリカのジャーナリズムの底力が透けていることがある。マイケル・キートン主演『**ザ・ペーパー**』は、大新聞に引き抜きを受けるほどの実力派の記者が一癖も二癖もある熱い仲間たちの現場が好きだからと、小さなタブロイド紙に居続ける。黒人が冤罪で逮捕される。その冤罪を暴くために市警の警官に署内でリークさせる手法、写真部の新人の快挙など、輪転機を動かす締切までの1日の慌ただしい興奮は間違いなくどのメディア映画よりリアルだ。

救急車を追いかける「弁護士」？

アメリカ人は「法廷もの」が本当に好きで、本物の判事がタレントとして裁判の真似事を行うリアリティ番組まである。一世を風靡した番組に女性のコワモテ判事による『ジャッジ・ジュディ』があった。『オーシャンズ8』冒頭で女性犯罪者たちがアジトでテレビでつけっぱなしにしているときの番組がそれだ。ニューヨークのタクシーでは一時期、「私はジュディ判事よ。シートベルトを締めなさい！」というセリフが客席に流れていたほどだ。判事といえどもタレントで大衆のおもちゃである。

不動産王から大統領になったトランプもそうだが、アメリカには本業そっちのけでテレビで有名になる人が各職業にそれぞれいて、医師免許を持ったレポーターがテレビで解説することもある。パブリシティのためにやっているうちはいいが、そのうち本業で信頼を失いタレントとして生きていくことになる。

ロイヤー（弁護士）は日本のそれに比べると報酬や能力にかなりの幅がある資格である。職務範囲も広く、日本で税理士に該当する仕事をするタックス・ロイヤーもいる。上位ランクの弁護士の報酬は凄まじい。法廷弁護士は薄利多売で余計な訴訟を起こしたがる。救急車を追いかけては、血だらけで搬送される怪我人に「相手の車を訴えませんか」と名刺を突き出すハイエナ営業スタイルが誇張され「アンビュランス・チェイサー」という異名も生まれた。

運転免許というのは言い過ぎだが、司法試験は「資格」のようなもので合格が秀才の証になるような勲章ではない。司法試験合格がそれだけで敬意をもたれる日本とは落差がある。ロースクールで3年コースのＪＤ（法務博士。専門職学位）を終えて勤務先の州試験に受からないのは、医学部卒で国家試験に落ちて医師になれないような感じだ。

ニューヨーク州の司法試験は比較的外国人に受けやすく、1年コースのＬＬＭ留学生が記念受験することもある。移民も外国企業の進出数も多いので外国人弁護士の需要がある。ただ、外国人はそもそも深南部や農村州には縁がなく大都市州の試験しか受けないので、母数の偏りから外国人の合格率と州別比較にはあまり意味がない面もある。

数日がかりの司法試験は共通知識と州法に分かれ、州法審査に厳しい州と甘い州に落差がある。新たな共通試験が２０１１年に提案され、採用州も増えているが、人口が多く知財でも最重要のカリフォルニア州やフロリダ州が採用を拒み、ニューヨークも不採用に再び転じる可能性が取り沙汰されている。法務の主要市場で活躍したいなら州法試験から逃れられない。

私の友人にソニー・ネットワークエンタテインメント社の企業内弁護士も経たシリコンバレーのカリフォルニア州弁護士がいるが、ハワイの州法の勉強をする暇がなかったという理由だけで、素手で受けたハワイの試験に一回落ちている。他州のやり手の現役弁護士が不勉強のまま受けると州別試験は落ちる。日本人の場合、それよりネックなのは英語のハンディの問題である。

ウォール街の法務弁護士ドラマ「SUITS／スーツ」

『ペーパーチェイス』では契約法の教授のクラスで契約の条件についての議論ばかりだが、憲法や法哲学など価値的な内容を扱うクラスもある。オバマは憲法が専門だった。州をまたぐ分野なので大統領を目指す人が究めるにはいい。

契約法は潰しがきく専門で、ウォール街の銀行でも重宝されるし、企業の顧問弁護士として民事全般で活躍できる。アメリカのドラマの弁護士ものはほとんどが刑事事件や民事の争いを扱う法廷弁護士の話だが、『SUITS／スーツ』は企業法務の世界を生々しく描いたリアリティでヒットしたドラマだ。

「スーツ」というのは、鼻持ちならないエリート野郎という揶揄でもある。しかし、そんな『SUITS』でもシーズン1の13話で珍しく過去の冤罪をめぐる刑事事件に首を突っ込む。対立する刑事が弁護士たちをこう罵る。「そのピカピカのスーツでお前たちは守られている」。弁護士は非難もされず気楽な稼業だという攻撃だ。また、14話では「素敵なスーツを着て私の作品をゴミ扱いした」となじられるシーンもある。弁護士への中傷や不満の表現には「スーツ」を絡める。

つまり、スーツとは金の亡者、あるいは「他人事」として法律を淡々と扱う冷酷さの象徴だ。

生き馬の目を抜くニューヨークの法律の世界を象徴する「戦闘服」としても描かれている。ドラマのお洒落な衣装は見所のひとつではあるが、「スーツ」は決して英雄的でポジティブな概念ではないことに注意がいる。

『摩天楼はバラ色に』では、マイケル・J・フォックスが演じるカンザス出身の田舎の青年はニューヨークの架空の大企業ペムローズで社内郵便係として働いている。MBAもないまま偽の役員に扮して画期的な経営案を連発する。社内郵便係の同僚が役員ごっこをしている主人公を見つけてこう言う。「そんなことしているとスーツになっちまうぞ」。労働者の仲間が階級を越えていく寂しさもある。

アメリカにおける「スーツ」の位置づけと深く関係している。吊しの既製品だろうが仕立てだろうが、日本ではスーツはわりと一般的な服だ。かつては工場勤務でもスーツで通勤して作業着に着替えることは珍しくなく、「サラリーマンの制服」だし、朝の通勤時間帯にスーツでない格好で中年男性が都心の通勤電車に乗る方が目立つ社会である。

アメリカはタイ、ジャケットなどのドレスコードは厳格だが、これは逆に日常的に社会の大多数はとてもカジュアルであることを意味している。高級なスーツをそもそも持っていない人、教会に行くときぐらいしか着ない人がとても多い。それだけに仕立ての高級な「スーツ姿」それも三揃いを着るということ自体が、「弁護士」を意味する比喩が成立する。日本では一般の企業勤務のサラリーマンでも少し高級なスーツを着るのは当たり前なので、「スーツ姿で上から目線で言わないで」という弁護士への批判がピンとこないかもしれない。

だが、遊び心のない隙のないエリートは映画ドラマでは好まれない。そこでやり手の主人公の趣味はバスケット観戦でマイケル・ジョーダンの顧問弁護士という設定にされる。その彼が「これはホットドッグじゃない」とこだわりを見せるシーンがある。ホットドッグは問題ない。トラック（キッチンカー）で売られているからダメだというのだ。カート（手押し屋台）でないといけない。マンハッタンは路上で手押しのカートがホットドッグやピーナッツなどを売る。ミッドタウンではそのピーナッツの匂いが「ニューヨークの匂い」の代名詞でもある。「ここはニューヨークだ。カートじゃなきゃダメだ。売り子とかちょっとした危険とか。原材料が何のホットドッグかわかったものではないような危険だ」

お腹を壊すかもしれない、どこの業者だかわからない人から買うのがストリートフードの醍醐味だと凄まじい高収入の弁護士が力説する。ビル・クリントン大統領が女性スキャンダルにもかかわらず国民に愛されたのは、デニム姿で大統領執務室でピザを頬張っていたからだ（それをわざと報道させた）。ジャンクフードが似合う成功者や成金が尊敬される。トランプ元大統領の破天荒さも成金臭も普通の大衆に近い意味でプラス要素だ。『SUITS』でもニューヨークの汚い屋台のホットドッグを高級スーツの弁護士が並んで買う光景にアメリカの視聴者はグッとくる。

ところで、アメリカにも「学閥」はある。アメリカの弁護士の友人たち曰く、「ドラマ

『SUITS』の事務所のような、ハーバード・ロースクール卒しか雇用しない秘密結社のような排他的ローファームはフィクションではなく現実に存在する」。しかし、「同期」意識は学校の同窓会止まりで社会には存在しない。なんとなく同じ年に入社した人という程度で仲間意識は薄い。誰もがライバルでもある。

アメリカではそもそも新卒一斉採用や長期一社雇用の慣習がない。右で触れた**『摩天楼はバラ色に』**で主人公が社内郵便配達員と謎の新人役員の「一人二役」をこなす設定は、アメリカ式の人材補充では理屈上は可能だ。誰が認めた人事でなんでこの人がいるのかという人がいたかと思えば、いつの間にかいなくなるのが常だ。巨大組織であれば顔をまだ見たことがない程度の設定はそんなにおかしな話ではない。

だからこそ日本の「入社同期」の概念はアメリカ人に説明しにくい。同期は社益や部益を超えた絆で助け合う。社内遊泳で大切なのは異動先の着地を助けてくれる同期がいるかどうかだ。日本の会社の「ドウキ」を知るには池井戸潤さん原作**『半沢直樹』シリーズ**がいい。学閥もあるが大切なのは同期の絆。

外資勤務やフリーランスも増えて廃れていくように見えるが、新卒就職歴がある人は「同期」に愛着を持ち、冠婚葬祭に駆けつけるものだ。かつて田中角栄総理は官僚の入省年を丸暗記したが、記者が霞ヶ関に食い込む上でも「同期」把握は基礎中の基礎だ。

「タクシー」と「ウーバー」

日本で急速に浸透したフードデリバリーの「ウーバーイーツ」だが、アメリカでは自家用車を使った登録制のライドシェア「ウーバー」が、客を拾いに行く動線とか暇な時とかに飲食店のデリバリーを運んであげるという代行から始まったサービスだ。自転車やバイクでフードを届けるサービスではなく、ライドシェア「民間タクシー」が代理で運ぶビジネスだった。

アメリカのタクシーはごく少数の大都市とそれ以外で位置付けも充実度も違う。ニューヨークのタクシーはとても便利だが、少し小さな都市では呼び出しに時間もかかる。すぐつかまるのはマンハッタンのイエローキャブぐらいだ。ウーバーが浸透して本当に便利になったが、マンハッタンだけはウーバーが来る前にタクシーが何台も通るのでさほどの恩恵を感じない。

『**タクシードライバー**』のロバート・デ・ニーロのように客の人生にあれこれピュアに関わる人はさすがにあまりいない。近年では大都市は概ね移民の仕事で英語が通じないのも風物だ。ホスピタリティに満ち溢れているとは言い難く、ハンズフリー電話でずっと友人とヒンディー語やらベトナム語で話し続けている人も多い。

治安が悪い時代のニューヨークのタクシーは強盗のリスクと引き換えの仕事だった。客席との間には仕切りがあり小銭受けに角度がつけてあるのは銃口を突っ込めないようにするためだ。一方、治安のいい田舎のタクシーは世間話をしたりのどかな雰囲気だ。

ウーバーはそれ1本で荒稼ぎする人もいるが、大半は本業が他にある副業組だ。タクシーサービスとしてのライドシェア「ウーバー」がなかなか日本で全国的に浸透しなかった理由は規制以外に文化的な要因もないわけではない。

アメリカのウーバーでは押し黙って無愛想にしていると客への評価が下がる。客なのに気を遣うのは面倒だが、傍若無人な客への抑止力にはなっている。当初私は客評価システムを知らずに評価が最低ラインに落ち込んで、ドライバーにキャンセルされることが相次ぎ、数ヶ月かけて評価回復に苦労した。回復の暁には我先にと抜け道に詳しい丁寧なドライバーが瞬時に集まりだした。現金なものである。

一期一会だったタクシーと違って、ドライバーと乗車記録で相互にコネクトするので縁も生まれる。私はボストン時代にナイジェリア移民の男性ドライバーと仲良くなった。一度馴染むと同じ人が来るようになる。「トランプは役者だ。映画をワシントンで演じているようなもの」。彼の政治評論はいつも独特で鋭かった。客に呼ばれてから評価や決済をするまでの一部始終のウーバードライバー体験を隣席でさせてくれたこともある。

助手席にいる「先客」のアジア人にお客さんはびっくりするかと思いきや気にしない人が多数派だった。奥さんの送り迎えの途中に客を乗せることもあるし、あくまで一般人が自家用車でしている副業だからだ。

また、アメリカのタクシー文化にかつてあった「相席乗車」の伝統に慣れていることもある。

ワシントンのタクシーは私がいた１９９０年代、同じ方向の人をどんどん乗せては遠回りして順に降ろしていくシステムだったが、急いでいるときは本当に困ったものだ。

さて、ウーバーだが、参入障壁もあるが、ギブアンドテイクでサービスに差をつけあうチップ社会の風土が、どんなお客さんにも平等に最高のもてなしを提供する日本のタクシー文化に合わない部分もあろう。チップをくれるから急ぐ、チップが少ないから抜け道を教えないというのは馴染まないし、行き先が短距離なら客の呼び出しを無視というのもありえない。

ウーバーの評価システムを茶化したコメディ映画が『ＳＴＵＢＥＲ／ストゥーバー』。客の評価ばかり気にするウーバー運転手が、殺人犯を追跡する刑事を「客」にしたことで犯人との追いかけっこに巻き込まれるアクションコメディだ。

ところでウーバーは行き先を事前にスマホで入れ、カード決済だから一言も会話をしないで済む。昔は出前やタクシー乗車が英会話の最初の登竜門だったが、今は引っ込み思案な人はアメリカに長くいても英語が伸びにくくなった。留学生だけでなく移民も同じだ。ＳＮＳで自国と繋がれるし、アメリカの新聞も翻訳版で読める。「海外に住む」ことのイミや感覚がテクノロジーで変わりつつある。

「インターン」をめぐる日米差

２００１年に刊行した拙著『アメリカ政治の現場から』で、アメリカのインターンの位置付けを紹介したことがある。ところがほどなくして、日本では就職活動のための企業体験が「インターン」という名称で広まってしまった。

日米差が顕著なのはアメリカではインターンは正規の「職歴」で、履歴書（レジュメ）の「職務歴欄」に記すことだ。アルバイトは職歴に基本は書かないので扱いが質的に違う。つまり有給無給は正規の職歴の基準ではない。区別のラインは「専門性」で、雇用側に専門的なジュニアスタッフとして選抜される必要がある。

基本、出勤から退勤まで正規スタッフと変わらずにフルタイムで働く。だから学生が学期中に放課後の数時間の通いですることはアメリカではインターンに馴染まない。フルタイムなのに同時に大学には通えるはずがないからだ。

アメリカのインターンは日本のような就職活動用の「企業体験」のことではなく、政府機関、企業、法律事務所等で、数ヶ月単位、年単位の期間、フルタイムの即戦力で雇われる若手実務家のことである。長期休暇には夏季限定の短期も大学生にはいるが、修士以上の学位を持つ院卒や社会経験組は若手専門家として部屋やプロジェクトも与えられる。オバマ大統領はシカゴの法律事務所でインターン時代（サマージョブ）にミシェル夫人の部下だった。

『バイス』ではラムズフェルドの抜擢で、チェイニーが議会インターンとして八面六臂の活躍をする。映画では議会全体の「制度」として描かれているが、実際には議員の個別採用が基本で、事務所により処遇が違う。長い人は二年程度、腰を落ち着けて立法調査などに取り組む若き専門家である。

高学位のフルタイムの議会インターンが雑用を免れるのは、議会には寄宿生活で雑用を担う「ページ」という高校生の雑務スタッフが別途いるからだ（下院では2011年に廃止、上院では存続）。上院よりもスタッフ数の少ない下院のほうが議員との距離は近い。ラムズフェルド事務所を選んだチェイニーの政治的嗅覚は正解だった。

日本の外務省が20代から30代の若手研究者を採用する在外公館の専門調査員に似たような制度だ。日本の学生が企業採用で体験した「インターン」を、留学や外資転職の英語レジュメに書いて誤解が生じるケースもあとをたたないが、遠因は日米の位置付けの差にある。

履歴書をめぐる日米差

履歴書の日米差も興味深い。履歴書に盛り込む最低限の内容は決まっているのだが、オリジナルでデザインする。日本でアルバイトの面接でも使えるような枠線付きの共通フォーマットはない。

何より写真を貼る習慣がない。容姿で差別してはいけない建前は強固だ。テレビ記者や俳優など容姿が関係する職業では写真を宣材として別添する。履歴書に写真を貼ることはしない。容姿が関係ない仕事の場合は面接まで写真を見せない。大学出願も同じだ。

性別も知らせなくていい。アメリカ入国で「性別（SEX）」を問われた経験からは意外かもしれないが、あれは入国審査の例外。最近ではジェンダーを問うこと自体が差別になる。逆説的なのだが女性のみを優先する「女性優遇」もLGBT差別になるので、あくまで「ジェンダーを問わない」のがアメリカ式のポリコレである。

紙版でも履歴書にサインはしない。アメリカはサイン社会で、日本のような押印がない代わりに小切手から何から日常ではサインが広まっている。ある程度の年齢になったら「自分のサイン」を決める。しかし、履歴書にはサインしない。別添の「カバーレター」という添え状にサインするからだ。

在学校については取得学位だけを書く。中退（合格）は学歴にならない。ハーバード大学3年で中退すれば高卒。入学年も書けない。合格や在籍をアピールする方法が履歴書上にはない。ビル・ゲイツやザッカーバーグなど、生い立ちに興味を持たれるほどの成功者しか、未卒大学名には関心を持たれない。少なくとも履歴書に注記するのはルール違反だ。

年齢は不要。年齢差別にもアメリカは厳しい。年下の上司、年上の部下が当たり前のアメリカでは、キャリアや学位取得年から「なんとなくの年代」は想像できても、それ以上の細かい年齢は問われない。誕生日はバースデーを祝い合う間柄でしかシェアしない個人情報だ。

また、血液型も医療現場でしか明かさない。これは「占い文化」とも関係するのだが、アメリカでは血液型の性格占いを信じている人はほとんどいない。「血液型、何型？」と聞くと「輸血でもして欲しいのか」と訝しがられる。「日本には性格を血液型で4分類する文化がある」と教えてあげると目を丸くされる。馴染みがない概念だからだ。髪質や歯の形で性格を断定しているような「非科学的」なものだと思われているので、頭ごなしな反論も覚悟しておく必要がある。

履歴に隙間があってもいい。日本では学齢期には3月31日まで4月1日からと所属先に隙間がないことになっているし、社会人は履歴書の空白を問われる（ちなみに「社会人」に相当する英語はない）。しかし、アメリカでは問題にならない。

日本は「所属」が大切な社会だが、アメリカでは「なにを達成したか」の結果にしか関心を持たれない。学歴も職歴も従事していた期間は「年月」で付記するが、そもそも年譜式ではなく項目式なので期間的な「空白」は目立たない。日本の職務履歴書のように部門や担当ごとの成果を箇条書きで記す。日本では馴染みがある年譜式がウィキペディアでは推奨されていないのも、「百科事典」の伝記記述だからという理由だけでなく、そもそも年譜で個人履歴を表現する概念がない社会で生まれ育ったサイトだという、根本の見えない文化差も大いに関係している。

学歴は「学位」とGPA（成績平均）しか書けない。結果が出せなかった途中努力や「隙間」に関心のない社会なのだ。アメリカの大学についての俗説「入るのは簡単だが出るのは難しい」は、「出ないと入ったことまで無にされる」と言い換えたほうがいい。

日本では出身校名が重視され（附属校でも大学入試でもどこかの時点での「合格」への評価）、履歴書に在学中の成績を書くことはないが、アメリカではGPAを記す人が多い。一流校卒で低い値よりも無名校でも良い成績が好まれるので、無理をしてハーバードに入ると就職が悪くなる。最悪、『ペーパーチェイス』の級友のように落第で「無」になる。

合格だけを学歴評価にしてくれるコンセンサスがない社会では、GPAで良い平均を維持できる保証がない進学先はリスキーなのだ。アメリカ人でよくトップ校に合格したのに行かない人がいるのは学費以外ではこういう事情もある。

語学が必要ない「内向き社会」と「資格」

かつて日本のある語学書大手の版元の社長に「アメリカの語学書」を参考にする仕事を頼まれて困ることがあった。「アメリカ人はTOEIC的な外国語試験を職場で求められないのか」と訊かれることがある。残念ながら平均的アメリカ人にとって、外交官にならない限り「語学」は実務で無用である。

『ラーメンガール』『ロスト・イン・トランスレーション』などアメリカ人の外国語音痴を逆手にとった日本ロケのコメディ映画はある。しかし、外国語を話すアメリカ人の話は映画ドラマには少ない。アメリカに来た人が英語で苦労する物語はある。インド人の主婦が姪の結婚を手伝うために訪れたニューヨークで夫に内緒で英会話学校に通う**『マダム・イン・ニューヨーク』**はインド作品でアメリカ映画ではないが爆笑ものの傑作だ。

理由は2点ある。1つは事実上の世界共通語である英語が母語であれば外国語なしで生活もビジネスも成立すること。もう1つはアメリカの「内向き」な特性だ。中学生で外国語教育を受けているのは3割程度。高校で4割強（1年間だけというケースが大半）。語学が必修の大学はほとんどなく、将来の専門で必要な3割程度の学生が学ぶだけだ。外国語科目をあえて選択する学生は、過去20年以上にもわたって1割にも満たない。

スペイン語が外国語の代表格で履修者の半分を占める。次にフランス語だがスペイン語のわずか4分の1。続くドイツ語はその9分の1にも満たない。中国語、日本語、アラビア語など履修者は存在するが高校以下ではコンマの世界、大学でも5％以下の割合だ。

日本の外国語には「資格」「受験」などの試験目的と、教養目的があるが、アメリカには試験需要が一切存在しないからだ。そもそも外国語大学がない。専門学校的なランゲージスクールはあるが、外国語の運用習得を「学問」の一種と認める概念がない。だから日本の外国語大学、外国語学部は専門性への誤解を避けるため「フォーリン・スタディーズ」と英訳している。

アメリカは技能細分化社会なので、なんでも担当が細かくわかれ、組織はスペシャリスト型の職業編成で動く。履歴書に応募職務に関係のない特技を書くことはむしろマイナスだ。使いもしない外国語を勉強している時間があるなら、クライアントの分析をして欲しいと言われる。

受験科目でもないし仕事でも評価されないならやらない。勉強熱心とか努力賞として資格を褒める習慣がない。分野横断的にたくさん取っていると「専門性がない」と訝しがられるだけで、あげくは「時間を専門以外に無駄使いをする移り気な人」との烙印を押される。学位や資格をたくさん取りたがる人を英語で「トロフィーコレクター」というが、褒め言葉ではなく悪口である。

この「専門蛸壺」の徹底が、クイズ知識的な雑学や器用なジェネラリストを評価しない文化につながる。教養〔資格〕としての語学学習がぜんぜん広がらない。英語が世界で通じてしまう人たちの悲哀でもある。

青天の霹靂の辞令で駐留・駐在する人でも現地在住でアジアのファンになることはもちろんある。しかし、長年コトバを勉強してアジアに憧れてやってきた人との間には凄まじい意識の谷間がある。日本語を器用に操り、日本に本当の意味で馴染むことは、私たちが想像するよりもアメリカ全体の中では、まだまだずっと特殊なことである。

Movie Tips #7-1

『キャスト・アウェイ』

(Cast Away) 2000年

出演：トム・ハンクス　監督：ロバート・ゼメキス
配給：20世紀フォックス

トム・ハンクス主演の本作はいわゆる無人島漂流ものなのだが、実在の運送会社「フェデックス」の社員が漂流するという設定にリアリティがある。愛社精神と運送屋魂に溢れる人物だ。

ドラマ『**ロスト**』などの王道の漂流系ドラマにありがちな生存者たちの背景設定もない。何しろパイロットと業務従事者しか乗っていない輸送機だからだ。パイロットの死亡が確認されると孤独は確定。乗客もアテンダントもいない。

フェデックス規模の国際運送会社は日本には存在しない。日本では通常、郵便物や宅急便は商用機に載せる。1990年代に急成長したフェデックスやUPSなどの運送会社は、自社の貨物専用ジェット機を保有する。独自のパイロット、エンジニア、ハブ空港を所有し、1つの航空会社のような存在だ。

大多数の日本人にとってこういう会社は縁がない。私はアメリカの大学院の出願でたまたま利用した。アナログ時代の末期、大学院に国際電話でファックスを送り、パンフレットや出願キットを郵送で入手。願書をタイプライターで打ち、履歴書やエッセイを紙で印刷し、クリップ止めで送付した。紛失防止のため翌日アメリカに届く国際運送サービスを利用したのだ。

アメリカの映画ドラマには半ズボン姿の配達員が、まるで現金輸送車のような四角いゴツいトラックで郊外の住宅街を配達するシーンが頻出する。『**キューティ・ブロンド**』では主人公の姉御的な中年女性が配達員と結婚するが「UPS野郎(UPS Guy)」と呼ばれる。

『キャスト・アウェイ』
DVD：1,572円（税込）
発売元：NBCユニバーサル・エンターテイメント

※2023年11月の情報。

アメリカは公営の郵便局サービスの質がひどい。「届けばラッキー」程度のものだ。住所変更の転送サービスもいい加減。配達もいい加減。とにかく放り投げる。箱はベコベコになる。確実に届けたいなら自己責任で高い料金を払って民間の宅配便を使うしかない。

私のシカゴのアパートでは、ポストの下に郵便物が落ち葉のように散乱していた。誤配やダイレクトメールを住民が床に投げ捨てるのだ。郵便物の「落ち葉」の山を漁って、自分宛の誤配が混ざっていないか探すのが日課だった。サウスサイド地区は局員倫理も低かった。届く予定の荷物を確認しても「そんなものない」。しかし、背後に見覚えのある日本の段ボール箱が。だが、中身は空っぽ。別の局員が開けて美味しく食べてしまっていた。実話である。

郵便局の国際提携先は郵便局だ。日本でEMSという割高サービスで出しても、アメリカに入った瞬間に紛失リスクは激増する。9・11テロ以降、海外から容易に食品が郵送できなくなり、こじ開けられて「食べられる」こともなくなった。

民間業者とて完璧ではない。私はかつてはフェデックスより割安なUPSを愛用していたが、シカゴから東京に送った2箱を紛失され、貴重な資料がごっそり消えた。捜索してもらったが梨の礫。

それもそのはず。預けたシカゴの代理店で信号が消えていたのだ。アメリカの訴訟にかなり詳しくなったのはこの紛失事件の副産物だ。この事件でフェデックス派に転向した。

世話になった友人の黒人弁護士曰く、所得や治安とサービスの安定感には相関関係があり「富裕な地域では郵便局でも良質。貧困地帯では民間でも紛失する」。元も子もない言い草だ。実際に同じシカゴでもミドルクラスの住む北部エバンストンの郵便局は迅速かつ丁寧だ。公営か民間かよりもアメリカでは「地域」が格差問題を定義する。

つまり、フェデックスとは、ものが平気でなくなる社会において経済的に中流以上の人が割高のコストで「紛失防止」の保険をかけるサービスなのだ。価格も庶民的ではないし、普通は商用の見本品とか大切なプレゼントを送るために使う。**『キャスト・アウェイ』**で主人公が無人島でサバイブする上で救いの神になるのはどれも富裕層のギフトだった。ドレスが魚をとる網になり、フィギュアスケート靴のエッジがナイフになる。

フェデックスは梱包のデザインが統一されている。映画のシーンでは、白地にオレンジとブルーの社名ロゴの箱が太平洋の無人島の浜辺にプカプカ浮いてる。そのコントラストがあまりに場違いすぎて爆笑を誘う。主人公が浜辺で漂流した荷物を回収して傍に抱える姿はまるで配達員そのものだ。

公営郵便サービスが破綻した国だからこそ成長した世界最大の運送会社。そのカスタマーサービスは無人島でも健在との歪んだ意地を表現する。無人島ものに見せかけた企業ものの珍作映画である。

結末で、フェデックス社が自社機が墜落する縁起でもない映画に全面協力した理由が明かされる。フェデックスの宣伝映画だが、それをわかった上でも見るとむしろ二倍面白い。

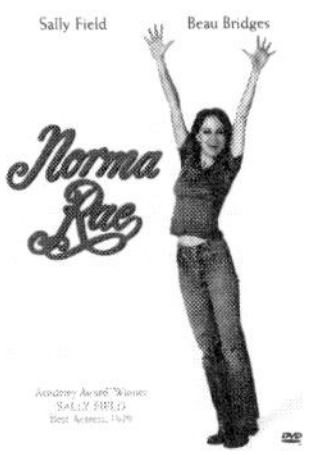

Album／アフロ

Movie Tips #7-2

『ノーマ・レイ』

（Norma Rae）1979年

出演：サリー・フィールド　監督：マーティン・リット
配給：20世紀フォックス

女性労働者が労働組合の立ち上げを実現したノースカロライナ州の実話を基にしているこの作品をアメリカ文化の「カフェイン」を抜いて丸めて表現すれば「シングルマザーだった女性が、仲間たちとの連帯で自立を勝ち取っていく物語」かもしれない。もう少し難しくいえば「労働組合ができるまでを扱った社会派ドラマ」となるだろうか。

しかし、『ノーマ・レイ』のオリジナルの魅力は、閉鎖的な南部社会を「労働組合」というモチーフを使って描ききったことにある。リアルなセットが組まれた繊維工場や労働風景も味わい深い。

キーパーソンは、サリー・フィールドが演じる主人公のノーマ・レイではなく、労働組合を組織するために、南部くんだりにわざわざやってきた、労働組合オーガナイザーを名乗る謎の男。全米縫製繊維産業労働組合から派遣された組合設立の請負人である。ニューヨークからやってきたというそのユダヤ系の男は、滞在しているホテルの部屋にも本をずらりと並べている。

ノーマは「初めてユダヤ人を見たけど、外見上は私たちと何も変わらないのね」と素直に失礼なことをいってのける。

南部社会に入っていけないそのユダヤ人男性は、ノーマを仲介役にすることで地元での信頼を勝ち得ていく。組合を毛嫌いする労働者たちは、南部特有の反知性主義、反共主義、独特のイデオロギーに絡めとられて、自分たちの経済的な「利益」を見失っている。工場労働で酷使され、健康を害しているノーマの父ですら「共産主義者はお断り」として、オーガナイザーを追い返す。「あなたは搾取されている」と熱心に組合への参加を説くオーガナイザーは、甘い言葉でそそのかす「怪しい人物」のような扱いだ。

ノーマはオーガナイザーの男を「アウトサイダー」と呼ぶ。「集会を呼びかけるビラにはビッグワード（難しい言葉）を使い過ぎてはいけない。私に理解できないものは、ここの誰にも理解できないよ」とさり気ないヒントを与えていく。人の心を摑む上では、理より情が勝る。労働者の革命に邁進する理想主義者のオーガナイザーは、田舎町の無学なノーマから、異文化を理解し、黒人教会や地元の長老たちに溶け込むことが、攻撃的なアジテーションより大切なのだと学んでいく。

2008年の大統領選挙で、共和党の副大統領候補だったサラ・ペイリンが、オバマがかつてコミュニティ・オーガナイザーだったことを小馬鹿にして、それが保守的な選挙民に受けた。

鬼の首でも取ったかのように嬉々として叩いた。それはアメリカでのオーガナイザーのイメージが、多分にこのような「怪しげなよそ者」が共産主義をそそのかしにくる、という感覚に根ざしているからだ。

オバマがシカゴでやっていたのは、教会に属して、教会の活動の一環として貧困や雇用問題などの解決に向けて様々な住民運動を組織する仕事だ。本作の労働組合オーガナイザーとは少し色彩が違う。しかし、高学歴で「よそ者」だったオバマもまた、シカゴの黒人社会から黒人としてのアイデンティティや地域連帯における信仰の力などを学んだ。優れたオーガナイザーとは、文化を越境できる人である。人種もこの作品のキーワードだ。経営者側は組合を黒人が乗っ取ろうとしているというデマを流し、労働者内の人種対立を煽ることで労働者の分裂を図る。興味深いのは、黒人と白人が「労働者の権利」という共通利益のために暫定連合を組む過程で、人種対立を乗り越えていく姿だ。それはキング牧師が唱えた公民権という理想とも違う、ブルーカラー層の実利的な「利益の民主政」をめぐる連帯である。

これは民主党の支持基盤の現実でもある。人種隔離主義の白人でも、ブルーカラーである上に、黒人とともに労働組合で民主党を応援するし、逆に敬虔なクリスチャンである黒人層が同性愛嫌悪や人工妊娠中絶反対から、過度にリベラル化したニュー・ポリティクス系のリベラル派を嫌悪する逆転現象も生じる。

ＤＶＤ版にはメイキングのドキュメントが収録されているが、南部アラバマで実際に撮影したことや、フィールドが南部訛りをはじめ何から何までノーマ・レイという人物になりきることに相当に苦労したことなどが強調されている。『ノーマ・レイ』の醍醐味が「南部ブルーカラー社会」の実態にあったことがわかる。

本来労働者の「利益」になることが誰の目にも明らかな労働組合が、南部のムラ社会では労働者自身の尻込みで成立しない。その異常性を北部目線で余す所なく描写した。オバマがやっていたオーガナイズという仕事の片鱗と、それに対する保守層の偏見を知る上で参考になる。フィールドはこの作品でアカデミー賞（主演女優賞）を受賞した。

America and Hollywood Cinema

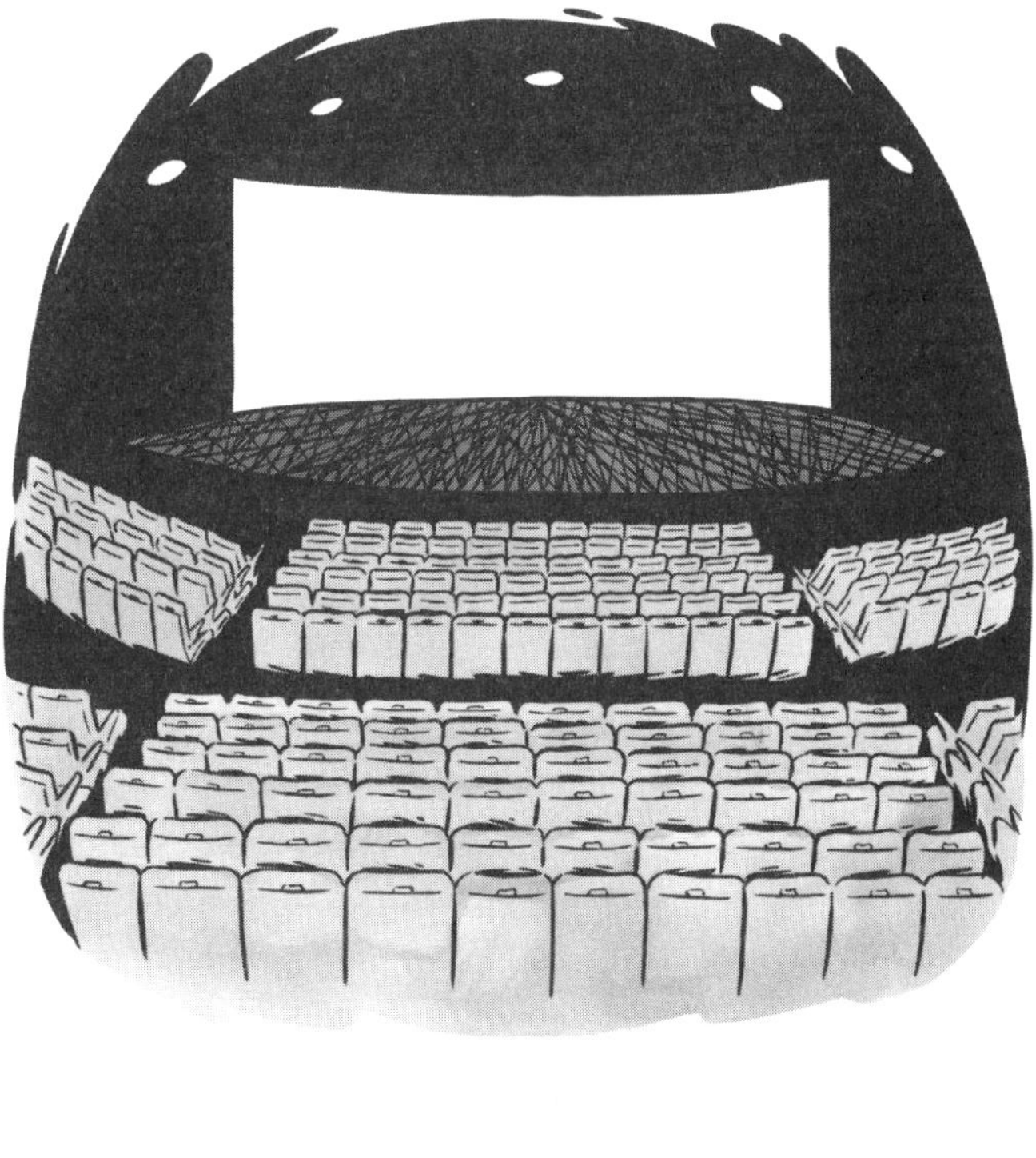

エッセイ

――アメリカ映画とドラマがある日常

ディズニーの世界とディズニーじゃない世界

これまで7つの角度から映画とドラマのアメリカを眺めてきた。

本文では正面から扱っていないが、アメリカを考える上で触れないままで終わりにできないものがある。ディズニーだ。世代を超えて私たちが親しんでいる代表的な「メイド・イン・アメリカ」と言ってもよい。はたしてディズニーはどこまでアメリカの思想を象徴しているのか。ディズニーランドにアメリカの歴史が詰め込まれているのは事実だ。楽観的な開拓思想とゴールドラッシュのカリフォルニア。シカゴ万国博覧会に象徴されるエディソン以来の発明品や技術とテクノロジーの礼賛、そしてハリウッド映画とSFの世界。

だが、それだけに東京では「アメリカ」を薄めて提供されている。「ワールドバザール」という入り口のアーケード街は、アメリカでは「メインストリートUSA」という。19世紀末のミズーリ州がモデルだ。アトラクション「カリブの海賊」は本家では「ニューオリンズランド」にあるが、日本では「アドベンチャーランド」でアメリカの都市名ではない。「カリブの海賊」は英語名「パイレーツ・オブ・カリビアン」で同名ファンタジー映画はこのアトラクションの映画化なのだが、邦題を「カリブの海賊」にしなかったので、そもそもディズニー映画だと日本では意識されていないかもしれない。レストラン名「バイユー」とは海賊が盗品を隠した小川のことだ。「ウエスタンランド」は十分に西部劇風だが、本家の名称はいっそうアメリカの開拓時代を想起させる「フロンティアランド」である。

ただ、白人文化中心主義がディズニーの思想という訳ではない。アメリカの過去への「ノスタルジー」や「古き良き時代のアメリカ」の南部、中西部などをモデルにすると黒人が「脇役」になるが、「トゥモローランド」ではマイケル・ジャクソンなど黒人のアーティストも参加し、ジョージ・ルーカスが映像化したスターウォーズの世界観は、もはや脱人種、脱地球人的だった。

そしてアメリカ人とくに大人の誰もがディズニーの世界観を礼賛しているわけでもない。アメリカではディズニーはあくまで娯楽、基本的に子ども向けのものだ。ディズニーランドは家族で行く「リゾート」で、若い大人のロマンチックな恋の現場ではない。アメリカでのディズニーは「毒のない建前の世界」の代名詞だからだ。「ディズニー・チャンネル」で扱うアニメやドラマは「R指定」がない青少年向けの作品ばかりだ。親子で安心して観られる。政治に過度に踏み込まず、現実と遊離していようとも「綺麗な世界」を提供する。

だからこそ、それに飽きたりない人のためにアメリカのアニメには「ディズニーじゃない世界」がある。大人向けの風刺コメディの世界だ。『**ザ・シンプソンズ**』『**サウスパーク**』などのアニメーションは幼い子どもが見るものではない。シニカルな毒のある「政治アニメ」である。「コメディ・セントラル」で1997年から放送されている『**サウスパーク**』はコロラド州の架空の町に住む少年4名のキャラによる喜劇だ。ダークコメディというジャンルで、世の不条理を風刺するために、日本の感覚では受け入れ難いほど残酷で差別的な表現もいとわない。絵柄こそ可愛らしいが、実在の企業、大統領や著名人から日本や中国など外国まで、忖度なしにパロディで斬られまくる。

ディズニーランドというテーマパークに限定すれば、そこに込められたモチーフとしてのフロンティア開拓へのノスタルジーは、保守的なアメリカ愛国者に愛される「聖地」である。ディズニーにＬＧＢＴ論争を持ち込んだり、ディズニーが政治に意見してほしくないと考える人もいる。彼らが「昔ながらのアメリカ」のままで、しかも家族で楽しめる非政治的な「建前の虚構」であることを望んでいるのは「政治」は「ディズニーじゃない方」の世界でやればいいという思いもあるからだ。アメリカでの「ディズニー」が、政治アニメのような毒々しいものが片やある、そうした相対性の前提で存在してきたのは事実だ。

だが、アメリカの政治分断はついにディズニーにすら及んでいる。２０２２年に勃発したフロリダ州のディズニー論争だ。フロリダ州で成立した性的指向の教育を制限する州法について、ディズニーが反対し、これに対して２０２４年大統領選挙に名乗りをあげた共和党のディサンティス州知事が「ディズニーワールド」に与えてきた優遇措置を取り上げる動きに出た。ディズニーの「政治化」として注目された。

政治には距離を置いてきたディズニーが「もの言う」ディズニーになっていくとすれば、「ディズニーの世界」と「そうじゃない世界」の境界線のあり方も変わっていくかもしれない。

動画配信時代のドキュメンタリー

政治といえば、ドキュメンタリー映画というジャンルがある。日本の視聴者には「ドキュメンタリー」は報道ニュースの延長のようなもので理解される風土があるのに対して、アメリカのドキュメンタリー映画はあくまでひとつの「ナラティブ」だ。事実の捏造はルール違反だが、映像の並べ方は作り手の世界観というひとつの「物語」である。メッセージ性は極めて強い。

本文「Ⅳ章」で取り上げた『ジーザス・キャンプ』は穏健な教会に取材することもしないし、農産物の危険を暴いた『フード・インク』や監督自らマクドナルドだけを食べ続ける人体実験を行った『スーパーサイズ・ミー』は、食の安全について消費者運動やベジタリアンのポジションが明確で、一切ニュース的なバランスはとらない。時間をかけて対象との信頼関係を築いたり、結論は見えていても結果を形で見せる企画で生々しい「リアリティ」を届ける。

私は選挙を長年専門にウォッチしていることから、日米の選挙現場の違いを体感する上で参考になる作品を尋ねられることが多い。日米比較で私がお薦めしているのは、日本なら大島新監督作品の『なぜ君は総理大臣になれないのか』、アメリカならオバマの予備選挙に上院議員時代から2年間張り付いた『BY THE PEOPLE バラク・オバマ　大統領への軌跡』だ。一候補密着だからこそ赤裸々に撮れる。報道の特集原則では一者(一社)ものはジャーナリズム倫理的には望ましくない。だが映画はニュースとしての公平中立は目的ではないし、両論併記も必須ではない。日本では、この境界意識がやや曖昧にされたままでドキュメンタリー映画の消費本数が拡大しつつある。

そもそも映画の作り手は必ずしもジャーナリストではない。例えば、マイケル・ムーアは労働組合の活動家で、映画は彼にとって政治表現の装置である。映像を用いた風刺コメディアンでもある。1989年の『**ロジャー&ミー**』でGMの経営者を追い回して労働者の怒りをぶちまけて以降、どの作品もシニカルなジョークを散りばめたリベラル派の映像言論だ。

この手の「毒」はディズニーではない世界のほうの風刺アニメとも相性がいい。ムーアは『**サウスパーク**』の作者と組んで風刺アニメもはめ込んでくる。ドキュメンタリーに長いアニメが唐突に挟まる構成は、アメリカの「映像言論」文化に馴染みがないと、報道っぽくない、不誠実な違和感しかない。

編集をともなう映像は「客観」とは水と油だ。テレビ報道の現場で特集の仮編集をプレビューしていたときにデスクが連発する褒め言葉に「見れちゃう」というものがあった。食べ物の「いけちゃう」と同じで、つべこべ考えさせずドラマのようにエンディングへの「完食」に「つい」芋づる式に引き込む。情報をただ的確に伝えるなら講義スライドを画面で淡々と伝えるほうが誠実だ。しかし、それでは誰も見ないし映像の強みが活かせない。

ストレートニュースでは原稿に現場や資料映像を貼り付けた「塗り絵」と呼ばれる処理も多い。しかし、数分以上の企画だとそれではもたない。かつて漫画が真似したように映画を模倣した構成がいつしか浸透した。高台から町全体の俯瞰があれば「それが本篇の舞台」を暗黙に示し、車を運転する横顔で「主人公」を示し、背中から撮影する「動き」をつけて「現場」へ赴く。ナレーション付きのシーンとインタビューは交互がいい。お馴染みの方法はそれが経験則で「見やすい」からだ。

テレビ東京「ＷＢＳ」の新人研修は変わっていた。番組のすべての先輩ディレクターに日替わりで同行させられた。どこまで構成を事前に書き上げるか。インタビューに誘導性を発揮させるか。現場で企画が成立しない場合、何を撮り直すのか。人によって千差万別だからだ。インタビュー相手の背景に映り込む置物の角度で撮り直すこだわりのＴさん、構成通りの「決めどり」でロケ時間の少なさを誇るＦさん。一人前になると取材はカメラマンにしか見せない。他のディレクターの撮影方法はブラックボックスで個人技だ。諸先輩の「企業秘密」をあけすけに観察する。一人の監督に師事する映画からすれば邪道のこの研修方法は、自己流を早期に身につける促成栽培だった。私にとってはドキュメンタリーだけでなく政治映像分析にも見えない示唆になっている。

２０００年前後の黎明期の欧米のメディアリテラシー教育では、テレビ制作体験をすればリテラシーが身につくという仮説があった。あれから20年。その手の教育に熱心なアメリカでも、左右メディアの誘導報道の印象操作に飲み込まれる人は減っていない。

映像表現が「客観」に馴染まないことに早期に見切りをつけたのがムーア監督で、彼は開き直りで印象操作を連発する。「資料映像」とテロップも入れずに昔の白黒映画やテレビニュースの映像をナレーションの補足もなしに突然挟み込む。見るものにショックを与えるエンタメを確立した。中立的な事実の提示ではなく、既成概念への挑戦の「気付き」の提供が目的だからだ。

『**ボウリング・フォー・コロンバイン**』は、高校銃乱射事件の原因を探る作品だが、治安のいいカナダが銃弾の購入は容易で銃所持率も高く「銃社会」である疑問からスタートする。「刀狩り」では解決しないとすれば、アメリカだけがなぜ「銃犯罪」が多いのかの仮説を映像で説き伏せていく。大規模な奴隷制を経験した黒人からの「復讐」に白人が怯える人種間の緊張と、恐怖を再生産するメディアの煽動力にアメリカの独特さがあるとムーアは考える。

中長期でじわじわと影響を与えるのはおそらく今や誰もが動画編集者の時代になりつつあることだろう。初期のYouTubeの編集はどれも拙かったがそれは関係ない。自分で作ることで、動画とはいずれにしても恣意的な編集の産物で、現実を全方位で見下ろす神の目線カメラなどこの世に存在しないという当たり前のことが浸透しつつある。だからこそ、作り手の目線以外の何かを自分で補完しないといけない時代でもある。

YouTubeの「テレビ化」も著しい。台湾のテレビ報道の名物ジャンル「政治トークショー」のように、早期にYouTube全配信に舵を切りアジェンダ設定の影響力を維持した例もアジアにはある。旧メディアはプラットフォームを移住してコンテンツの力で生存する道も模索している。日本では私の政治部の後輩の篠原裕明記者や豊島晋作記者のように動画解説を放送外で展開する道を開拓した例もある。「正解」はない。テレビの表現方法が曲がり角にきているのは事実だ。

字幕翻訳の舞台裏

テレビの映像制作の現場では「字幕スーパー」の文字数と秒数と格闘した。この技術が思わぬところで活きた。映画の字幕翻訳の監修の仕事だ。『キューティ・ブロンド』を皮切りに映画翻訳の監修をお手伝いするようになって久しい。日本の字幕翻訳や吹き替えの質は実に高い。数多くの翻訳者の方と監修を通してお仕事をしてきた。それは凄まじい技術だ。ジョークから何から日本語にそのまま概念がないものまで上手に訳す。

自分は月面着陸のアポロ中継世代の同時通訳者が存命中に、彼らの薫陶を受けた最後の世代である。シカゴ留学前、大学時代に通訳やディベートの指導を受けていた同時通訳者の松本道弘氏の教室にやはり同時通訳者の草分けの西山千氏や国広正雄氏が特別講義でよく来訪した。巨匠たちから学んだのは2つで、ひとつは文化翻訳の重要性。私の渡米に際して三先生が激励でくれた一筆は、どれも英語のことではなく、ことばの背後にある文化の重要性だった。

もうひとつは通訳・翻訳のそれぞれに求められる優先度の差だった。たとえば同時通訳が首脳外交で避けられるのは、正確さを重視するならば、逐次に勝るものはないからだ。逐次通訳は各分野の専門家で、外国語に比較的長けた人が一定の訓練を経て代行することもあり、内容面ではそのほうが望ましいこともある。外交現場では外務省の担当言語の職員が、総理や大臣の通訳を行う。逐次は実際の発言の倍の時間がかかる。効率重視のオバマ大統領は同時通訳を望んだが、首脳会談の機密性と政策ニュアンスの扱いから、日米双方の外交当局の抵抗を受けた裏話がある。首脳会談に同時通訳は現在も採用されていない。

一方、映画ドラマの字幕翻訳では、配給元から事前に英語台本が配られ、その脚本を訳す。音声と映像を扱う媒体だが作業上は「通訳」よりも「翻訳」に近いため字幕翻訳家という名称は正しい。

「専門家」の監修の関与度合いは作品でまちまちだ。個別にシーンの訳し方の助言を求められる程度の協力もあれば、出来上がった翻訳を公開前の字幕なしの映像と突き合わせて視聴して違和感があればコメントすることもある。そしてひとつひとつのシーンごとに書き込まれた原案とこちらの修正案を翻訳家の疑問リストと突き合わせながらやりとりする翻訳家との共同作業まで多様だ。『バイス』でコンビを組んだ大ベテランの字幕翻訳家の石田泰子さんとは共同翻訳に近い作業で仕上げを担わせていただく光栄に浴した。

映画ドラマの字幕翻訳には二つの地獄の制約がある。一つは文字数。限られた秒数で画面で一度に読めるだけの文字数しか詰め込めない。もう一つは文化翻訳。日本に馴染みのない生活習慣からジョークまで短く訳さないといけない。

『アリー my Love』1シーズン3話。容姿の劣化を理由にクビになった女性アンカーの弁護の法廷シーンで、局幹部の証言に『ジェリー・スプリンガー・ショー』という番組名が出てくる。Ⅶ章で紹介した素人参加者が罵り合う見せ物ショーだ。だが、この種の素人参加のデイタイム・トークショーは日本にない。そこで字幕では番組名をカタカナで訳さず「興味本位のニュース」になっている。厳密には「ニュース」ではないが時事問題を扱う番組なので間違いではない。字幕翻訳としてはうまい切り抜け方だといえる。

字幕翻訳家の神業的な「笑い」の変換は、そう簡単には自動翻訳に置き換えられないし、よくある「超訳」に対しても重箱のすみをつつくような批判はフェアではない。文化翻訳と文字数で勝負をするコピーライター的なセンスがいる仕事だ。

エスニックな文化翻訳も字幕翻訳家泣かせだ。「黒人」か「アフリカ系」か。かつて使われていた黒人への差別的な呼び名をどう訳すか。ひとつだけ苦言を呈すれば、Chinese（チャイニーズ）を「中国人」と訳している字幕は少なくないが、この日本語は現代の特定の「国名」「国籍」を想起させがちだ。映画の中の移民ニュアンスとどうしても嚙み合わない。

清朝時代の移民にはそもそも「中国人」というアイデンティティがなかった。「中国」というナショナル概念が成立したのは中華民国以降で、当時の清末の広東移民は過去の代表的な王朝名から「唐人」と自称した。だからチャイナタウンは「唐人街」と呼ばれる。台湾系の本省人移民の場合、共産革命前後のどちらの「中国」にも帰属意識がない。『ラブ・ハード』出演のジミー・O・ヤンにいたっては香港移民だ。アメリカ映画ドラマのChineseを訳すには、「華人」「中華系」せめて「中国系」あたりが本来のニュアンスを歪めない訳だろう。

お笑い「映画タイトル道場」

邦題は配給会社の知恵の結晶だ。昔は日本語に完全に訳した邦題が多かったが、かつては原題も単純だったので直訳で切り抜けられた面もある。ある時期から、カタカナ邦題が増えてきた。要注意はカタカナだが原題英語のカタカナ化ではない「造語」のケースだ。

思い出深い詐欺的な邦題は『**ベスト・キッド**』。原題の「The Karate Kid」（空手少年）はあまりにストレートでハイカラ感もない。「ベスト」にさしかえることで日本の観客にはカッコよくなった。『**アンカーウーマン**』の原題「Up Close & Personal」（間近で親しく）は恋愛とカメラのアップの「寄り」をかけた名題。だいたい原題はシャレのように複数の意味をかけてあるが、邦題ではそれが平坦に崩されてしまう。だが、わかりやすくする上では仕方ない。『**チョイス！**』の原題「Swing Vote」は最後の一票のキャスティングボートの意味だ。本文「II章」で詳しく見た『**ルームメイト**』は原題「Single White Female」（独身白人女性）の重要な差別的ニュアンスが壊れてしまっているが、日本語でのわかりやすさ優先で致し方ない。いずれも文化の「カフェイン」抜きの「デカフェ」題である。

日本人のイメージに寄り添う「悪ノリ系」も定番。「大統領」「ホワイトハウス」は日本人にピンとくるので「大統領のなんとか」系は濫用される。『**大統領の執事の涙**』の原題は「Lee Daniels' The Butler」（リー・ダニエルズ監督作　執事）。パッケージの背景がアメリカ議会の議事堂なのに白い建物だというだけで「ホワイトハウス」にされているエディ・マーフィの『**ホワイトハウス狂騒曲**』は原題「The Distinguished Gentleman」（傑出したジェントルマン）。議会では男性議員を「ジェントルマン」と敬称することにかけている。

Ⅳ章で見たアーミッシュ映画『**大富豪、大貧民**』は、日本でお馴染みのトランプのゲーム名からの連想題である。一方、原題「For Richer or Poorer」は「富めるときも貧しいときも」という結婚式の宣誓の決まり文句だ。村の質素な暮らしで銭ゲバ夫婦が愛に目覚めるストーリーにかけている。この原意が邦題から消えてしまっている上に一攫千金「モノポリー」みたいなニュアンスはさすがに少し捻じ曲げすぎの気もする。

「あやかり系」も多い。『**アリー my Love**』「Ally McBeal」（アリー・マクビール）にあやかって、『**ポリー my love**』「Along Came Polly」（ポリーがやってきた）など、「マイラブ」増殖現象など笑える。邦題はとにかく「ラブ」好きである。

マイナンバー、マイホーム、マイカーの「マイ」は日本語化している和製英語で、1990年代以降、邦題でも多用されている。『**マイ・ルーム**』「Marvin's Room」（マービンの部屋）、『**マイ・インターン**』「The Intern」（ザ・インターン）、『**マイ・ボディガード**』「Man on Fire」（ノッてる男）、『**マイ・エレメント**』「Elemental」（エレメンタル）など、原題のどこにも「マイ」はない。「マイ」

を加えておくことはアメリカ映画の題っぽさを演出する日本人殺しの魔法のカタカナだ。

日本の映画ドラマからの逆連想ブームもある。往年のヒット作『**特攻野郎Aチーム**』「The A-Team」は日本の『**トラック野郎**』を彷彿とさせるタイトルだった。携帯小説が原作のドラマ『**電車男**』が流行った２００５年以降、しばらくは「なんとか男」が頻出した。『**バス男**』「Napoleon Dynamite」、『**無ケーカクの命中男**』「Knocked Up」、『**ママ男**』「Mama's BOY」。

過去作からの連想オマージュはわかりやすさ優先だ。『**沈黙の戦艦**』「Under Siege」以降のスティーブン・セガール主演映画は、過去作で「沈黙」に当たる言葉が原題にあったことは一度もないが、初作が当たったため、配給会社、放映テレビ局は暗黙の了解で「沈黙」を踏襲している。セガールといえば「沈黙」という連鎖反応で、元同僚の映画部員は「沈黙のなんとか」を考えるのを楽しみにしていた。『**蜘蛛女**』「Romeo is Bleeding」（ロミオが血だらけ）は『**蜘蛛女のキス**』からの連想だが、原題より劇中の冷血女を上手に描写している名題だ。

他に意訳系の名邦題としては『**摩天楼はバラ色に**』「The Secret of My Success」（私の成功の秘密）、『**天使にラブ・ソングを**』「Sister Act」（修道女の演目）、『**星の王子ニューヨークへ行く**』「Coming to America」（アメリカに来る）など。こうした壮麗かつダイナミックな原題を超える「冒険意訳」は近年少ないが、『**幸せのレシピ**』「No Reservation」（予約なし）のようにさりげないオシャレ訳は洗練さを増している。

言語の特徴もある。同じ漢字圏でも、日本語には外来語をそのまま表記する「カタカナ」を効果的に使える。意味がわからなくても「マーヴェリック」と書くと洋画感が出る。トム・クルーズ扮する『**トップガン**』の主人公のコードネームだが、一匹狼という意味だ。メル・ギブソン主演映画『**マーヴェリック**』は原題「Maverick」そのままのカタカナ化だった。

カタカナのような外来語表記文字がない中国語は大変だ。人名はそれぞれの言語音で音訳するので、広東語と北京語で異なる表記になることがある。V章に書いたように、私はニューヨークの大統領選挙と上院選挙の合同本部で、アジア系有権者向けの広報物の中文表記の最終責任者だったのでこれには細心の注意を払った。

それぞれの音で漢字を読んで、一番近いものを当てる。例えば、民主党ゴア陣営の副大統領候補だったジョー・リーバーマン上院議員なら、広東語では「祖(ジョウ)利伯曼」、北京語なら「喬(チャオ)李伯曼」だった。人名は香港、台湾、大陸で異なることがあり、香港系、台湾系のエスニック新聞で使い分けた。ロナルド・レーガンなら、香港では「朗奴列根」、台湾では「隆納雷根」、大陸では「罗纳德里根」と表記する。

意訳が中心となる映画タイトルでも香港と台湾と大陸で違うことが多い。中国語圏には邦題にあるように捻った名訳は少ない。名邦題と紹介した『**摩天楼はバラ色に**』も直訳で面白くない。中国大陸「成功的秘密」、台湾「成功的祕密」と、北京語圏は簡体字と繁体字の差しかない。香港は「發達之路」。「發達」は金持ちになるという意味だ。

『**パルプ・フィクション**』は中国大陸「低俗小说」、香港「危險人物」、台湾「黑色追緝令」。

『キャッチ・ミー・イフ・ユー・キャン』は、中国大陸「猫鼠游戏」(猫とネズミの追いかけっこ)、香港「捉智雙雄」(捕獲の頭脳戦)、台湾「神鬼交鋒」(神と幽霊の攻防)などは三者三様だ。

『アメリカン・ビューティー』は、中国大陸「美国丽人」(アメリカの美人)、香港「美麗有罪」(美しいことは罪深い)、台湾「美國心玫瑰情」(美国の心、バラの情)。台湾題は作品でモチーフになるバラを印象付けた。

『いまを生きる』の中国大陸題「死亡诗社」は、「Dead Poets Society 死せる詩人の会」という原題の直訳だが、香港「暴雨驕陽」(暴雨に照りつける太陽)、台湾「春風化雨」(春風が雨を和らげる)は主役の先生の存在意義に踏み込んでいる。かように中国語題はネタバレ注意が少なくなく、**『ゲーム』**は中国大陸「心理游戏」、香港「心理遊戲」(心理ゲーム)、台湾「致命遊戲」(命にかかわるゲーム)で、いずれもゲームの目的や危険性がすでにタイトルに透けてしまっている。

英語の音をそのままカタカナにできる邦題に対し、中国語圏は圧倒的に意訳が多い。ただ、地名や人名は音訳で当て字をする。**『ミルク』**の中国大陸「米尔克」(ミルク)、香港「夏菲米克的時代」(ハーヴィー・ミルクの時代)のような例だ。ちなみにこの同性愛権利の映画は台湾題の「自由大道」(自由の大いなる道)だけ独自路線だ。公開先の社会の政治風土と無関係ではない。

しかし、すべて漢字で意訳だと洋画感が薄れ、それが香港の映画なのかアメリカの映画なのかタイトルからは分かりにくくなる。ちなみに**『トップガン』**の「マーヴェリック」の訳は中華圏三ヶ所揃い踏みで「獨行俠」(一匹狼)だが、これは西部劇**『ローン・レンジャー』**に使われた中文題でもあった。

英語学習のための映画・ドラマ

ところで、外国語を身につける秘訣の一つは映画やドラマを原語の字幕で見ることだ。実は多くの日本語が達者な若い外国人も同じことをしている。日本のドラマを日本語字幕つきでアップロードする違法なサービスがアジア各地にあとをたたない。最近のアジアからの留学生は幼い頃からこうしたサービスの動画で日本語を身につけてきた世代だ。

映画やドラマの有効活用の真価はリスニング訓練ではない。表現やボキャブラリーをリアルに使えるものに鍛える効果だ。会話スキットや参考書の「例文」は文法的には母語話者チェックを経ていても、コンテキストが薄弱だ。何万と丸暗記しても、それだけでは単語や表現のシンボルや重みがいつまでもわからない。

だが、ドラマは作品自体にすでにコンテキストがある。シーンにはキャラや場面の意味もある。何か一言発するだけで「こういう場合に、こういう関係性だと、こう言うのか」とピンとくる。ボキャブラリーのパワーが血肉化されリスクがわかる。大量に読むことも大切だがシーン中で発言を「観る」ことによる擬似体験は文脈の立体性と深さが違う。

ただ、この方法には問題もある。1つは、もともとリスニングの力がある程度は備わっていないとダメなことだ。初動はニュースなどわかりやすい素材で耳を鍛えるほうが効率がいい。

聴く能力が整ってから観ると加速度的に使える外国語が仕上がっていく。

もう1つの問題は、何度も試聴しなければいけない問題だ。「そうか、〜ということを英語ではこう言うのか」と腑に落ちるには、筋書きはあらかた頭に入っていないといけない。そのためには日本語字幕や吹き替えで一度見ておくほうが効率はいい。そうしないと英語字幕で視聴しても、内容を追うことで精一杯で英語表現に目が向かないからだ。

そして、同じ作品を何度も見るのは苦痛なことだ。特にドラマは苦しい。だから字幕学習のポイントはオチが既にわかってる作品を何度も視聴する苦痛をどう乗り越えるかに尽きる。繰り返しでも苦痛ではない大好きな作品を増やすのも一つだし、俳優のファンになるのも一つだ。古今東西、映画やドラマなど映像音声媒体のエンタメが好きな人は、外国語習得で相当なアドバンテージがある。この本を手に取ってくれた映画ドラマ好きのあなたは、もうそれだけで自動的に有利なのだ。あとは大好きな作品を繰り返し字幕で見ていくだけだ。

外国語学習の科学には「統合的動機付け」という概念がある。その言語が使用されている地域の文化を好きになると、スコア目的の「道具的動機付け」とは質的に違う効果があるという説だ。つまり映画やドラマのファンは「統合的動機付け」の追い風がある。中国語、韓国語、何語を勉強する上でも同じだ。行ってみたくなる、自分も同じような体験をしてみたくなる、現地ファンと感動を語り合いたい。そんな気持ちがすべて学習継続の武器になる。

そこで日本の映画ドラマ配信プラットフォームにお願いがある。英語学習は派生的な視聴目的で本来ニーズではないかもしれないが、英語字幕の選択はできれば日本での配信でもなるべく多くの作品に残して欲しいのだ。もし英語字幕が日本版プラットフォームでまったく見られなくなると、映画の外国語学習利用の歴史としては、DVDよりも低い利用価値に後退することになる。

映画と英語字幕といえば、1995年に初渡米して現地のテレビに驚いたのは黒ベースに白文字の字幕だった。文字放送だが日本と違って対象番組が広く、トークショーの罵り合いまで速打ちで字幕化していた。その後、DVD時代になりヒスパニック系向けのスペイン語や聴覚障がい者用の英語の字幕が埋め込まれた。今やYouTubeには音声認識の字幕が実装されている。英語字幕の精度は格段に上がっている。

DVDが唯一厄介だったのはハリウッド作品の海外視聴を妨害するリージョンコードだった。プレイヤーのコード変更で解決してしまうが、デッキ視聴が主流だった時代はコードが違うアメリカ販売のDVDは日本で視聴できなかった。

さらに苦労したのはその前のVHSテープ時代だ。パラマウントなど一部社の作品だけがかろうじてキャプションを仕込んでいたが、別売りの読み出しデコーダーがないと映らなかった。高校生には決して安くない装置を貯金を切り崩して購入するしかなかった。

早稲田大学の語学教育研究所の井田卓教授（当時）はこの装置による学習を推進していた。同大学の図書館には洋画VHS作品が揃っていたが、字幕なしでは学習効果が薄いとしてデコーダー設置を提案していたのだ。だが、大学図書館での設置は見送られた。1990年代半ばのことだ。

普及が足踏みしている間に、あっというまにDVD時代になり、デコーダー推進運動も意味を失った。デコーダーはDVD浸透前の過渡期に一時重宝して忘れられた「魔法の箱」だった。

レンタルビデオ栄枯盛衰

振り返れば家庭用ビデオデッキが普及したのは1980年代。小学校の体育館でKくんのパパが手に入れたとクラスで噂だった「レーザーディスク」なる装置で『**風の谷のナウシカ**』上映会が開かれた。こっそり振り返ると後部座席の教師らが一番食い入るように見ていた。コンテンツの力が大人と子どもの垣根も溶かしていた。

中学校では駅前にできたレンタル屋なるものに国語のS先生がハマりだした。「今日もビデオを見ます。視聴覚室に集合!」。授業をせずひたすらビデオを見る。中学1年の生徒たちは大歓声。バイオレンスやホラーばかりで教育的価値なんかない。国語とも無関係。心臓をえぐりだすような邦画のホラーにトラウマになった子もいた。だが、生徒たちの口は堅く、S先生はPTAで糾弾されることはなかった。今ならトンデモ教師だが、自分はS先生の映画授業が好きだった。『**ロボコップ**』に出てくる擬似ニュース番組のセンセーショナルなパロディ感に引き込まれた。

アダルトビデオを扱わないというアメリカ発のレンタルビデオ店「ブロックバスター」が日本では伸びなかったように（1999年にゲオに事業譲渡して日本撤退）、日本には日本独自のローカルのレンタルビデオ文化があった。なんでも外資一人勝ちではない。ネットフリックスの成功は日本が外資的なものに急にオープンになったわけではなく、かつては無骨だった外資のローカライゼーションが洗練されてきたからだ。

新しい物好きの私は「ブロックバスター」が進出してすぐに会員になった。案内のパンフレットのキャラは白人の子どもたちでUS本部の資料をただ翻訳していただけだった。マクドナルドを日本で成功させた「銀座のユダヤ人」藤田田氏が手掛けたにしては雑な宣伝戦だった。日本のレンタルビデオ文化のかなりの部分をアダルト需要が支えていたのは事実で、「ファミリーが安心して入店できる店」というディズニー・チャンネル風のノリは日本では受けなかった。

1990年代までの日本では「お茶の間のテレビ文化」が根強く、レンタルビデオ店はお父さんにしろ子どもにしろ、個人でこっそりテレビで見られないものを探しにくるアングラでサブカル的な場所だった。「日曜日はモールで映画を借りてディナーの後、家族みんなで見よう」というのはアメリカの生活スタイルだ。

黎明期の日本のレンタルビデオ店の会員カードというのは、カラオケ屋とか遊戯場のチープなラミネート会員証と似ていた。店舗の雰囲気も少なくともモールの中にあってベビーカーを押して入るような空間とは乖離していた。だからこそ、レンタルビデオにはある世代以上の日本人は各自の思い出を抱えている。

ＣＤ屋さんと同じで作品好きの人には憧れのバイトだった。自分の目利きでポップを作り、それに影響を受けて借りてくれると嬉しい。レンタルビデオのコーナーの一角に自分だけしかいないとまるでそのビデオを「発掘」したかのような気分になったものだ。レコードのジャケ買いではないがＶＨＳビデオにも視覚的に忘れられないパッケージがある。自分にとってそれは『**トッツィー**』と『**チャイルド・プレイ**』だった。

今はない地元の小さなレンタル屋で自分は青春のかなりの時間を過ごした。パッケージを見て説明文を読むのが好きで、こういう映画があるのかと。その店のコメディやドラマを全て借り尽くそうとバイト代や小遣いが湯水のようにビデオに消えた。

かくしてレンタルビデオに無駄に思い入れがあった私は、アメリカで破綻寸前の「ブロックバスター」の店舗在庫を大量に買い占めた経験がある。２００９年当時住んでいたワシントンの近所の店が閉店秒読みでＤＶＤの投げ売りを始めたのだ。ただ同然の価格で店舗の在庫が処分されるというので忍びない気持ちになった。「もったいないので買い取ります」と名乗りでて、可能なだけラックごと買い占めて家に運んだ。それから半年、２０１０年９月にあっけなく全米を席巻していた「ブロックバスター」は経営破綻した。

「倍速視聴の時代」に映画館が生き残る?

今や「倍速視聴の時代」とも言われる。レンタルがテープからDVDになり、デッキではなくパソコンで視聴するようになり、DVDに実装された「シーン飛ばし」の機能や2倍、12倍、36倍のコマ送りも当たり前になった。YouTubeの動画文化の浸透も大きいだろう。動画を二倍速で見ることに慣れてしまうと、テレビは辛くなる。それが映画やドラマへの「辛さ」になる現象が生じてもおかしくない。

ただ、この習慣そのものは必ずしもZ世代に限定されるものではない。私自身も倍速や早送り視聴にだいぶ前から手を染めていた。きっかけは飛行機のモニターのビデオシートプログラムだった。

かつて飛行機の国際線の映画は個人で選んで観られなかった。今でも国内線では一斉にモニターに流れているニュースやコンテンツと同じように「機内映画館」として映画が上映されていた。トイレの間に止めてくれない。居眠りして起きると何十分経過したのかわからないまま、とりあえず上映中のものをボーッと眺めるしかない。街頭のテレビを眺めるような行為だった。

ところが個人でコンテンツを手元のモニターで観られるようになり、自分には貴重な「シネコン」になった。洋画から邦画まで話題作の多くを機上で見てきた。アメリカ国内のフライトだと日本未公開作品が見られるメリットもある。日本の航空会社なら懐かしの昭和のドラマも楽しい。

しかし、途中で面白くないと思えば試聴を取りやめることも増えたし、じっくり作品を楽しむというより、本数をこなすことが目的にすり替わる。慌ただしいのは着陸時だ。あと30分しかない。作品はあと45分。着陸態勢でPA（機内アナウンス）のたびに画面は停止する。片付けモードだ。残り15分だけ残って結末がわからないのは落ち着かない。次回のフライトでは配信していないかもしれないし話も忘れてしまう。そのフライトの作品はそのフライトで処理をしたい。だから間に合わないと後半以降は倍速で見るようになった。

ところが、こうした「倍速」の一方で、映画館がしぶとく愛されているのは興味深い。速度を自分で選べない映画館は「倍速」に馴染まない。たしかに昔ながらの街の映画館は消えている。子どもの頃、地元の駅前付近には松竹、東宝、東映、日活の全映画館が勢揃いだったが、今は一つも残っていない。代わりに新興住宅地方面の沿線に綺麗なシネコンができた。

一般財団法人コミュニティシネマセンター『映画上映活動年鑑』によれば、この10年は配信やスマホの普及期であるにもかかわらず、スクリーン数はどの国でもむしろ増加傾向にある。観客動員数は日本は横ばい傾向だが、世界的には国によっては２０１０年代以前よりも映画館は増えている。つまり「映画文化」そのものは盛り上がっている。新作は映画館でしか公開しないし配信まで待てない。デートや家族サービスの「行楽」の価値は消えていない。

かつて日本の映画館にはキャパ以上の観客で溢れる「立ち見」文化があった。初回から居座る客もいた。席とり合戦のため、前の回の上映中に暗いうちから入場し、結末シーンだけ先に観てしまうネタバレ自爆事故も風物。記憶がある最初の激混み映画館経験は１９８２年の八王子松竹の『機動戦士ガンダムⅢ　めぐりあい宇宙《そら》編』（１９８２年）というアニメーションで、満員電車並みの人洪水の中で総立ち見だった。子どもを肩車する客もいた。途中、子ども用キャンプ椅子を通路脇に置かせてくれた。おおらかな時代だ。今は総入れ替え指定席制でこんなことはできない。

特殊な高質音響でも楽しめるシネコンも増えた。大画面テレビの時代よりもスマホ族はかえって映画館に価値を見出すかもしれない。スピードや空間を「体感」する作品は当然、映画館で視聴すると迫力が違う。

つまり起きていることは、視聴形態や目的の２極分化だろう。

映画館のミニチュアを自宅に求める人が減った。普段、気軽に見る分にはスマホやタブレット、せいぜいノートパソコンでいい。自宅での大画面や音響に凝る人が減少することで割りを食ったのは家電やオーディオのメーカー、レンタルビデオ、そしてテレビ局だ。ハリウッドで映画の買い付けを行う映画部は局内でも憧れの部門だった。

若い人は記憶にないだろうが、かつてテレビ地上波にはゴールデンやプライムタイムに映画放映する「ロードショー」番組が複数各局に乱立し、名物映画解説者の「見どころ」一人語りを作品前後に挟む構成だった。ＣＭを入れると２時間にとても収まらないので本篇はカットする。そして「吹き替え」一択だった（副音声で原音には切り替えられた）。レンタルビデオ以前はそれが劇場以外で映画を見る唯一の方法だったのだ。

配信の「倍速」視聴の一方で、「映画館」が死に絶えないのは興味深い2極化だ。これはディズニーランドなどテーマパークの映像やバーチャルリアリティ系のアトラクションが依然として人気なのと同じだろう。アトラクションを倍速ですませたがる人など若い世代にもいない。それは別の「体験」だからだ。

アメリカ推薦図書

研究者や専門家によるアメリカ分析や解説ではない本にも、映画やドラマのアメリカを理解する上では思わぬ参考になる良書があったりする。

アメリカに詳しくない人が「1章　都市と地域」で見たニューヨークに住んだら何に違和感を持つだろうか。有吉玉青『ニューヨーク空間』新潮社（1993年）ほど、それが素直に書かれている本は他に見たことがない。演劇を専門にする著者が豊かな感性と文章表現でそれを表す。

「党員がいっぱい」という節では、アメリカに共和党員、民主党員がいっぱいいて怖い、と書く。日本では選挙で投票はしても「党員」に登録するのは過度に政治的なことに感じられるので自然な反応だ。ニューヨーク生まれ育ちの帰国子女や長期永住者ではこういう本は書けない。日本における「党員＝政治にめちゃ熱心＝怖い」というフツーの感覚を共有していないと問題提起にならないからだ。

「Ⅵ章　政治と権力」で触れたようにアメリカは隅々まで保守とリベラルに分かれている。だが、「リパブリカン」「デモクラット」を「党員」と訳すのは誤解を招く。「共和党支持者」「共和党層」程度の訳語がいい。政党に忠誠を誓って「入会」するものではなく、有権者登録をどちらでするかの便宜上の仕分けに過ぎないからだ。

ニューヨーク大学院の演劇学の授業風景から、アメリカのコメディが身体障がい者を笑う芸を平気ですることへの違和感も有吉さんは示す。なるほど、かつて私がアメリカ映画にのめり込んだ頃に感じた驚きに、小人症《しょうじん》（成長ホルモン分泌不全性低身長症）の俳優が多数出演することがあった。誇りを持って出演しているし、障がいを隠さずに実社会の縮図を描くことにも異論はない。だが、身体的な特徴が道化的に扱われる背景には、マイノリティが自らをピエロ化して表現する自虐ネタの文化もある。表現の自由や風刺の概念をめぐって、日米の感覚差がピークに達する領域だ。

一方、日本の何が「変」か、を的確に指摘する外目線とアメリカの深部の正確な描写を両立しているのがモーリー・ロバートソンさんの二部作『**よくひとりぼっちだった**』『**ハーバードマン**』**文藝春秋**（**1984年、1991年**）。今や国際的知識人でご意見番のモーリーさんだが、私の世代が高校生の頃は、J－WAVE「アクロスザビュー」でのシンセサイザーの実験的音楽や海外の友人との英語電話で知られるディスクジョッキーだった。ラジオから入った私たち世代には「英語が上手な日本人」だった。声も感性も日本人に思えたからだ。

モーリーさんには権威に盲従しない反骨精神がある。東大を半期だけ満喫してから「**Ⅲ章　教育と学歴**」でも論じたハーバード大学に秋から入学した。モーリーさんの日本的な感性がしばしばフリクションを起こす。ガールフレンドが言う。「考え方が違っても、話し合って意見（ビュー）を交換（エクスチェンジ）すればいいじゃないの」。モーリーさんはとことん白ける。アメリカ的な秀才の退屈さや教育の矛盾も斜めから赤裸々に描いている。

広島や富山の昭和の日本的な集団教育の空気は、同じく昭和と平成に公立教育を受けた自分にも既視感がある。モーリーさんほど、日米の教育を均等に、インターナショナルスクールではなく現地校、しかも東京や関西の都心部ではなく地方にどっぷり浸かって経験した人は少ないだろう。日米相互の「違和感」をめぐる描写のリアリティは今でも最高値だ。

「**Ⅶ章　職業とキャリア**」で記したように、アメリカで高等教育を受けた「純粋のアメリカ育ち」で完璧な日本語を操るアメリカ人はそう多くない。NHKの番組で共演させていただいたこともある放送プロデューサーのデーブ・スペクターさんは『**僕はこうして日本語を覚えた**』（**同文書院**（**1998年**）など多数の著作がある。日本のテレビ素材買い付けのために必要だった録画装置が仰々しく、ホテル住まいの怪しさもあいまってスパイ説を振りまかれてきた。デーブさんに通底するのは日本への愛で、ダジャレも安心して楽しめる。

ところでシカゴ出身のデーブさん、またお笑い芸人で日本語の達人パックンことパトリック・ハーランさんはともに民主党支持だが、党派的に無機質でニュートラルな言説をアメリカ人に求めるのはそもそも本末転倒で、立場があるほうが誠実だと言える。

また、異文化コミュニケーション専門家で『プレゼンなんて怖くない！』生産性出版（2006年）の著作がある渡邉ニコルさんは、サウスダコタで高校までを過ごし、京都に下宿して同志社大学国文科を卒業した京都弁の達人。私がワシントンで議会下院にいたとき上院議員の事務所にいた「元同僚」である。

デーブさんやニコルさんに共通しているのは、会話を流暢にすることに満足せず、非漢字圏の母語話者にはハンディが大きい漢字と書き言葉に早期に本気で取り組んでいることだ。会話だけでいいという人はボキャブラリーが貧困で、ある段階でまったく伸びなくなる。

もう一つは国際結婚だ。お二人とも日本人と結婚している。II章で描いたように恋愛は文化の違いが最も表れる部分で、逆にここを乗り越えられたら「絆」はとても強い。異文化センサーの感度は、文化を超越する恋愛経験が往々にして肥やしになる。

「II章　社交と恋愛」冒頭で紹介したマッチングアプリをまるで「フィールドワーク」かのように昇華させているのが吉原真里さんの『ドット・コム・ラヴァーズ』中公新書（2008年）。私もアメリカの選挙の有権者調査の一環で、この種のアプリの各年代の利用者やシステムを体験取材したことはある。本書はアプリでの交友録が事細かに記録されていて、アメリカの男性の恋愛観、特にアジア系の女性に対する見方を知る上で貴重な資料だ。だが、私はここまで私生活を赤裸々に書けない。そしておそらく登場人物との関係上、日本語でないと出しにくい、希有な一冊だ。

本書の各章で扱ってきたそれぞれの分野にこれ以外にもたくさんの素晴らしい本がある。諸外国での異文化経験がありつつ文化のズレや違和感のセンサーが摩耗していない人の論考は、映画ドラマを愉しむ上で思わぬヒントをくれる。

アメリカの実像をユーモラスに知る上でアメリカの病理と魅力がバランスよく詰まっていて参考になるのが映画評論家の町山智浩さんの一連の著作だ。専門のアメリカ映画とハリウッドの監督や俳優らの深い知識を背景にした作品論も引き込まれるが、一冊あげるとすればアメリカのコラムニスト風のシニカルで切れ味のある筆致の社会論『**アメリカ人の半分はニューヨークの場所を知らない**』文藝春秋（2008年）（2012年文春文庫）。

「**Ⅲ章**」「**Ⅶ章**」で多面的に触れてきたアメリカのロースクールと法曹については、ソニーで法務に携わった経験もあるアメリカ合衆国憲法の専門家の阿川尚之さんの名著『**アメリカン・ロイヤーの誕生**』中公新書（1986年）が、LSATの問題から授業内容、法律事務所への就職の様子まで赤裸々かつ洞察に満ちた記録でいまだに類書が存在しない。ロースクールでなくても実務系大学院留学を志す人は必読だ。

「**Ⅳ章　信仰と対抗文化**」で触れた、1970年代のベトナム反戦以降の「政治運動の季節」のアメリカと「**Ⅴ章　人種と民族**」の人種問題をビジュアルで感じるには、アメリカで黒人との結婚と離婚を経験されている生粋のハーレム生活者として黒人社会を内側から描ききった吉田ルイ子さんの『**吉田ルイ子のアメリカ**』**サイマル出版会**（**1980年**）（**1986年講談社文庫**）は外せない。嘘偽りない素の黒人社会が胸に響く。

アメリカの文化紹介や評論は、どの文化圏の人に何語で読ませるのかで、力点が変わらざるを得ない。日本人としての違和感を共感するには「サバティカル文学」（私の造語）は味わい深い。大学教員に与えられる研究休暇（サバティカル）や広義の留学などの海外体験記だ。藤原正彦さんの『**若き数学者のアメリカ**』**新潮文庫**（**1981年**）ではないが、アメリカ論はアメリカを専門にしない学者の体験が面白い。

大衆社会論を軸に一貫してアメリカ批判を続けた保守思想の泰斗、西部邁さんの『**蜃気楼の中へ**』**日本評論社**（**1979年**）（**1985年 中公文庫**）は1977年から翌78年まで一年強の在米記録で、現地の人々の活写はどれも出色だ。本書でこう記している。

「あの「アメリカでは」という、一見理論めいてはいるが、実はイデオロギーの産物に他ならぬ理屈に最終的に抗するためには実際にアメリカに来てみるほかかない」

西部さんの在米時はヒッピー運動真っ盛りで、何の因果か全米有数のラディカルな「バークレー人民共和国」に所在するカリフォルニア大学バークレー校に籍を置いた。しかも後半はイギリス滞在となれば米英差が鮮明になるのも頷ける。だからこそ、もし西海岸ではなく、東部ニューイングランドの森の中にある小さなリベラルアーツ系カレッジで敬虔なクリスチャンたちと暮らしたら、西部邁流アメリカ論は少し違うかたちになっていたかもしれないと思うことがある。

近年も魅力的な作品が出続けている。作家としても個性的な作品を発表している異才の哲学者の千葉雅也さんの『**アメリカ紀行**』**文藝春秋**（**2019年**）は、ビビッドなハーバード滞在記だが、「食」の細かな観察に加えて大西洋を渡っていくヨーロッパ訪問も面白い。

「**V章　人種と民族**」で見たように、映画ドラマでアジア系アメリカ人の世界は膨らんでいるが、アメリカの民族関連の名著は、概ね欧州系統のエスニック白人か黒人を詳細に紹介するものが多くアジア系論は後発だった。ハワイについては良書が多いが一冊だけあげるとすれば池澤夏樹さんの『**ハワイイ紀行**』**新潮文庫**（**2000年**）。先住民の歴史やハワイ語維持の取り組みなどハワイのリアルな姿を体験で描く。ハワイに無知なハリウッドの製作者にも読んでほしいくらいだ。

以上、ここではあえてアメリカ政治専門家の著作ではない一般向けの本に絞って紹介したが、アメリカ文化については拙著『**見えないアメリカ**』**講談社現代新書**（**2008年**）の参考文献も孫びきの参考にしていただければ幸甚だ。

おわりに

知識としてのアメリカ文化なら、留学しなくても「帰国子女」にならなくても十分読書で経験できる。勿論、実体験は貴重だ。可能なら読者にもアメリカの地を踏んで欲しい。しかし、海外実体験にはひとつだけ大きな副作用がある。「局地的」な「部分」の経験が濃すぎると、「全体」の理解を歪めることだ。

それでも経験しないよりはいいと思うかもしれない。だが、アメリカほど多様で、しかし構成員の相互に本質的な交流がない社会では、どの州のどの地域に駐在員として暮らすか、ホームステイするか、留学するかで、アメリカ観が固定化されてしまう。これはどの外国経験につ いても言えるが、アメリカの場合はその「副作用」が強い。アメリカというのはひとつの国のように見えて、「部族主義」のパッチワークのような国だからだ。

そして、これは誰か一人のアメリカ人の教師につくことでは解決しない。アメリカ人はこの分断されたアメリカ社会の当事者なので「どれかのアメリカ」に属すことから逃れられないからだ。南部、北部、東部、西部、都市、農村、共和党、民主党、黒人、ユダヤ系、カトリック、公立校、プレップスクール、州立大学、アイビーリーグ、誰もが自分の世界しか本当は詳しくないし、党派性にまみれた思考からも逃れられないのに、私たちはアメリカ人のご意見番に頼るときに、あまりに無防備に、「アメリカ人の方です」というだけで採用してきた。テレビでブッキングする際もそうだ。自分は「加担」する側だったのでそれが痛いほどわかる。

アメリカ早わかりをするならば、解説のわかりやすさやシンプルさも才能のひとつ。だが、本書を手にとってくれるような映画ドラマ好きの読者へのアメリカ案内が、そうした「断片」だけで語られるものであり続ければ少しもったいない。

そこで日本の読者として何に受け入れがたいアレルギーが残り、どんな部分に知られざる再評価できそうな面白さが眠っているか。アメリカを自然体でお伝えすることに専心し、なるべくアメリカの映画やドラマが楽しくなるような文化解説を心がけた。

こんな本に需要があるのか迷いもしたが、ある同僚のコメントが背中を押してくれた。

「『スーパー・チューズデー』という映画を鑑賞して、それまでは映画には小賢しい知識は要らないと信じていたが考えが変わった。選挙の文化のことを知ってから見たら、ものすごく楽しめた」

文化がわかるとドキドキや泣き笑いが真に迫る。だから、ある意味で映画はユニバーサルなものではない。どんなに名訳で字幕翻訳してもそれは無理だ。

本書のような「知識」には落とし穴もある。語り手の経験により解釈に一定の違いがあるし、母語話者や当該国の出身の解説ほど偏りが出るし、過度のステレオタイプも潜む。しかし、これらの注意点や副作用にケアしていれば、無知のままよりも、知っておくほうが、鑑賞は楽しくなることは間違いない。「Shitamachi（シタマチ）」の含意を知ってから寅さんを観たほうが愉しめるのは自明だ。

私はアメリカ政治を学術的な専門にしているが2つの独自の接点との縁に恵まれた。ひとつは「アジア太平洋」からの比較分析の目線、もうひとつは「メディア」とりわけ放送・映像とのかかわりだった。これらふたつは絡み合っている。私は日本の郊外のサラリーマン家庭でドメスティックな日本文化の中で育った。「帰国子女」ではなくインターナショナルスクール出身でもない。「外国風のもの」への感性は純日本で、アメリカとの接点が「アジア太平洋」と「メディア」だった。

最初の海外経験だったのは高校と大学で滞在したオーストラリアで、先住民と移民を抱えるもうひとつの白人国家による尊敬と軽蔑のないまぜの強烈な対米意識の洗礼を受けた。ホームステイ先で香港人や中華系オーストラリア人と深く付き合い、これがのちに米議会での台湾ロビー対応やニューヨークでの中華系移民の集票戦略での「相場観」に微妙な弾みを与えてくれた。つまり私は「アジア系移民」からアメリカ政治に入った。奇遇なことに記者として与えられた仕事もワシントンではなくアジアで、北京支局にしばらく特別駐在し、北朝鮮で2回長期ロケを敢行した。東南アジアや中央アジア全域に出張したが、研究者としても独自調査で香港、台湾、マカオには毎年頻繁に赴いた。

アメリカのメディアに舵を切らせたのも逆説的にオーストラリアだった。下宿先の学生と鑑賞した初の「豪州映画」はニューヨーク黒人映画『フレッシュ』（1994年）。『60ミニッツ』というCBSのリメイク報道番組が人気で、ブリスベンのイケてる学生は『ビバリーヒルズ高校白書』のファッションを真似、バーガーキングの豪州リメイク「ハングリージャックス」にパクついた。あまりの米文化洪水への驚嘆と呆れの中、消費市場ではなく製造元に惹かれた。

もともと「アメリカ」とはメディアであり映像だった。小中学校時代からアメリカ軍放送FENに親しんでいたが、記憶上、最古のアメリカのドラマは4歳時のときに視聴したNHK『大草原の小さな家』だった。メーカー勤務の父が映画好きで、会社の研究所のライブラリーからVHSテープの洋画をよく借りてきた。12歳のある日、「これは面白いらしいぞ」と1本のテープを父が借りてきた。奇天烈な博士の発明した自動車型のタイムマシーンで自分の親の若い頃の時代に行く話だった。12歳には十分に衝撃だった。延滞をお願いして何度も観た。

アニメーションから洋画までラインナップは支離滅裂であったが、父がよく「前売り券」もセゾンや「ぴあ」で手に入れてきた。中学に入ってからは自分で『ぴあ』誌片手に新宿の映画館を潰して回り、いくつかの映画館とレンタルビデオ店の常連になっていった。次第に地上波の副音声放送のアメリカのニュースやドラマを満遍なく録画するようになった。

初渡米中は米大学での研修そっちのけでホテルのテレビのスピーカーに小型テープレコーダーをガムテープで貼り付けて昼夜外出中も番組とCMを録音し、スタンドの雑誌を買い漁った。のちにアメリカの協力者にも録音してもらい倉庫が必要な分量のテレビ番組を集めるようになった。新聞社の内定を辞退してテレビ局に入社することにしたのも「映像世界」の選択だった。

複数のアメリカ在住では、東海岸のニューヨークとワシントンとボストン、中西部のミネソタ、シカゴなどを経験し、西部ではニューメキシコ州のアルバカーキ、コロラド州のデンバーで下宿した。全州を訪れたことがあるが、すべての州に住んだことがあるわけではないし、すべての州に友人がいるわけではない。

議員事務所での選挙区対応ではエスニック集団、都市部と田舎、黒人、アジア人、ヒスパニック、活動家、学歴エリート、カトリック、福音派、無宗教問わず対応を迫られた。保守とリベラルの均等性には心を砕いてきた。民主党の議員事務所、大統領選挙、上院選挙の仕事をしていたので、民主党の政治家との付き合いは長いだけに、個人的な友人や取材源としての共和党の仲間は大切にしてきた。州知事選の共和党候補だったリバタリアンの親友の家庭にホームステイしていたこともある。アイオワ州では共和党幹部や黎明期のティーパーティの活動家と十数年の家族ぐるみの付き合いだ。

だが、特定のエスニシティや宗教の人とだけ長期間暮らしたり、閉じられた関係にあったことはない。アメリカの何かの層を政治的に代弁する評論をしないように心掛けてきたからだ。アメリカを手放しで賛美せず、頭ごなしには貶めず、映画やドラマで扱われるステレオタイプは現実にアメリカに存在するものとしてむやみに覆い隠さず、偏見増長につながらない形での「偏見の現実の共有」をめざした。それがどれだけ上手くいったのかはわからない。失敗ばかりだったかもしれない。本書はその20年の寄り道だらけの歩みのもうひとつの成果でもある。

本書刊行でまず謝意を示したいのは、明日香出版社の石野栄一社長、そして岩波書店の上田麻里さんである。この企画には10年越し「2つの伏線」があるからだ。

1つは2008年から2度目のニューヨーク、ワシントン在住時に、明日香出版社の書店配布広報紙で連載した「アメリカン・ブックレビュー」である。Kindleが生まれ、日本にYouTubeが進出し、スマホ時代前夜だった。アメリカでは紙の本がどうなるのか、アメリカのメディアの行方の最前線をマンハッタンから報告してほしいと石野社長に依頼された。

ところがアメリカのサブカル論、恋愛ハウツー本紹介など、いつしかコラムはアメリカ文化論に化けていた。それを同社が「非売品」として書籍化してくれたのが『本とメディアの日米紀行』(明日香出版社2010年)だった。出版メディア関係者に思いのほか好評で、「非売品」は勿体無いとの声を各方面で頂戴していた。

もうひとつは拙著『アメリカ政治の壁』（岩波新書２０１６年）に閑話休題的に各章の間に挟んだ映画コラムである。拙著では『見えないアメリカ』（講談社現代新書２００８年）から試みてきた映画やドラマのアナロジーをまとめたものだったが本文以上の反響があった。この映画コラムだけを束ねた本を望む声も頂戴した。

折しも映画ドラマ「配信」時代が到来し、これら2つの源流を統合する書き下ろし企画が実現した。かつて私も属していた日本経済新聞グループから、こうして映像に関する書籍を刊行できたのは不思議なご縁である。類書なき本作りを実現してくださった日経BPの野澤靖宏さん、そして見えない形で支えてくださった皆さんに深くお礼申し上げたい。初出映画コラムの一部再録を許してくれた岩波書店にもお礼申し上げたい。アメリカの独特の香りをソリマチアキラさんのイラストがお洒落に再現して下さった。その魅力を存分に引き出す装丁デザインを考案されたのは新井大輔さんである。お二人にも深謝したい。

映画ドラマは人生を豊かにしてくれる。テレビという装置は今の様態ではなくなるかもしれないが、映画やテレビの映像文化のコンテンツ力は洗練さを深める一方だ。

本書でもっともっとアメリカの映画ドラマのファンが増えてくれれば本望だ。

音楽と同じで、映画はただの「情報」ではなく、個人「経験」だ。鑑賞したときの「記憶箱」であり、人生の記憶のトリガーになる。いつ、誰と、どんな気分で鑑賞したか次第で、オリジナルの「作品の色」になっていく。だから映画館は楽しい。あのときの街と時代の空気が蘇る。

旅や出張のお供の鑑賞なら、あの旅の楽しさ、あの仕事のほろ苦い失敗や達成感が懐かしい。そして自宅では料理やお酒の味も映画の一部かもしれない。

筆者にとって自宅鑑賞といえば、三毛猫とキジ虎の二匹の我が家の二代の猫たちだ。不思議なことに揃って「映画好き」な彼らは、「上映」が始まると画面の前を離れなかった。筆者の隣で毎晩の夜更かしに付き合ってくれた愛猫にも本書は捧げたい。

大切なご家族やご友人、愛猫や愛犬と、そして贅沢な一人の空間で、存分に今夜も素敵な映画とドラマの夜を！

渡辺将人

本文で言及した作品リスト

I

『グッドウィル・ハンティング／旅立ち』
（Good Will Hunting）１９９７年
『チェーン・リアクション』（Chain Reaction）１９９６年
『クルーレス』（Clueless）１９９５年
『アンジェラ15歳の日々』（My So-Called Life）１９９４～１９９５年
『フルハウス』（Full House）１９８７～１９９５年
『ミルク』（Milk）２００８年
『スウィート・ノベンバー』（Sweet November）２００１年
『ライラにお手あげ』（The Heartbreak Kid）２００７年
『ダイ・ハード２』（Die Hard 2）１９９０年
『ターミナル』（The Terminal）２００４年
『チョイス！』（Swing Vote）２００８年
『ゴッドファーザー』（The Godfather）１９７２年
『キングコング』（King Kong）１９７６年
『猿の惑星』（Planet of the Apes）１９６８年
『ディープインパクト』（Deep Impact）１９９８年
『Ａ．Ｉ．』（A.I. Artificial Intelligence）２００１年
『天使にラブ・ソングを…』（Sister Act）１９９２年
『フレンズ』（Friends）１９９４～２００４年
『ゴースト　ニューヨークの幻』（Ghost）１９９０年
『ゴーストバスターズ』（Ghostbusters）１９８４年
『セックス・アンド・ザ・シティ』
（Sex and the City、ＳＡＴＣまたはＳ＆ＴＣ）１９９８～２００４年
『マイ・インターン』（The Intern）２０１５年
『ワーキング・ガール』（Working Girl）１９８８年
『ティファニーで朝食を』（Breakfast at Tiffany's）１９６１年
『虚栄のかがり火』（The Bonfire of the Vanities）１９９０年
『アップタウン・ガールズ』（Uptown Girls）２００３年
『プラダを着た悪魔』（The Devil Wears Prada）２００６年
『ゴシップガール』（Gossip Girl）２０２１～２０２３年
『ビバリーヒルズ高校白書』（Beverly Hills, 90210）１９９０～２０００年
『クルーレス』（Clueless）１９９５年
『ブラックベリー』（BlackBerry）２０２３年
『摩天楼はバラ色に』（The Secret of My Success）１９８６年
『めぐり逢えたら』（Sleepless in Seattle）１９９３年
『パルプ・フィクション』（Pulp Fiction）１９９４年
『ブレードランナー』（Blade Runner）１９８２年
『バック・トゥ・ザ・フューチャーＰＡＲＴ２』
（Back to the Future Part II）１９８９年
『私立探偵ハリー』（Crazy Like a Fox）１９８４～１９８６年
『フルハウス』（Full House）１９８７～１９９５年
『ゲーム』（The Game）１９９７年
『シリコンバレー』（Silicon Valley）２０１４～２０１９年

II

『アメリカン・ビューティー』（American Beauty）１９９９年
『コスビー・ショー』（The Cosby Show）１９８４〜１９９２年
『ファミリー・タイズ』（Family Ties）１９８２〜１９８９年
『ロザンヌ』（Roseanne）１９８８〜１９９７年
『ニュー・イン・タウン』（New in Town）２００９年
『コーキーとともに』（Life Goes On）１９８９〜１９９３年
『ゴーストバスターズ』（Ghostbusters）１９８４年
『ソーシャル・ネットワーク』（The Social Network）２０１０年
『ホーム・アローン』（Home Alone）１９９０年
『ホーム・フォー・ザ・ホリデイ』（Home for the holidays）１９９５年
『マーゴット・ウェディング』（Margot at the Wedding）２００７年
『ドニー・ダーコ』（Donnie Darko）２００１年
『バック・トゥ・ザ・フューチャー』（Back to the Future）１９８５年
『ロスト・イン・トランスレーション』（Lost in Translation）２００３年
『アリー my Love』（Ally McBeal）１９９７〜２００２年
『ビッグ・シック　ぼくたちの大いなる目ざめ』
（The Big Sick）２０１７年
『ママ男』（Mama's Boy）２００７年
『シッコ』（Sicko）２００７年
『ＳＵＩＴＳ／スーツ』（Suits）２０１１〜２０１９年
『キッズ・オールライト』（The Kids Are All Right）２０１０年
『ＪＵＮＯ／ジュノ』（Juno）２００７年
『ルームメイト』（Single White Female）１９９２年
『ワーキング・ガール』（Working Girl）１９８８年
『フレンズ』（Friends）１９９４〜２００４年
『アイ・アム・サム』（I am Sam）２００１年
『ユー・ガット・メール』（You've Got Mail）１９９８年
『セックス・アンド・ザ・シティ』
（Sex and the City、ＳＡＴＣまたはＳ＆ＴＣ）１９９８〜２００４年
『プラダを着た悪魔』（The Devil Wears Prada）２００６年
『マイ・インターン』（The Intern）２０１５年
『ぼくたちの奉仕活動』（Role Models）２００８年
『スターバッキング』（Starbucking）２００７年

III

『ゴーストワールド』（Ghost World）２００１年
『ブックスマート 卒業前夜のパーティーデビュー』
（Booksmart）２０１９年
『ストレンジャー・シングス　未知の世界』
（Stranger Things）２０１６年
『スタンド・バイ・ミー』（Stand by Me）１９８６年
『素晴らしき日々』（The Wonder Years）１９８８〜１９９３年
『X-ファイル』（The X-Files）１９９３〜２００２年

『リアリティ・バイツ』(Reality Bites) １９９３年
『パーフェクト・マン　ウソからはじまる運命の恋』
(The Perfect Man) ２００５年
『バック・トゥ・ザ・フューチャー』(Back to the Future) １９８５年
『ロミーとミッシェルの場合』
(Romy and Michele's High School Reunion) １９９７年
『ゴーストワールド』(Ghost World) ２００１年
『フレンズ』(Friends) １９９４〜２００４年
『恋するふたりの文学講座』(Liberal Arts) ２０１２年
『フラットライナーズ』(Flatliners) １９９０年、リメイク版：２０１７年
『いまを生きる』(Dead Poets Society) １９８９年
『ハリー・ポッター』(Harry Potter) ２００１〜２０１１年
『ゴシップガール』(Gossip Girl) ２０２１〜２０２３年
『キューティ・ブロンド』(Legally Blonde) ２００１年
『リッスン・トゥ・ミー　ディベートに賭ける青春』

IV

『セブンス・ヘブン』(7th Heaven) １９９６〜２００７年
『Kissing ジェシカ』(Kissing Jessica Stein) ２００１年
『デスパレートな妻たち』(Desperate Housewives) ２００４〜２０１２年
『アメリカン・ビューティー』(American Beauty) １９９９年
『マネキン』(Mannequin) １９８７年
『ニュー・イン・タウン』(New in Town) ２００９年
『ウェディング・ウォーズ』(Wedding Wars) ２００６年
『シリコンバレー』(Silicon Valley) ２０１４〜２０１９年

(Listen to me) １９８９年
『クラス・ディスミスド』(Class Dismissed) ２０１７年
『ウィアードズ』(Weirdos) ２０１６年
『ホームスクーリング覚醒』(The Homeschooling Awakening) ２０２２年
『ミスター・スカウトマスター』(Mister Scoutmaster) １９５３年
『歌声は青空高く』(Follow Me, Boys!) １９６６年
『ダウン・アンド・ダービー』(Down and Derby) ２００５年
『スマート・クッキーズ』(Smart Cookies) ２０１２年
『メリッサ・マッカーシー in ザ・ボス 世界で一番お金が好き！』
(The Boss) ２０１６年
『トゥループ・ビバリーヒルズ』(Troop Beverly Hills) １９８９年
『アメリカン・グラフィティ』(American Graffiti) １９７３年
『ジーザス・キャンプ　アメリカを動かすキリスト教原理主義』
(Jesus Camp) ２００６年

『インターンシップ』(The Internship) ２０１３年
『ベータス』(betas) ２０１３年
『WOOD JOB!　神去なあなあ日常』２０１４年
『ＳＵＩＴＳ／スーツ』(Suits) ２０１１〜２０１９年
『ソーシャル・ネットワーク』(The Social Network) ２０１０年
『ブライダル・ウォーズ』(Bride Wars) ２００６年
『ぼくらのマルディグラ青春白書』(Mardi Gras: Spring Break) ２０１１年

V

『スター・トレック』(Star Trek) １９７９年
『ベスト・キッド』(The Karate Kid) １９８４年
『クレイジー・リッチ！』(Crazy Rich Asians) ２０１８年
『インサイド・マン』(Inside Man) ２００６年
『チャイナタウン』(Chinatown) １９７４年
『グレムリン』(Gremlins) １９８４年
『グレムリン2新・種・誕・生』(Gremlins 2: The New Batch) １９９０年
『マイ・ライフ』(My Life) １９９３年
『グリーン・ホーネット』(The Green Hornet) １９６６～１９６７年
『燃えよドラゴン』(Enter the Dragon) １９７３年
『ドラゴン　ブルース・リー物語』
(Dragon The Bruce Lee Story) １９９３年
『ベスト・キッド』(The Karate Kid) １９８４年
『コブラ会』(Cobra Kai) ２０１８年5月2日～放送中
『フアン家のアメリカ開拓記』(Fresh Off the Boat) ２０１５～２０２０年
『ライジング・サン』(Rising Sun) １９８０年
『プライベート・ベンジャミン』(Private Benjamin) １９８１年
『ゴールディ・ホーンのアメリカ万才』(Protocol) １９８４年
『セックス・アンド・ザ・シティ』
(Sex and the City、ＳＡＴＣまたはＳ&ＴＣ) １９９８～２００４年
『エブリシング・エブリウェア・オール・アット・ワンス』
(Everything Everywhere All at Once) ２０２２年
『キューティ・ブロンド』(Legally Blonde) ２００１年
『幸せのレシピ』(No Reservations) ２００７年
『李小龍風采一生』(２００９年) 楊逸徳監督のドキュメンタリー
『ビッグ・シック　ぼくたちの大いなる目ざめ』(The Big Sick) ２０１７年
『虚栄のかがり火』(The Bonfire of the Vanities) １９９０年
『ホワイトハウス狂騒曲』(The Distinguished Gentleman) １９９２年
『ゴースト　ニューヨークの幻』(Ghost) １９９０年
『ライフ with マイキー』(Life with Mikey) １９９３年
『スクール・オブ・ロック』(School of Rock) ２００３年
『E.T.』(E.T. The Extra-Terrestrial)
『50回目のファースト・キス』(50 First Dates) ２００４年
『アロハ』(Aloha) ２０１５年
『ファミリー・ツリー』(The Descendants) ２０１１年
『50回目のファーストキス』２０１８年　福田雄一監督の日本版リメイク

VI

『リンカーン』(Lincoln) ２０１２年
『ＪＦＫ』(ＪＦＫ) １９９１年
『ニクソン』(Nixon) １９９５年
『大統領の執事の涙』(Lee Daniels' The Butler) ２０１２年
『アメリカン・プレジデント』(The American President) １９９５年
『デーヴ』(Dave) １９９３年
『エアフォース・ワン』(Air Force One) １９９７年
『キルスティン・ダンストの大統領に気をつけろ！』(Dick) １９９９年

『インデペンデンス・デイ』(Independence Day) １９９６年
『アルマゲドン』(Armageddon) １９９８年
『ザ・ホワイトハウス』(The West Wing) １９９９～２００６年
『ハウス・オブ・カード 野望の階段』
(House of Cards) ２０１３～２０１８年
『バイス』(Vice) ２０１８年
『サバイバー 宿命の大統領』
(Designated Survivor) ２０１６～２０１９年
『パーフェクト・カップル』(Primary Colors) １９９８年
『選挙の勝ち方教えます』(Our Brand Is Crisis) ２０１５年
『チョイス！』(Swing Vote) ２００８年
『スーパーサイズ・ミー』(Super Size Me) ２００４年
『ロジャー&ミー』(Roger & Me) １９８９年
『ゴーストバスターズ』(Ghostbusters) １９８４年
『大富豪、大貧民』(For Richer or Poorer) １９９７年
『エブリシング・エブリウェア・オール・アット・ワンス』
(Everything Everywhere All at Once) ２０２２年
『ミシシッピー・バーニング』(Mississippi Burning) １９８８年
『X-ファイル』(The X-Files) １９９３～２００２年
『TAXIブルックリン』(Taxi Brooklyn) ２０１４年
『ソイレント・グリーン』(Soylent Green) １９７３年
『クラウド アトラス』(Cloud Atlas) ２０１２年
『ワイルド・パームス』(Wild Palms) １９９３年
『デモリションマン』(Demolition Man) １９９３年
『ロボコップ』(RoboCop) １９８７年
『ザ・インターネット』(The Net) １９９５年
『スニーカーズ』(Sneakers) １９９２年
『ザ・サークル』(The Circle) ２０１７年
『ハリー・ポッター』(Harry Potter) ２００１～２０１１年

VII

『ER緊急救命室』(ER) １９９４～２００９年
『シッコ』(Sicko) ２００７年
『幸せのレシピ』(No Reservations) ２００７年
『31年目の夫婦げんか』(Hope Springs) ２０１２年
『華氏９１１』(Fahrenheit 9／11) ２００４年
『デスパレートな妻たち』(Desperate Housewives) ２００４～２０１２年
『ラブ・ハード』(Love Hard) ２０２１年
『トップガン』(Top Gun) １９８６年
『トップガン マーヴェリック』(Top Gun: Maverick) ２０２２年
『バックドラフト』(Backdraft) １９９１年
『エマージェンシー！』(Emergency!) １９７２年
『ボウリング・フォー・コロンバイン』(Bowling for Columbine) ２００２年
『ビバリーヒルズ・コップ』(Beverly Hills Cop) １９８４年
『NYPDブルー』(NYPD Blue) １９９３～２００５年
『ロー&オーダー』(Law & Order) １９９０年～放映中
『特捜刑事マイアミ・バイス』(Miami Vice) １９８４～１９８９年

『サウスランド』(Southland) ２００９~２０１３年

『ブルーブラッド ~ＮＹＰＤ家族の絆~』
(Blue Bloods) ２０１０年~放送中

『蜘蛛女』(Romeo is Bleeding) １９９４年

『ポリスアカデミー』(Police Academy) １９８４年

『サード・ウォッチ』(Third Watch) １９９９~２００５年

『Ｓ・Ｗ・Ａ・Ｔ・』(S.W.A.T.) ２００３年

『Dallas SWAT』(Dallas SWAT) ２００６~２００７年

『ザ・シークレット・サービス』(In the Line of Fire) １９９３年

『トップガン』(Top Gun) １９８６年

『フライト』(Flight) ２０１２年

『フライトプラン』(Flightplan) ２００５年

『カレの嘘と彼女のヒミツ』(Little Black Book) ２００４年

『バイス』(Vice) ２０１８年

『ブロードキャスト・ニュース』(Broadcast News) １９８７年

『アンカーウーマン』(Up Close & Personal) １９９６年

『チョイス!』(Swing Vote) ２００８年

『俺たちニュースキャスター』

(Anchorman: The Legend of Ron Burgundy) ２００４年

『ニコラス・ケイジのウェザーマン』(The Weather Man) ２００５年

『大統領の陰謀』(All the President's Men) １９７６年

『スポットライト』(Spotlight) ２０１５年

『ザ・ペーパー』(The Paper) １９９４年

『ジャッジ・ジュディ』(Judge Judy) １９９６~２０２１年

『オーシャンズ８』(Ocean's Eight) ２０１８年

『ペーパーチェイス』(The Paper Chase) １９７３年

『ＳＵＩＴＳ／スーツ』(Suits) ２０１１~２０１９年

『摩天楼はバラ色に』(The Secret of My Success) １９８６年

『半沢直樹』２０１３年、２０２０年

『タクシードライバー』(Taxi Driver) １９７６年

『ＳＴＵＢＥＲ／ストゥーバー』(Stuber) ２０１９年

『バイス』(Vice) ２０１８年

『ペーパーチェイス』(The Paper Chase) １９７３年

『ラーメンガール』(The Ramen Girl) ２００８年

『ロスト・イン・トランスレーション』(Lost in Translation) ２００３年

『マダム・イン・ニューヨーク』(English Vinglish) ２０１２年

エッセイ

ディズニーの世界とディズニーじゃない世界

『ザ・シンプソンズ』(The Simpsons) １９８９年〜放送中
『サウスパーク』(South Park) １９９７年〜放送中

動画配信時代のドキュメンタリー

『ジーザス・キャンプ　アメリカを動かすキリスト教原理主義』(Jesus Camp) ２００６年
『フード・インク』(Food, Inc.) ２００８年
『スーパーサイズ・ミー』(Super Size Me) ２００４年
『なぜ君は総理大臣になれないのか』２０２０年
『バラク・オバマ 大統領への軌跡』(By the People: The Election of Barack Obama) ２００９年
『ロジャー＆ミー』(Roger & Me) １９８９年
『サウスパーク』(South Park) １９９７年〜放送中
『ボウリング・フォー・コロンバイン』(Bowling for Columbine) ２００２年

字幕翻訳の舞台裏

『キューティ・ブロンド』(Legally Blonde) ２００１年
『バイス』(Vice) ２０１８年
『アリー my Love』(Ally McBeal) １９９７〜２００２年
『ジェリー・スプリンガー・ショー』(The Jerry Springer Show) １９９１〜２０１８年
『ラブ・ハード』(Love Hard) ２０２１年

お笑い「映画タイトル道場」

『ベスト・キッド』(The Karate Kid) １９８４年
『アンカーウーマン』(Up Close & Personal) １９９６年
『チョイス！』(Swing Vote) ２００８年
『ルームメイト』(Single White Female) １９９２年
『大統領の執事の涙』(Lee Daniels' The Butler) ２０１３年
『ホワイトハウス狂騒曲』(The Distinguished Gentleman) １９９２年
『大富豪、大貧民』(For Richer or Poorer) １９９７年
『アリー my Love』(Ally McBeal) １９９７〜２００２年
『ポリー my love』(Along Came Polly) ２００４年
『マイ・ルーム』(Marvin's Room) １９９６年
『マイ・インターン』(The Intern) ２０１５年
『マイ・ボディガード』(Man on Fire) ２００４年
『マイ・エレメント』(Elemental) ２０２３年
『特攻野郎Aチーム』(The A-Team) １９８３〜１９８７年
『トラック野郎』１９７５〜１９７９年
『電車男』２００５年
『バス男』(Napoleon Dynamite) ２００４年

『無ケーカクの命中男／ノックトアップ』（Knocked Up）２００７年
『ママ男』（Mama's Boy）２００７年
『沈黙の戦艦』（Under Siege）１９９２年
『蜘蛛女』（Romeo is Bleeding）１９９４年
『蜘蛛女のキス』（Kiss of the Spider Woman）１９８５年
『摩天楼はバラ色に』（The Secret of My Success）１９８６年
『天使にラブ・ソングを…』（Sister Act）１９９２年
『星の王子ニューヨークへ行く』（Coming to America）１９８８年
『幸せのレシピ』（No Reservations）２００７年
『トップガン』（Top Gun）１９８６年
『マーヴェリック』（Maverick）１９９４年
『パルプ・フィクション』（Pulp Fiction）１９９４年
『キャッチ・ミー・イフ・ユー・キャン』
（Catch Me If You Can）２００２年
『アメリカン・ビューティー』（American Beauty）１９９９年
『いまを生きる』（Dead Poets Society）１９８９年
『ゲーム』（The Game）１９９７年
『ミルク』（Milk）２００８年
『ローン・レンジャー』（The Lone Ranger）２０１３年

レンタルビデオ栄枯盛衰

『風の谷のナウシカ』１９８４年
『ロボコップ』（RoboCop）１９８７年
『トッツィー』（Tootsie）１９８２年
『チャイルド・プレイ』（Child's Play）１９８８年

「倍速視聴の時代」に映画館が生き残る？

『機動戦士ガンダムⅢ　めぐりあい宇宙編』１９８２年

おわりに

『スーパー・チューズデー』（The Ides of March）２０１１年
『フレッシュ』（FRESH）１９９４年
『ビバリーヒルズ高校白書』（Beverly Hills, 90210）１９９０年〜２０００年
『大草原の小さな家』（Little House on the Prairie）１９７４年〜１９８４年

Movie Tips 初出一覧

Movie Tips ＃1－1 『シンプル・ライフ』(The Simple Life) 『アメリカ政治の壁』岩波新書

Movie Tips ＃1－2 『ニュー・イン・タウン』(New in Town) 書き下ろし

Movie Tips ＃2－1 『ソーシャル・ネットワーク』(The Social Network) 書き下ろし

Movie Tips ＃2－2 『ラブ・ハード』(Love Hard) 書き下ろし

『ユー・ガット・メール』(You've Got Mail) 書き下ろし

Movie Tips ＃3－1 『ペーパーチェイス』(Paper Chase)、『殺人を無罪にする方法』(How to Get Away with Murder) 書き下ろし

Movie Tips ＃3－2 『ハイスクール白書 優等生ギャルに気をつけろ！』(Election) 書き下ろし

Movie Tips ＃4－1 『ジーザス・キャンプ』(Jesus Camp) 『アメリカ政治の壁』岩波新書に加筆改訂

Movie Tips ＃4－2 『アメリカン・ビューティ』(American Beauty) 『アメリカ政治の壁』岩波新書に加筆訂正

Movie Tips ＃4－3 『刑事ジョン・ブック 目撃者』(Witness) 書き下ろし

『大富豪、大貧民』(For Richer or Poorer) 書き下ろし

『フォロー・ユア・ハート』(Follow Your Heart) 書き下ろし

Movie Tips ＃5－1 『ブルワース』(Bulworth) 『分裂するアメリカ』幻冬舎新書に加筆改訂

Movie Tips ＃5－2 『ファン家のアメリカ開拓記』(Fresh off the Boat) 書き下ろし

『ファンの世界』(Huang's World) 書き下ろし

Movie Tips ＃6－1 『ラブ・ダイアリーズ』(Definitely, Maybe) 書き下ろし

Movie Tips ＃6－2 『バイス』(VICE) 映画『バイス』公式劇場パンフレット寄稿解説文

Movie Tips ＃6－3 『ハウス・オブ・カード 野望の階段』(House of Cards) 「現代ビジネス」「ネットフリックス」

Movie Tips ＃7－1 『キャスト・アウェイ』(Cast Away) 書き下ろし

Movie Tips ＃7－2 『ノーマ・レイ』(Norma Rae) 『アメリカ政治の壁』岩波新書

渡辺将人 Masahito Watanabe

慶應義塾大学総合政策学部 大学院政策・メディア研究科准教授。
1975年東京生まれ。シカゴ大学大学院国際関係論修士課程修了。早稲田大学大学院政治学研究科にて博士（政治学）。米下院議員事務所・上院選本部、テレビ東京報道局経済部、政治部記者などを経て、北海道大学大学院准教授。コロンビア大学、ジョージワシントン大学、台湾国立政治大学、ハーバード大学で客員研究員を歴任。2023年より現職。北海道大学大学院公共政策学研究センター研究員兼任。専門はアメリカ政治。独自取材によるアジア発のオバマ大統領評伝『大統領の条件』（集英社）のほか、『見えないアメリカ』（講談社現代新書）、『アメリカ政治の壁』（岩波新書）、『台湾のデモクラシー』（中公新書）など著訳書多数。受賞歴に大平正芳記念賞、アメリカ学会斎藤眞賞ほか。

アメリカ映画の文化副読本

2024年1月25日　1版1刷
2024年6月20日　4刷

著者　渡辺将人

発行者　中川ヒロミ
発行　株式会社日経BP
日本経済新聞出版
発売　株式会社日経BPマーケティング
〒105-8308　東京都港区虎ノ門4-3-12
装幀　新井大輔
イラスト　ソリマチアキラ
DTP　マーリンクレイン
印刷・製本　三松堂印刷

ISBN 978-4-296-11947-9